金融科技导论

主　编：方　成　王　振　傅俊辉

副主编：钱嫣虹　屠子恒　邓　燕　许跃龄

厦门大学出版社
XIAMEN UNIVERSITY PRESS
国家一级出版社
全国百佳图书出版单位

图书在版编目（CIP）数据

金融科技导论 / 方成，王振，傅俊辉主编 ；钱嫣虹
等副主编. -- 厦门 ：厦门大学出版社，2025. 6.
（数智经管系列教材）. -- ISBN 978-7-5615-9745-3

Ⅰ. F830

中国国家版本馆 CIP 数据核字第 202591R76N 号

责任编辑　施建岚

美术编辑　蒋卓群

技术编辑　朱　楷

出版发行　厦门大学出版社

社　　址　厦门市软件园二期望海路 39 号

邮政编码　361008

总　　机　0592-2181111　0592-2181406(传真)

营销中心　0592-2184458　0592-2181365

网　　址　http://www.xmupress.com

邮　　箱　xmup@xmupress.com

印　　刷　厦门集大印刷有限公司

开本　　787 mm×1 092 mm　1/16

印张　　20.25

字数　　376 千字

版次　　2025 年 6 月第 1 版

印次　　2025 年 6 月第 1 次印刷

定价　　56.80 元

厦门大学出版社
微信二维码

厦门大学出版社
微博二维码

前　言

人类文明史本质上是一部生产力迭代史。从蒸汽革命到电力革命，从计算机革命到智能革命，每一次工业革命都重塑了人类社会运行的底层逻辑。当前，我们正站在第四次工业革命的浪潮之巅——这场以人工智能、区块链、云计算、大数据为核心驱动力，以万物互联、虚实共生为特征的技术革命，正推动金融服务模式的深刻变革，重构全球金融体系的 DNA。

在这场变革中，金融科技不仅是技术赋能金融的创新工具，更是驱动现代金融生态重构的战略基础。支付方式的革命性迭代、信用评估的智能化重构、投资决策的算法化演进，以及保险服务的场景化渗透，这些创新不仅实现了金融服务形态的范式跃迁，更在深层次上解构着传统金融的估值逻辑与商业模式——促使传统金融机构更重视用户数据与 AI 能力等新型价值驱动因素。为应对行业转型，特许金融分析师协会自 2023 年起将数字货币合规框架、机器学习量化建模等数字技能纳入考核体系，构建分析师应对智能金融时代的认知基座。对金融新生代而言，驾驭金融科技已从差异化竞争优势，演化为职业生存与发展的准入门槛。

本书综合了国内外金融科技理论与实践资料，将技术创新与金融原理深度融合，系统梳理了金融科技各个金融业态产生、成长、发展和监管的过程，内容涵盖金融科技的总体概况、基础技术、融合发展以及风险监管等。全书共十章内容：第一章介绍金融科技的内涵、演进与全球格局；第二章深度剖析金融科技等核心技术的金融应用原理；第三章至第七章聚焦支付清算、数字信贷、智能投顾、量化投资、保险科技五大核心领域，通过技术解析、模式创新与案例研讨，呈现了数字化如何重塑金融行业；第八章至第九章探讨金融科技的风险管理与监管合规问题；第十章以

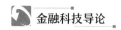

前瞻视角展望了金融科技的研究方向和行业发展趋势。

本书作为浙江财经大学盈阳金融科技学院产教融合协同育人的创新与实践成果,受到了学术界和金融业界相关专家的指导。教材编写组由长城证券的王振、邓燕与浙江财经大学盈阳金融科技学院的相关老师联合组建而成,形成了产教深度协同的教研团队。具体编写分工为:方成和王振负责拟定提纲和统筹协调,由编写组成员方成、王振、傅俊辉、钱嫣虹、屠子恒、邓燕、许跃龄负责全书内容撰写,柳志瀚、陈诗源等同学参与了相关内容的资料收集和讨论、修改。同时,本书也是浙江省首批虚拟教研室(数智管理虚拟教研室)建设项目、2021—2022年度浙江省产学合作协同育人项目(新文科经管创新班的本科人才培养创新模式研究)、浙江省2022年省级课程思政教学项目(高校课程思政综合评价指标体系构建)等相关课题的阶段性成果。

本书具有全面性、系统性、实用性和前瞻性的特点,可作为高等院校金融学和金融科技等相关专业的教学用书,也可作为金融机构和金融科技公司的培训与参考用书,亦可使金融投资者对金融科技发展状况和前景略知一二。

金融科技正处于不断创新发展的过程中,是一门融合金融学、计算机科学、数据科学等多学科,并实现理论研究、技术创新与产业实践高度协同的新兴交叉学科。鉴于此,编者倍感压力,且受限于认知边界与实践经验水平,书中难免存在疏漏与偏颇之处,敬请批评指正。

编者

2025 年 2 月

目 录

第一章
金融科技概况

　　第四次工业革命,也称工业 4.0,正在全球范围内引领一场深刻的变革,区块链、人工智能、大数据和云计算等新兴科技逐渐成熟,推动着人类社会快速步入智能时代,向着万物互联、万物智能、万物皆数的趋势加快迈进。智能时代不仅带来更加高效的生产效率,还催生了全新的商业模式和服务方式,也在一定程度上冲击着人类社会的生活方式和思维模式,影响着包括金融在内的各个领域,而金融科技正在这一波工业革命和智能时代浪潮中崭露头角。本章将从金融科技概念、全球金融科技发展、金融科技与传统金融这三个方面进行探讨,从而一窥金融科技全貌及其对金融行业乃至社会经济的影响。

第一节　金融科技的概念

一、金融科技的定义

　　金融科技英译为 FinTech,是金融(finance)和技术(technology)的缩写组合。作为新兴产业,再加之各国金融科技发展的差异及其本身的复杂性,学界与业界从业务模式和科学技术的视角出发,对金融科技概念进行了如下不同角度的解读。

　　第一类观点认为金融科技是金融和科技互相融合后形成的新业务模式,具体项目包括点对点网络借贷(peer to peer lending,P2P)、数字货币以及智能投顾等。2017 年,巴塞尔银行监管委员会将金融科技划分为四大基本业务模式,分别是支付结算、存贷款与资本筹集、投资管理,以及市场设施。也有金融科技类相关研究机构将金融科技定义为利用软件或系统向客户提供金融服务的一种创新型企业活动。

　　第二类观点表明金融科技是对金融行业产生巨大影响的科学技术。爱尔兰都

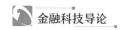

柏林的国家数字研究中心(National Digital Research Centre)将金融科技诠释为"金融服务行业中涌现的一种技术革新",同时强调,该术语的内涵持续拓展,逐步延伸至更广泛的金融范畴。巴曙松等(2016)学者认为,金融科技指的是将科学技术融入金融行业,通过大幅度降低行业成本并提升运作效率来广泛服务民众,进而成为推动金融行业革新与进步的重要技术手段。

第三类观点指出金融科技所涵盖的范畴十分广泛,不仅囊括了前端的产品,还包含了后台的技术。2016年,金融稳定理事会(Financial Stability Board,FSB)明确指出,金融科技即指由技术创新驱动的金融革新,这种革新能够催生全新的业务模式、应用、运营流程或金融产品,进而对金融市场、金融机构以及金融服务的供给方式产生深远且重大的影响。

上述关于金融科技的阐述中,第一类聚焦于金融科技所带来的新业务模式,第二类强调技术手段带来金融的变革创新,两者各有侧重。而第三类可视为第一类和第二类的结合,即金融科技是基于区块链、人工智能、大数据、云计算等关键技术创新,全面应用于支付清算、借贷融资、财富管理、零售银行、保险、交易结算等金融领域,创造出新的业务模式、流程或产品,是金融业未来的主流趋势。

值得注意的是,与金融科技概念相近的有互联网金融和科技金融等,但三者之间的差异较为明显。互联网金融(internet finance)是一种将传统金融机构与以互联网为代表的技术相结合,提高金融服务效率的创新型金融业务模式。相较于金融科技,互联网金融并没有改变信用风险定价的方式,而且其商业模式相对更小,可以认为金融科技是互联网金融的进一步发展。科技金融(technology finance)是促进科技开发、成果转化和高新技术产业发展的一系列金融工具、金融制度、金融政策与金融服务的系统性、创新性安排,是由向科学与技术创新活动提供融资资源的政府、企业、市场、社会中介机构等各种主体及其在科技创新融资过程中的行为活动共同组成的一个体系,是国家科技创新体系和金融体系的重要组成部分。相较于金融科技,科技金融更加聚焦于金融对科技的扶持或科技的资本化,金融科技则更强调运用科学技术对金融业产生的影响以及发展作用。

二、金融科技市场主要参与者

金融科技市场的变化与发展,离不开其背后多元化的市场参与者,这些参与者不仅推动了金融科技的持续创新,还引领着金融科技行业的未来走向,其中传统金融机构、金融科技公司、科技IT公司巨头以及监管部门是主要市场参与者。

（一）传统金融机构

传统金融机构，是指主要从事金融服务业的金融中介机构，如银行、保险公司、证券公司等，利用自身海量数据和客户信任的独特优势，再融合大数据、人工智能、区块链等新兴科技，优化客户体验、运营思维和业务模式，提升服务效率。

（二）金融科技公司

金融科技公司，特别是那些专注于金融科技的初创企业和成长型公司，通常具有敏锐的市场洞察力和强大的技术创新能力，能够快速响应市场需求。它们在数据汇集、商业模式及边际成本上优于传统金融机构，克服了传统金融机构信用风险高、客户面窄的缺点，形成了开放式的金融服务，并利用线上平台的规模化和网络化效应，在商业模式、销售渠道和产品上实现创新，为客户提供标准化金融产品和服务，如移动支付、互联网贷款、智能投顾等，满足消费者多样化的金融需求。

（三）科技 IT 公司巨头

科技 IT 公司巨头，如阿里巴巴、谷歌、亚马逊等，具有强大的科技力量，跨界进入金融科技领域，相比上文所述的前两者有着技术、数据和用户资源方面的优势，但金融方面的经验仍有欠缺，因此科技 IT 公司巨头通过外包和技术输出，与传统金融机构实现合作，为其提供信息化服务。科技 IT 公司巨头使得金融市场竞争加剧，但也为传统金融机构提供了更多合作机会，并不断促使金融科技实现创新。

（四）监管部门

监管部门在金融科技市场中扮演着至关重要的角色，其作为相关法规和政策的制定者与执行者，肩负着确保金融科技市场健康、有序发展的重任。监管部门通过加强对金融科技公司的监管和指导，积极促进其技术创新活力与风险管理能力的有效平衡，保护消费者权益并确保金融科技能惠及广大民众，从而维护金融体系的整体稳定与安全。

三、金融科技的演进历程

（一）发展历程

从全球的历史演进来看，金融与技术的相互交织与共同演进，最早可以追溯至19 世纪后期电报与电缆在金融全球化中的应用，1967 年自动取款机（automated

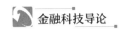

teller machine,ATM)的引入被认为是现代金融科技的开端。1972 年,汉诺威信托公司副总裁提出"金融科技"的概念。金融科技是银行的金融业务和现代管理信息技术相结合的产物,其发展历程可分为三个阶段。第一阶段从 1866 年至 1967年,称为金融科技 1.0,其主要特征是围绕跨大西洋电报系统而展开的金融信息支付和交易形式的剧变。第二阶段从 1967 年至 2008 年,称为金融科技 2.0,其代表为电子支付、ATM 机、网上银行等的出现,主要特征是金融行业应用传统信息技术的软硬件,实现金融办公和业务的电子化,提升了业务效率。第三阶段从 2008年至今,称为金融科技 3.0,其主要特征是金融科技企业利用区块链、云计算、人工智能、大数据等技术,直接向客户提供非中介的金融服务,推动传统金融转型和金融科技的智能化,大大提升了行业的效率。

从技术推动金融业变革的角度来看,我国金融科技的发展可以分为三个阶段。第一阶段为萌芽起步期(1987 年至 2003 年),其特点为金融电子化和信息化,这段时期国内计算机不断发展,使得金融行业迈入了金融电子化和信息化时代,金融机构设立信息技术部门来提升金融业务的服务效率和便捷性,其中最具代表性的是中国银联的成立,以及 ATM 机和销售点终端机(point of sales,POS)的兴起。第二阶段为探索发展期(2004 年至 2016 年),其特点为金融互联网化和移动化。在此期间,随着互联网技术和信息通信技术的发展和成熟,国内实力较强的科技公司开始独立开展金融业务,由此促进了国内互联网金融的诞生。这不仅带来金融业务的创新模式,还在促进小微企业发展和扩大就业方面发挥了重要作用,其中代表性产物有支付宝、余额宝、P2P 网贷等。第三阶段为全面渗透期(2017 年至今),其特点表现为金融数字化和智能化。在这个阶段,大数据、人工智能与区块链等前沿信息技术逐步取代了互联网技术,成为推动金融科技发展的主导力量,推动着金融行业进行数字化转型,为金融业带来更多发展机遇和广阔市场,其中代表性产物包括数字货币、监管沙盒、智能投顾等。

(二)发展里程碑

在金融科技发展历程中有着多个至关重要的里程碑,这些里程碑不仅标志着行业技术的数次飞跃,也深刻地影响了全球金融体系的格局与未来走向。接下来将逐一描述这些具有划时代意义的里程碑,了解它们如何影响和塑造金融行业。

1.计算机互联网和 ATM 机的出现

1967 年,英国巴克莱银行安装了世界上第一台 ATM 机,也正是在这一年,第一个计算机网络系统阿帕网(ARPANET)开始研发部署。两者的出现意味着金融信息化的到来,为金融行业实现业务和办公的电子化和信息化提供了一定的条件,从而大大提高了金融业务处理的效率。

2.互联网金融的兴起

1971年,纳斯达克(NASDAQ)系统创立,标志着互联网金融这一革新的经营理念从构思阶段迈向了实质性的运营,也代表着互联网金融的诞生,开启了金融发展的新纪元。1995年,美国安全第一网络银行作为世界上第一家纯互联网银行成立,预示着互联网金融已进入迅速发展的新阶段,金融服务开始与科技深度融合,推动了金融互联网化,金融服务的可达性和便捷性得到提升。

3.移动支付的普及

2010年开始,支付宝(Alipay)和微信支付(WeChat Pay)在中国迅速普及,Apple Pay和Google Pay等移动支付方式也相继出现并在全球范围内推广,移动支付极大地改变了人们的支付习惯,提高了金融业务的效率,推动了无现金社会的发展。同时,这也大大促进了金融业务移动化,开拓了更加广阔的市场。

4.新兴科技的运用

2017年至今,各类新兴科技产生并与金融融合应用,使得金融业数字化和智能化加速推进。例如:大数据和人工智能使得金融服务更加个性化和精准,优化了金融机构的管理和决策能力;区块链改变了传统金融系统的运行方式,为金融行业提供更高透明度和安全性,推动去中心化金融模式的创新发展;开放银行通过开放应用程序编程接口(application programming interface, API),增强了金融服务的创新和竞争能力,提升了客户的金融体验和数据安全性。

四、金融科技的影响

金融科技作为金融业未来发展的主流趋势,其涉及的范围十分广泛,涵盖了技术基础、应用领域等多个方面。从技术基础部分来看,主要可以分为区块链、机器学习、大数据和云计算等;从应用领域部分来看,主要分为移动支付、数字货币、数字信贷、大数据信用、智能投顾、量化投资、保险科技以及市场设施等。在金融科技的大背景下,各类技术基础与应用领域相互融合和影响,产生了许多新式的金融服务,给金融行业带来了巨大的影响。其影响可以大致分为以下六个方面:缓解金融市场中的信息不对称、降低金融交易的成本、提高金融运行的效率、推动实现金融普惠、改善金融交易的安全性、强化与拓展金融功能。

(一)缓解金融市场中的信息不对称

随着金融科技特别是大数据技术的发展,金融市场中的资金供给者现在能够获取到维度更加多元的信息,并且这些信息的覆盖范围也更为广泛。这种进步使得挖掘过去难以获取和利用的非结构化数据变得可能,同时也能帮助金融业务人

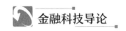

员提取出具有经济意义的信息,并满足金融业处理复杂数据的需求。

(二)降低金融交易的成本

首先,互联网、大数据以及区块链等新技术节省了企业搜集信息、证实信用和进行交易的成本;其次,金融科技提供的算法和渠道减少了企业或金融机构处理信息的成本;再次,由于记录了金融交易信息和缓解了信息不对称,金融科技的应用大大降低了信息验证的费用;最后,通过大数据分析技术,金融科技赋能金融机构精准匹配客户需求与金融产品,从而削减了获取有效客户的成本。

(三)提高金融运行的效率

一方面,金融科技不仅使金融机构的交易处理速度大幅提升,还显著提高了金融的运行效率;另一方面,金融科技推动支付方式和系统发生革命性变革,区块链和移动支付等技术的应用既提升了支付效率,又增强了金融服务的便利性与可及性。

(四)推动实现金融普惠

金融科技中大数据技术和人工智能算法等技术的创新应用是促进金融普惠的重点,在降低金融普惠成本以及金融市场融资门槛的同时,还推动了外部融资的普惠化,真正实现了商业意义上的可持续性。比如电子支付的广泛应用在扩大金融市场中发挥巨大的作用。

(五)改善金融交易的安全性

金融科技的区块链等技术使得信息数据不可篡改,实现交易的可追溯性和透明性,提高金融交易的安全性;利用大数据分析和机器学习等技术,金融机构可以对用户的交易行为进行实时监测和分析,及时发现异常交易行为和潜在的欺诈风险。

(六)强化与拓展金融功能

金融科技在一定程度上强化和拓展了金融功能和金融服务范畴,不仅突破了传统金融的边界,还通过技术创新实现了金融功能的多样化与精细化,为各类市场参与者提供了更加个性化和智能化的金融服务解决方案,从而全面拓宽了金融服务的广度和深度。

第二节　全球金融科技发展

一、全球金融科技市场发展状况

随着大数据和人工智能等新兴技术的快速发展,金融科技已经成为驱动数字经济发展的核心动力,并在重新配置全球资源要素,乃至在重塑全球经济架构和改变全球竞争格局中扮演着至关重要的角色。

图 1-1 展示了 2014—2023 年全球金融科技市场发展趋势。2014—2021 年,全球金融科技市场整体展现出蓬勃发展的景象,无论金融科技融资总额或是投资交易宗数[①]都呈现逐年上升的趋势,并在 2021 年达到顶峰。这期间,金融科技年度投资总额从 454 亿美元上涨至最高的 2389 亿美元,投资交易宗数从 1543 笔上升至 7321 笔,表明金融科技市场的活跃度不断提高,越来越多的项目和企业获得了融资。然而从 2022 年开始,全球金融科技市场趋势发生改变,受地缘政治局势不确定、利率和通胀上升等宏观经济状况恶化以及估值下滑的影响,全球面临诸多严峻挑战,因此金融科技投资者行事也日趋谨慎。

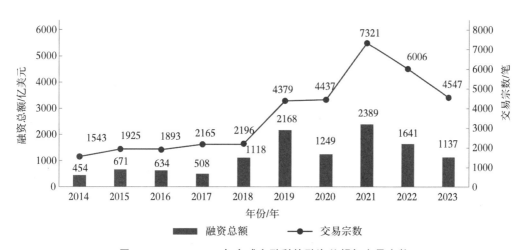

图 1-1　2014—2023 年全球金融科技融资总额与交易宗数

数据来源:毕马威金融科技动向各年度报告。

---

①　此处的投资数据是指金融科技行业的风险投资(包括企业风险投资)、私募基金投资以及企业并购。

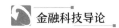

图 1-2 展示了支付科技、保险科技、监管科技、网络安全、财富科技、加密货币和绿色科技等主要金融科技子行业 2020—2023 年的投资额趋势。就子行业比重而言,尽管支付科技投资额自 2021 年后逐年下降,但在全球金融科技融资中仍占据着最大份额,并继续主导着金融科技市场;而网络科技、财富科技和绿色科技的比重较低。从子行业投资额趋势而言,除了保险科技先下降后上升、绿色科技先上升后下降再回稳之外,其他五个子行业均呈现先上升后下降的趋势。

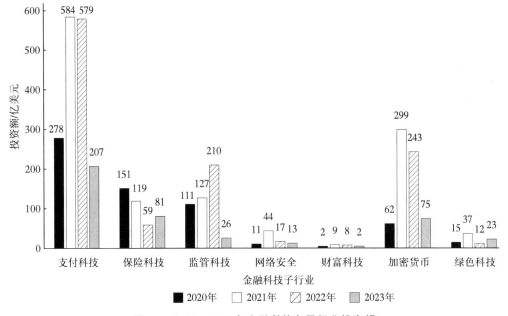

图 1-2　2020—2023 年金融科技各子行业投资额

数据来源:毕马威金融科技动向各年度报告。

二、各地区金融科技的发展

聚焦全球各地金融科技发展,不难发现,各地区金融科技的发展并非千篇一律,而是呈现鲜明的地区特色。这些特色不仅反映了各地经济、文化和技术基础的差异,也体现了金融科技在不同环境中的创新与应用。

(一)美洲地区

美国一直是金融科技创新的引领者,其发布的国家大数据战略是金融科技创新的有力支撑,同时硅谷等科技中心为金融科技的发展提供了丰富的技术资源和创新人才。北美地区以科技创新和创业为主,通过大量金融科技公司的创立来推动金融科技市场的快速发展,金融科技领域的主导形式为支付技术和区块链等,比如 PayPal、Square、Stripe① 等在全球支付市场占据重要地位的公司,以及在全球加密货币交易中扮演着重要角色的 Coinbase② 等公司。美国在金融科技发展上不仅注重金融科技的研发和创新,还秉持创新的监管理念,对金融科技所涉及的金融业务实施功能性监管和灵活监管机制,以保护金融科技各方的利益。最前沿的金融科技技术、最有活力的金融科技企业以及大多的商业模式创新多源自美国,其中特别是以 ChatGPT(generative pre-trained transformer,Chat 一款生成式预训练自注意力模型)为代表的人工智能大模型技术的发展,吸引世界各方关注的同时还点燃了全球的投资热情。

在拉丁美洲,金融科技的主导形式是以数字支付为代表的支付科技和 P2P 借贷等,由于该地区原先传统金融系统效率低下,数字支付和借贷平台在该地区迅速崛起,例如巴西的 Nubank③ 和阿根廷的 MercadoPago④。其在特色发展方面克服了经济的不稳定性,利用金融科技来应对地区经济不稳定和货币波动,使得拉丁美洲地区数字支付等特色金融科技呈现市场快速增长的情形。

(二)欧洲地区

以英国和欧盟为代表的欧洲地区在金融科技领域也表现出强劲的发展势头,伦敦、巴黎、柏林等城市逐渐成为欧洲金融科技的中心,Revolut、N26、Klarna⑤ 等公司成为欧洲金融科技的代表。

欧洲地区构建强监管环境,注重保护消费者权益和数据安全,强调金融科技的合规性和稳健性。欧盟方面确立了建立高标准的数据安全壁垒这一竞争战略,《一般数据保护条例》于 2016 年通过,于 2018 年正式生效,这使得欧盟在数据安全和

---

① PayPal、Square 和 Stripe 是三个总部位于美国的知名电子支付服务提供商。PayPal 于 1998 年 12 月成立,是一家全球性的科技平台和数字移动支付企业,为全球范围内 200 多个国家的个人用户和企业用户提供数字和移动支付产品及服务。Square 从 2009 年开始服务于小型和中型企业,提供扫码支付、移动支付终端和支付处理等服务。Stripe 是一家互联网公司,提供在线支付系统,也是目前较为流行的网店、网站等在线支付服务商以及软件运营的电子商务工具。

② Coinbase 成立于 2012 年,是美国比特币和其他数字货币的交易平台。

③ 2013 年创立的巴西数字银行服务提供商,致力于通过互联网及数据技术,推出在线银行业务,进而提高传统金融服务行业效率。其主要产品为万事达卡以及配套的手机 App,可为用户提供在线办卡、逾期提醒、消费记录查询、资金冻结等服务。

④ Mercado Pago 是美洲电商巨头美客多(Mercado Libre)的数字支付系统,其总部位于阿根廷布宜诺斯艾利斯。

⑤ Revolut 是一家来自英国伦敦的金融科技公司,创立于 2015 年,主要提供数字银行账户和其他多种金融服务。N26 创立于 2013 年,是一家来自德国柏林的金融科技公司,致力于为个人客户提供全线上的移动银行服务,包括便捷的手机支付、储蓄信贷、国际转账、旅行保险等。Klarna 于 2005 年在瑞典斯德哥尔摩成立,致力于为全球商户接入高转化率的海外本地支付方式。

保护隐私方面引领世界,并以高标准的个人数据安全壁垒推动了欧盟数据市场的统一和金融科技创新且可持续发展。最先提出监管科技的英国将金融科技与大数据分析范式作为监管的基础理念,实施加强大数据监管的措施,来应对金融科技创新,提高金融监管有效性,也为全球金融监管改革提供了明确的指引方向,如建立监管沙盒制度来激发创新活力,构建友好型金融生态环境。

(三)非洲地区

移动银行和微金融领域是非洲金融科技发展的主要形式。由于当地传统银行服务在非洲普及率低,移动金融技术成为填补金融服务空白的重要手段,故出现了许多移动支付企业和产品,例如,肯尼亚的 M-PESA、Airtel Money[①] 在非洲市场占据领先地位,是非洲最为成功的移动支付系统之一。

当地大多数人没有银行账户的缺陷使得微金融受到重视,其中最具代表性的便是数字借贷,该服务通过向小型和微型企业及中低收入阶层提供小额度的、可持续的金融产品和服务,满足了人们大量的贷款需求。尽管非洲面临着市场分散与基础设施不足的挑战,但数字借贷具有创新的金融包容性,推动了金融科技的发展并通过移动金融服务来弥补金融基础设施的不足,有效地解决了非洲很多地区缺乏银行网点和基础设施的问题。

(四)亚太地区

亚太地区中尤其是印度和新加坡,在金融科技领域展现出巨大的发展潜力,两者都拥有庞大的市场和快速增长的经济体量,为金融科技的发展提供了广阔的空间。Paytm[②] 在印度国内占据重要地位,新加坡的 PayNow、SGQR[③] 等支付平台也推动了新加坡金融科技的普及和发展。

印度方面,为了促进金融科技的兴起,当地政府实施了多项改革措施并颁布了各类相关政策予以支持,例如实施"数字印度"战略、建立生物身份识别系统、推行"废钞运动"以及推广普惠金融计划等来推动印度数字支付领域的快速革新,并为金融科技行业的蓬勃发展奠定坚实基础。在如此环境下,印度的金融科技逐渐崭

---

① M-PESA(M 代表移动,PESA 在斯瓦希里语中代表"金钱")成立于 2007 年,是非洲最大的金融科技公司,在肯尼亚家庭使用占比超过 96%。Airtel Money 是肯尼亚著名的电子钱包公司,由当地电信服务提供商 Airtel Kenya 在 2011 年 8 月推出。

② Paytm 成立于 2010 年,是印度最大的支付平台,被市场称为"印度支付宝"。

③ PayNow 是 2017 年新加坡银行协会开发的一种实时支付系统,通过在两个银行账户之间转账来完成收付款。SGQR 是新加坡政府在 2018 年推出的全球首个统一支付二维码,整合了 27 种不同的支付方式,如 PayNow 和微信支付等。

露头角,正成长为全球金融科技领域的重要力量,特别是在数字支付和以 P2P 网络借贷为代表的数字化金融领域表现尤为突出。

新加坡对金融科技发展给予了高度重视,同时其政府对金融科技企业的金融科技产品和服务创新十分支持,2018 年发布的《金融部门人工智能和数据分析(AIDA)使用指引》和 2019 年发布的《人工智能监管框架范例》等框架意在保障人工智能在金融领域的使用。此外,2023 年新加坡金融管理局宣布了稳定币监管框架以保护客户资产。新加坡为金融机构提供清晰的监管指导,确保其在以数字支付、智能投顾为代表的数字化金融方面快速发展,努力成为世界智能科技大国和智能金融中心。

三、中国金融科技的发展

中国"十四五"规划在强调金融科技战略地位的同时,明确提出要强化金融科技创新应用,加速金融业态的智能化升级与数字化转型。自 2006 年至 2024 年,中国先后发布了多个政策法规和指导性文件(见表 1-1),系统性地加速推进了金融科技发展。同时,巨大人口规模优势形成基础性支撑,催生出全球最大的个人金融业务市场,不仅为移动支付、数字信贷等数字金融提供应用场景,更持续输送高素质技术人才与海量数据资源,助力我国在全球金融科技领域稳居第一梯队,形成显著的竞争优势。

表 1-1　我国关于金融科技发展的部分指导性文件

年份	文件名	主要内容	颁布机构
2006 年	《国家中长期科学和技术发展规划纲要（2006—2020 年）》	提出 2006—2020 年我国科技发展的指导方针:自主创新、重点跨越、支撑发展、引领未来,将科技发展纳入国家战略	国务院
2010 年	《促进科技和金融结合试点实施方案》	开展金融科技试点工作,不断完善体制、创新机制模式,加快形成多元化、多层次、多渠道的科技投融资体系	科技部、一行三会
2011 年	《关于促进科技和金融结合加快实施自主创新战略的若干意见》	批准了首批科技和金融结合试点城市,促进科技和金融结合,推进自主创新,培育发展战略性新兴产业,支撑和引领经济发展方式转变	科技部、财政部、国务院国资委、国家税务总局和一行三会
2012 年	《关于进一步鼓励和引导民间资本进入科技创新领域的意见》	进一步鼓励和引导民间资本进入科技创新领域,提升民营企业技术创新能力	科技部

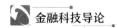

续表

年份	文件名	主要内容	颁布机构
2014 年	《关于大力推进体制机制创新 扎实做好科技金融服务的意见》	进一步全面推动科技金融工作	科技部、一行三会、国家知识产权局
2015 年	《关于深化体制机制改革加快实施创新驱动发展战略的若干意见》	提出发挥金融创新对技术创新的助推作用,培育壮大创业投资和资本市场,提高信贷支持创新的灵活性和便利性,形成各类金融工具协同支持创新发展的良好局面	中共中央、国务院
2015 年	《国务院关于促进云计算创新发展 培育信息产业新业态的意见》	提出要完善云计算发展环境,培育骨干企业,创新服务模式,扩展应用领域,强化技术支撑,保障信息安全,优化设施布局,促进云计算创新发展,培育信息产业新业态,使信息资源得到高效利用	国务院
2015 年	《促进大数据发展行动纲要》	提出要全面推进我国大数据发展和应用,加快建设数据强国	国务院
2016 年	《国家创新驱动发展战略纲要》	提出探索建立符合中国国情、适合科技创业企业发展的金融服务模式。鼓励银行业金融机构创新金融产品,拓展多层次资本市场支持创新的功能,积极发展天使投资,壮大创业投资规模,运用互联网金融支持创新。充分发挥科技成果转化、中小企业创新、新兴产业培育等方面基金的作用,带动社会资本投入创新	中共中央、国务院
2016 年	《关于支持银行业金融机构加大创新力度 开展科创企业投贷联动试点的指导意见》	鼓励和指导银行业金融机构开展投贷联动业务试点,有效防范风险,不断提升科创企业金融服务水平	中国银监会、科技部、中国人民银行
2017 年	《新一代人工智能发展规划》	提出人工智能"三步走"的战略目标,深入实施创新驱动发展战略,发展智能经济,建设智能社会	国务院
2018 年	《国务院办公厅关于全面推进金融业综合统计工作的意见》	提出建立统一的金融业综合统计、管理和运行机制,制定并完善标准和制度体系,完善金融数据治理	国务院办公厅
2018 年	《"十三五"现代金融体系规划》	提出要发展穿透式监管新技术	中国人民银行、发展改革委、科技部、工业和信息化部等九部委

续表

年份	文件名	主要内容	颁布机构
2019 年	《金融科技（FinTech）发展规划（2019—2021 年）》	提出到 2021 年，建立健全我国金融科技发展的"四梁八柱"，增强金融业科技应用能力，实现金融与科技深度融合、协调发展	中国人民银行
2019 年	《国家新一代人工智能创新发展试验区建设工作指引》	开展人工智能技术应用示范，探索促进人工智能与经济社会发展深度融合的新路径，推进人工智能基础设施建设	科技部
2019 年	《关于促进金融科技发展支持上海建设金融科技中心的指导意见》	提出打造具有全球影响力的金融科技生态圈、深化金融科技成果应用、加大新兴技术研发、持续优化金融服务、加强长三角金融科技合作共享、提升金融科技风险管理水平、提升金融科技监管效能、加强人才培养和合作交流等八个方面建设内容	中国人民银行上海总部
2022 年	《金融科技发展规划（2022—2025 年）》	提出了加强金融科技战略部署、强化金融科技合理应用、赋能金融服务提质增效、增强金融风险技防能力、强化金融科技监管等重点任务	中国人民银行
2024 年	《关于银行业保险业做好金融"五篇大文章"的指导意见》	提出了增强科技型企业全生命周期金融服务、提升资金和保险保障水平、优化科技金融风险分担机制等主要目标，鼓励研发专属金融产品，为科技型企业提供全生命周期金融服务	金融监管总局

在我国金融科技发展进程中，数字普惠金融作为具有代表性的创新形态，成功实现了普惠金融理念与数字技术的深度融合。这种新型金融体系以移动互联、云计算、区块链和通信技术为支撑，通过数字化手段为社会各阶层提供全方位、多层次的金融服务。自 2005 年普惠金融概念引入中国以来，其与数字技术协同演进的进程持续加速，尤其在数字支付、数字保险和数字信贷领域取得突破性进展，为全球金融科技发展贡献了中国方案。

2016 年 G20 杭州峰会的召开为数字普惠金融发展注入新动能。会议通过的《G20 数字普惠金融高级原则》构建了系统化发展框架：在战略层面强调技术创新与监管优化的平衡机制，提出金融科技与普惠金融深度融合的实践路径；在操作层面倡导数字技术赋能普惠金融，要求各国建立覆盖长尾群体的适应性服务体系，同时完善数字排斥群体的风险评估机制；在治理层面聚焦消费者权益保护与法律规制，推动建立可持续发展的生态系统。

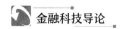

当前,在政策支持力度持续加大、技术赋能效应深度释放、监管体系日臻完善的三重驱动下,数字普惠金融正展现出强大的社会价值。这种创新模式不仅有效拓展了金融服务边界,更通过数字化解决方案破解传统普惠金融"最后一公里"的难题,为全球范围内实现包容性金融发展提供了可资借鉴的实践范本。随着技术迭代与制度创新的良性互动,数字普惠金融将持续释放惠民红利,助推金融科技向更高质量、更可持续的方向演进。

第三节　金融科技与传统金融

金融科技通过技术创新持续优化金融服务流程,深刻重塑全球金融行业格局。以银行、保险公司及投资公司为代表的传统金融机构长期主导行业生态,其业务模式与服务流程具有显著路径依赖特征。金融科技发展催生的高效化、便捷化与个性化服务范式,对传统机构形成结构性冲击,加速推动行业竞争格局演变。值得关注的是,这种技术驱动的变革在加剧市场竞争的同时,也为传统金融机构创造了技术融合与生态协同的发展机遇。

一、相互竞争

金融科技公司的出现对传统金融机构构成了巨大挑战。相较于传统金融机构,金融科技公司依托人工智能、区块链等前沿技术,更注重用户体验与个性化服务,同时具备更低运营成本的优势。

通过革新传统金融服务模式,金融科技公司以更高效的服务体验、更优的成本效益和更便捷的操作流程迅速赢得大量用户群体。例如在支付领域方面,PayPal和支付宝等在线支付平台,通过提供快捷、方便和低成本的支付服务,极大地冲击了传统银行的支付业务。这些平台不仅在电商交易中占据重要地位,还逐渐扩展到线下支付领域,威胁着传统银行的市场。在借贷领域方面,LendingClub、Prosper[①]等点对点借贷平台,通过在线匹配借款人和投资者,提供快速、透明的借贷服务。这些平台绕过了传统银行的复杂审核流程和高额费用,吸引了大量个人

---

①　LendingClub 和 Prosper 是两家位于美国加利福尼亚州旧金山的 P2P 公司。

和小微企业借款者。在投资领域方面，Robinhood[①]等在线投资平台通过提供零佣金交易和简洁易用的用户界面，吸引了大量年轻投资者，对传统券商构成了挑战。

二、相互合作

尽管存在着竞争，但是金融科技公司与传统金融机构之间也存在大量的合作机会。相比金融科技公司，传统金融机构有着更加丰富的金融经验和更庞大的客户群体，传统金融机构与金融科技公司合作可以弥补自身技术短板，提高服务质量和运营效率。金融科技公司可借助传统金融机构的支持，获取更多数据资源、客户渠道、行业经验及研发资金。技术合作方面，西班牙 BBVA 银行与英国数字银行 Atom Bank 合作，参与数字银行业务，Atom Bank 通过移动技术提供无分行服务，而 BBVA 借此获取数字化运营经验；JPMorgan Chase，美国最大金融服务机构之一的摩根大通集团与小企业借贷平台 OnDeck[②]合作，利用后者的技术和数据分析能力，改进其小企业贷款业务，这一合作帮助摩根大通加快了贷款审批速度，提升了客户满意度。产品合作方面，有银行与金融科技公司联合推出新的金融产品，如联合信用卡、数字钱包等，也有保险业与金融科技合作形成的保险科技，作为数字创新的前沿浪潮和金融科技的重要板块，不仅为消费者提供了全面便捷的产品和服务，还降低了相应的成本，增加了业务效率和客户黏性。

传统金融机构和金融科技公司的合作模式主要可以归纳为以下三种方式。

第一种方式是投资、并购或成立股权投资基金。传统金融机构为了弥补自身科技水平不足的缺陷，通过收购或股权投资的策略来获取具有较高增长潜力的金融科技公司的创新产品与顶尖技术人才，并且在这些策略成功实施后，选择维持被收购或被投资的金融科技公司的组织结构与经营活动的独立性，以此确保金融科技公司能够持续激发创新活力，为传统金融机构的未来发展保留广阔的业务拓展空间。

第二种方式是战略合作或合资模式。传统金融机构与金融科技公司的战略合作或合资模式聚焦于某些特定产品、服务或功能层面，这种合作模式旨在通过金融科技公司提供的先进技术，促进传统金融机构内部流程的优化与技术平台的革新，共同推动双方业务向更加高效、智能的方向发展。

第三种方式是共建创新实验室及人才库。传统金融机构通过与创业企业、科

---

① Robinhood 于 2013 年在美国加利福尼亚州成立，定位于专门服务中小散户，门槛极低，界面友好亲和，并且免佣金。

② OnDeck 于 2006 年成立于美国纽约，专注服务于小型企业，提供线上贷款和评估小企业经营表现。

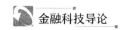

技公司和高等教育机构展开联系和合作,共同建立创新实验室,同时举办各式的技术交流活动来培育金融科技创新方面的人才,建立相关的人才库,由此增加金融科技创新的深度和可持续性,推动金融科技领域的进步与繁荣。

与此同时,传统金融机构与金融科技公司之间的合作对现代金融生态系统产生了巨大的影响,主要体现在以下四点:

(1)技术创新与数字化转型。金融科技公司通过不断引入新技术和创新解决方案,推动了传统金融机构的数字化和智能化转型,还与传统金融机构进行合作,共同研发新技术解决方案。这不仅提升了金融服务的效率和便捷性,也促进了金融行业整体的现代化发展。

(2)创新金融产品和服务。传统金融机构学习金融科技公司的成功案例,优化自身的服务流程,推出更加个性化、智能化的金融产品,提升了服务质量的同时满足了消费者不断变化的需求。而且对金融科技技术的应用,带来了更安全和透明的交易方式,提升了金融系统的可靠性和效率。

(3)风险管理和合规监管。金融科技的发展引起了金融风险管理和合规监管的新挑战,传统金融机构采用与金融科技公司合作的方式改进了自身风控体系,平衡了风险和创新,同时,金融科技公司也在技术上为监管体系的进一步完善提供了条件。由此保障了金融系统的稳定和安全。

(4)普惠金融和金融包容性。金融科技的发展促进了金融服务的普及和普惠,推动了金融包容性的提升,让更多人享受到金融服务。传统金融机构通过吸纳金融科技公司创新理念和模式,让其金融包容性得到改善,实现了金融产品和服务的创新,使自身在市场中保持竞争力。此外,双方共同构建金融生态圈,通过资源共享和优势互补,实现共赢,更好地维护了金融生态系统的和谐。

在现代金融生态系统中,金融科技公司与传统金融机构之间的竞争与合作共生,共同推动了现代金融生态系统的发展和创新,塑造了一个更加数字化、智能化和多元化的金融生态系统,为广大消费者提供更丰富、便捷的金融服务体验。

总结·拓展 1-1

第二章
金融科技核心技术

第一节　区块链技术

自人类文明诞生以来,数字记录始终不可或缺。在人类早期,数字被刻于石头或甲骨;纸张发明后,人们将数字记载于纸质账册。14世纪出现的复式记账法,使账目记录的准确性得到显著提升。随着互联网时代的到来,电子化记账虽成为必然趋势,但为确保电子交易记录的安全性与不可篡改性,需要制定复杂流程与程序,增加了成本并降低了效率。

为解决这一矛盾,匿名人士"中本聪"提出了"比特币:一种点对点的电子现金系统"。该点对点系统中,交易信息通过加密技术保护具体内容,同时运用共识机制验证交易真实性。这种技术组合既保障了交易的私密性和透明性,又实现了记录的不可篡改性。交易信息以区块形式如链条般串联记录,这类系统被统称为"区块链"。

一、区块链基本概况

区块链是一种块状链式存储、不可篡改、安全可信的去中心化分布式账本,它结合了分布式存储、点对点传输、共识机制、密码学等技术,通过不断增长的数据区块(block)记录交易和信息,确保数据的安全性和透明性。

(一)区块链的特点

区块链网络在结构上具有去中心化的特点,运行过程中具备不可篡改、可追溯、自治性的关键特征,同时,区块链在应用方面还显示出开放性、灵活性的特点。

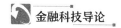

1.去中心化

去中心化是区块链的核心特性。在区块链网络中,不存在单一控制中心或存储节点,所有节点地位平等,并按照特定规则自由连接、交换、复制和验证数据,完整信息记录于每个节点。这种方式显著提升了网络安全性和抗攻击能力,因为篡改信息需同时作用于多数节点,实际操作极为困难。去中心化还增强了系统容错性,即使部分节点故障(不超过 50％,在实用拜占庭容错等共识机制中不超过33％),系统仍可正常运行。

2.不可篡改

区块链中信息存储于区块内,区块间通过哈希函数等密码学方法连接。一旦区块被添加到区块链中,其内容几乎不可更改。任何信息变动将导致该区块哈希值变化,并引发后续区块哈希值连锁改变。修改区块需耗费巨大算力,且网络中其他节点存有该区块副本,系统能检测到篡改并拒绝接受被修改区块。若节点尝试添加无效区块,诚实节点将维持原有正确链继续运作。

3.可追溯

区块链的可追溯性源于其数据的连续性和顺序性。数据区块按时间顺序排列,每条记录均可追溯至链上初始节点,形成可靠的历史记录系统。这一特性可有效应用于供应链管理:传统供应链因关系复杂导致追责困难、效率低下,而区块链完整记录产品从生产、运输、加工到销售的全流程。一旦出现问题,可快速追溯责任主体并明确赔偿对象,显著降低管理成本。

4.自治性

自治性是区块链区别于传统中心化系统的关键特征,也是去中心化的内在属性。区块链网络可通过共识机制(无须第三方监管)构建无须信任的系统:各节点通过共识机制投票决策,达成数据更新的一致意见。智能合约的部署进一步强化自治能力,通过预设条件自动执行多样化操作。

5.开放性

区块链的开放性体现在三方面:第一,数据公开透明,获准加入网络的个体均可查看共享账本;第二,系统开源协作,多数区块链项目基于开源代码构建,遵循许可即可查看、修改和分发代码;第三,技术开发由去中心化社区推动,任何人均可贡献代码或提出改进建议。

6.灵活性

区块链的灵活性是其吸引力之一,它允许开发者和用户根据不同的场景需求构建使用定制化的解决方案。这主要体现在以下几方面:

(1)协议的可定制性:区块链技术允许开发者根据特定需求定制协议层。这意味着可以创建不同的规则和标准来满足特定的业务场景需求。

（2）合约的多样性：智能合约是区块链灵活性的一个重要体现。开发者可以编写智能合约自动执行复杂的业务逻辑，并且这些合约还能够根据不同的条件和规则进行定制。

（3）跨链技术：随着区块链技术的发展，跨链技术允许不同的区块链网络之间进行互操作，这增加了区块链生态系统的灵活性和扩展性。

（4）模块化设计：多数区块链平台采用模块化设计，不同组件可以根据需要进行替换或升级，从而提高了系统的灵活性和适应性。

（5）技术迭代和创新：随着区块链技术的不断发展和迭代，新的共识机制、加密技术以及其他创新成果不断涌现，显著提升了区块链的灵活性，扩大其应用范围。

（二）区块链的层级结构

区块链平台架构一般分为5层，即数据层、网络层、共识层、合约层、应用层。

1.数据层

数据层是区块链平台架构的最底层，主要包括数据区块和数据加密、时间戳等底层技术。

如图 2-1 所示，数据区块可以进一步分为区块头与区块体。区块头当中封装了前一区块头（父区块头）的哈希值、当前区块的目标哈希值（难度值）、默克尔（Merkle）根、当前区块的版本号和时间戳，以及满足难度值要求的随机数。

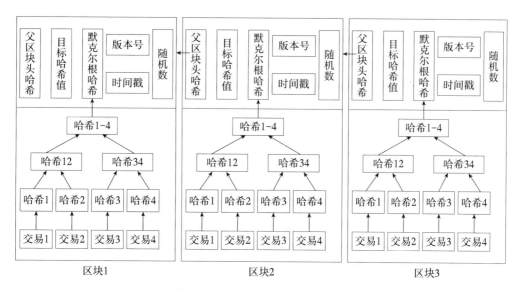

图 2-1　区块链数据层结构示意图

区块体包含了以默克尔树结构存储的所有交易信息。原始的交易信息经过哈希函数转换为哈希数值后不断两两组合产生新的哈希值，直至最终产生默克尔根

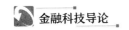

哈希以记入区块头。这种树状结构使得任何交易信息的篡改都会引起哈希值的变动,从而引起默克尔根的变动,导致区块无法通过后续验证。计算节点将在目标哈希值的约束下计算随机值,使得包含该随机数在内的区块头信息经哈希运算所得结果小于或等于该动态调整的目标值,从而形成新的有效数据区块。

2.网络层

网络层封装了区块链系统的组网方式、数据传播协议和数据验证机制等要素。区块链采用对等网络组网的方式,即通过点对点的形式完成网络搭建。每个节点功能相同,均会承担网络路由、验证数据块、传播区块数据和发现新节点等功能,不存在中心节点。交易记录或者新区块信息一旦通过验证,就会以广播的形式在网络中以指数级速度传输。此外,按照网络节点存储数据量的不同,可以将节点分为全节点和轻量节点:前者完整保存了从区块链诞生到当前最新区块的全部区块链数据,可以不依赖其他节点独立地实现任意区块的数据校验、查询与更新,但维护的空间成本较高;后者仅保存了部分区块链数据,并通过简易支付验证方式向邻节点请求所需数据,从而完成数据校验。

3.共识层

共识层的主要功能是运用共识机制算法推动全网节点在规定时间内对数据认知达成一致,并有效排除恶意节点的不良干扰。这一功能是区块链技术的重要优势,其核心是共识机制。早期比特币的区块链采用高度依赖节点算力的工作量证明(proof of work,PoW)共识机制,随着区块链技术的发展,研究者提出了多种不依赖算力的共识机制,如:拜占庭容错(practical byzantine fault tolerance,PBFT)、权益证明(proof of stake,PoS)、委托权益证明(delegated proof of stake,DPoS)。本章第一节的"区块链的核心技术"将对其做更为详细的介绍。根据以太链创始人Buterlin提出的"区块链不可能三角",即无论区块链共识层选择何种共识算法,都无法同时满足去中心化、可扩展性和安全性这三项要求。不同类型的区块链平台基于不同的需要,在去中心化程度、可扩展性和安全方面的侧重点各不相同,因此选择使用的共识算法也有所不同。

4.合约层

合约层内封装了区块链系统所应用的各类脚本代码、算法以及由此生成的更为复杂的智能合约。形式上,智能合约可以简单理解为数字化的传统合约,其目的是在不依赖第三方可信的机构的情况下,降低合约签订成本,提高合约的安全性。智能合约具有可编程的特点,通过将智能合约应用于区块链系统,可以提升区块链的扩展性,从而在一定程度上解决"区块链不可能三角"的难题。在早期比特币的区块链中,编程的语言采用非图灵完备的简单脚本语言,应用范围局限于交易的验证和执行方面。随着技术的发展,在以太坊(Ethereum)等平台中,智能合约使区块链的编程语言更加完备,具备更好的可编程性,使得区块链能够支持宏观金融和社会系统的诸多应用。

5.应用层

区块链的应用层封装了各种应用场景和案例,类似于电脑操作系统上的应用程序,互联网浏览器上的门户网站、搜索引擎、电子商城,或是手机端上的各类应用软件。它将区块链技术应用部署在如以太坊、商用分布式设计区块链操纵系统(EOS)、量子链(Qtum)上并在现实生活场景中落地。未来的可编程金融和可编程社会也将搭建在应用层上。

2019年,中共中央网络安全和信息化委员会办公室转载了《区块链技术的五大应用场景》。该文就区块链提出了五大应用场景,分别为数字货币、金融资产交易结算、数字政务、存证防伪和数据服务。依据相关场景的实际需求,目前诸多应用平台已被成功开发,如以太坊、Quorum、科达(Corda)等。除了开发具体应用终端外,区块链应用层还包含为区块链应用开发提供服务的通用服务平台,如微软开发的Azure区块链服务(Azure BaaS)和Linux基金会发起的超级账本项目(Hyperledger)。

表2-1归纳总结了区块链各层级结构的主要内容。

表 2-1 区块链各层级主要内容

层级名	主要内容
数据层	数据区块、非对称加密、哈希函数、默克尔树、时间戳
网络层	P2P网络通信广播验证机制
共识层	PBFT、PoW、PoS、DPoS
合约层	脚本代码、智能合约
应用层	数字货币、金融资产交易结算、数字政务、存证防委和数据服务

(三)区块链的分类

根据访问权限开放程度、控制管理结构以及使用场景,区块链大致可以分为三种类型:公有链(public blockchains)、私有链(private blockchains)和联盟链(consortium blockchains)。

1.公有链

公有链也可称为公共区块链,是指没有任何准入限制,所有节点无须任何授权便可自主加入或退出的区块链网络。公有链中不存在任何层级关系,所有节点地位相等,均可读取、转发、下载区块链内的全部数据,并通过共识机制共同维护网络的稳定性。从某种意义上讲,公有链是最符合区块链精神内涵的区块链类型,没有

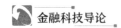

任何特殊节点可以控制全网数据的传播与存储,真正实现了"完全去中心化"。比特币和以太坊便是典型的公有链。

公有链的优点:

(1)所有交易数据公开、透明。虽然公有链上的所有节点是匿名加入网络,但任何节点都可以查看其他节点的账户余额以及交易活动。

(2)无法篡改。公有链是高度去中心化的分布式账本,篡改交易数据几乎不可能实现,除非篡改者控制全网50％以上的算力。

公有链的缺点:

(1)交易确认速度慢。由于公有链没有准入限制,参与网络维护的计算节点会越来越多,一方面使得计算满足目标哈希值的随机值的难度越来越大,另一方面,交易需要得到网络所有节点的共识,交易确认时间也会增加。例如,比特币网络在交易高峰期,确认一笔交易可能需要数分钟甚至数小时。比特币 PoW 系统为了维护稳定性,会动态调整随机值的计算难度,以保证有效区块的形成时间控制在 10分钟左右;以太坊在建设 2.0 版本之前,确认一笔交易需要几分钟,但随着共识算法的改进,升级后的以太坊 2.0 平台,交易确认时间仅需 3～6 秒。

(2)计算成本高,扩展性差。公有链随着网络计算能力的提升会动态调整计算复杂度,为获得记账权,每个节点都在做竞争性计算,消耗了大量计算资源;由于交易吞吐量的关系,网络的扩展性较差。

2.私有链

私有链是指由单一组织或实体控制管理的区块链网络,其仅在实体内部使用,参与的节点只有内部用户本身,并依据实体的自身需求设定系统的运作规则。私有链通常具有严格的准入限制,其数据读取权限一般不对外开放,或只在一定程度上对外开放,并仅有少数节点具有数据修改权限。私有链一般不使用加密货币激励机制,因为其参与者是预先选定和受信任的。私有链可以用于内部记录跟踪、审计和合规性检查等。此外,私有链也可以用于一些特殊机构或组织的公开数据,如公共事业领域政府的预算与执行数据,政府对特定行业统计获得的数据;等等。

私有链的优点:

(1)交易速度快、交易成本低

私有链上只有少量的节点具有高信任度,不需要每个节点来验证一个交易。因此,相比需要通过大多数节点验证的公有链,私有链的交易速度更快,交易成本也更低。

(2)可控性高,定制灵活

私有链的管理者可以对网络进行精细控制,包括控制节点的加入和退出、交易的验证规则、数据的存储和访问权限等。可以根据企业的特定需求进行定制化开发,提供更灵活的解决方案。

（3）数据安全性高

参与者经授权才能访问网络,可有效防止恶意攻击,保护组织隐私、交易数据不对外公开。

私有链的缺点:

（1）去中心化程度低

私有链控制权集中在少数几个中心节点,不符合"去中心化"特点,可能导致权力滥用,用户可能对这些机构的公正性和透明度产生怀疑,从而影响整个网络的可信度。

（2）维护成本高

私有链搭建与维护都需要专业技术团队。企业需要定期更新软件、优化网络性能、处理安全漏洞等,这增加了维护难度和成本。

（3）缺乏创新和社区支持

与公有链相比,私有链在技术更新和应用拓展方面可能相对滞后。这与其无法形成技术社区有关。

3.联盟链

联盟链是指由多个组织或机构共同管理和维护的区块链网络。联盟链的核心特点是部分去中心化和联合管理。联盟链同样存在准入限制,只有得到授权的节点才能加入或退出。在联盟链内部,节点的功能是预先设定的,并且各个节点的地位不完全平等,不同节点拥有不同的数据读取权限。联盟链的权限设计要求比私有链更复杂,使得其较私有链更具可信度。联盟链适用于跨组织协同或数据资源共享等场景,如银行、保险、证券、商业协会、司法活动等。

表 2-2 分别就准入限制、去中心化程度以及数据读写权限对三类区块链加以区分刻画,并据此给出三类区块链的优缺点、适用场景和典型案例。

表 2-2 三类区块链的异同与优缺点

类型	公有链	联盟链	私有链
准入限制	所有节点无须任何授权即可自由加入或退出	节点加入或退出需要得到授权	完全封闭
去中心化程度	完全去中心化	部分去中心化	中心化
数据读写权限	所有节点都拥有读写权限	写权限:指定的计算节点 读权限:加入联盟的节点	写权限:组织或机构自身 读权限:取决于授权
优点	访问门槛低 交易数据公开透明 不受开发者控制	可控性较高 交易速度快 数据隐私性强	交易速度更快 交易成本低 隐私保护更好 数据安全性更高

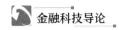

续表

类型	公有链	联盟链	私有链
缺点	交易确认速度慢 计算成本高 扩展性差	节点权力集中 硬件设施要求高	去中心化程度低 维护成本高 缺乏创新与社区支持
适用场景	缺乏信任的应用场景	需要跨组织协同或者数据资源共享的应用场景	对数据保密性要求较高的应用场景
典型案例	比特币	超级账本	财务审计

（四）区块链发展现状

区块链的理论起源可追溯至 20 世纪。1982 年,大卫·乔姆提出基于密码学的不可追踪电子支付协议,这是该技术的早期雏形;1991 年,哈伯与斯托内塔设计的密码学时间戳方案,通过链式结构和时间戳确保数字文档不可篡改,奠定了区块链的核心框架;2008 年,"中本聪"发布比特币白皮书并于次年启动网络,标志着区块链进入实际应用阶段。随着比特币的普及,该技术加速发展。当前全球对虚拟货币态度不一,但对区块链技术普遍认可。其应用演化历经三阶段:数字货币阶段（区块链 1.0）、智能合约阶段（区块链 2.0）、大规模应用阶段（区块链 3.0）。

1.区块链 1.0

该阶段以比特币的诞生为标志,大约始于 2009 年。比特币是第一个成功的区块链应用,区块链为数字货币提供了一种去中心化的解决方案。这个阶段的区块链技术主要关注于创建和维护一个去中心化的货币系统,解决双重支付问题,并允许点对点的交易。

2.区块链 2.0

2015 年,维塔利克·布特林在区块链基础上引入了智能合约,创建了以太坊,这标志着区块链技术进入了第二个发展阶段。智能合约允许开发者在区块链上编写和部署去中心化应用（DApps）,极大地扩展了区块链的应用范围。以太坊平台使得区块链技术不仅仅局限于货币交易,还能够用于各种复杂的金融交易和业务逻辑。

3.区块链 3.0

当前,区块链技术正被应用于更多的领域,如供应链管理、身份验证、投票系统、版权管理等。随着分片技术（如以太坊 2.0）和跨链协议（如 Polkadot、Cosmos）的发展,区块链在可扩展性与互操作性方面已取得实质性进展。同时,不同的区块链平台也在探索不同的共识机制和治理模型,以适应不同的应用场景。

二、区块链的核心技术

从区块链运作过程来看,其关键核心技术包括分布式账本技术、密码学、共识机制、智能合约。

(一)分布式账本技术

分布式账本技术(distributed ledger technology,DLT)是一种由多节点共同维护的数据库技术,其数据分布在多个地点并由参与者集体管理,无须中央机构控制。与传统中心化账本(存在效率低、成本高、透明度不足且易滋生欺诈等问题)不同,DLT通过分布式架构提升数据透明度与安全性。随着社会迈入信息时代,实体账本逐步数字化,催生了分布式账本技术。本质上,它是支持多站点共享的资产数据库,网络参与者均可持有唯一且真实的账本副本,任何改动会在数秒至数分钟内同步至所有副本。

账本上存储的资产包含金融资产、法律定义的实体或虚拟资产,其安全性通过公私钥及签名机制得到保障。根据网络共识规则,账本维护可由单个、部分或全体参与者共同完成。

分布式账本主要依赖分布式记账和分布式存储技术。分布式记账是指在区块链交易过程中,交易信息将向全链广播,由分布在不同地方的记账节点参与竞争记账权,记账权归属由该链的共识机制决定,其他所有节点都可监督验证记账的正确性。若记账有误,则所有记账节点重新参与竞争记账权,直至信息验证无误,交易信息才被纳入区块链账本。分布式存储是指将数据通过特殊加密算法切割为若干份小数据,并分散存储到各个存储节点的存储器里,存储的数据可在节点之间共享。

(二)密码学

密码学是研究密码编制和破译的学科,其融合了多个学科的知识,包括数学、计算机科学、物理、工程学等。在工程应用中,密码学体现为加密算法,即为防止第三方访问私有数据的技术开发或协议。区块链在运作过程中主要采用了以下加密算法:

1.非对称加密

区块链网络在信息传递过程中主要运用的是非对称加密算法。这种加密算法使用一对密钥,即公开密钥和私有密钥来进行加密和解密。公钥可以自由分发,而私钥仅为所有者所知道。如图 2-2 所示,李磊想安全地向韩梅梅发送一条消息"你好",他可以使用韩梅梅的公钥对消息进行加密,只有韩梅梅能够使用自己的私钥来解密消息。

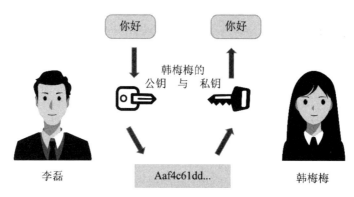

图 2-2 非对称加密算法应用示意图

　　非对称加密算法需要保证公钥与私钥间是无法相互推导的。此外,公钥在传输过程中可能被恶意替换,节点之间如果使用替换了的公钥,仍然会造成信息的泄露。为此,区块链引入证书授权中心,"CA 机构"和"根 CA 机构",用于验证公钥的合法性。

　　非对称加密算法还用于数字签名过程。数字签名又称为公钥数字签名,其主要作用为验证消息发送者的合法身份。在区块链的场景下,每笔交易都必须进行数字签名。假设某人(李磊)想在区块链上向朋友(韩梅梅)发送数字货币。首先,李磊可以使用韩梅梅的公钥对交易信息进行加密。接下来,使用哈希算法基于原始交易信息生成哈希值创建数字摘要,再使用自己的私钥对该哈希值加密,生成数字签名。最后将数字签名与之前加密过的交易信息一起发送出去。韩梅梅可以通过使用李磊的公钥对数字摘要解密,验证数字签名的哈希值与交易信息的哈希值是否相符合,以此来确认李磊的交易身份是否合法。

　　2.哈希算法

　　哈希算法是指用一种特定函数,将明文转换成为由唯一的字母和数字构成的字符串的加密方法。它的输出具有确定性,即对于相同的输入,其输出总是相同的。同时,算法保证了无法从输出结果重构原始数据。实践中有多个哈希函数(如SHA-256 和 Blake2),基于这些高等数学中的复杂函数,算法能够在相对短的时间内生成唯一的哈希值。哈希函数具有以下关键特性:(1)相同的输入总是产生相同的哈希值;(2)对给定的数据总能相对高效地计算出哈希值;(3)哈希值无法反向转换为原始数据;(4)两组不同的输入数据几乎不可能生成相同的哈希值;(5)哈希值严格依赖于输入内容,即使消息发生微小的变化也会改变哈希值。

　　在区块链场景中,哈希算法应用于交易摘要的创建过程以及区块的连接过程。当一个新区块被添加到链上时,会生成一个哈希值来唯一标识该区块。区块链网络通过验证该数据以达成共识。基于哈希算法的上述性质,任何交易内容的更改都会引起交易摘要和区块哈希值的变化,这意味着任何数据篡改行为都会即刻被全网节点发现,且无法通过验证。

(三)共识机制

当区块链网络中多数节点达成一致状态时,网络即形成共识。但在共识形成前,需解决拜占庭容错问题。该问题源于寓言故事:拜占庭帝国的将军们带领军队驻扎在城市不同方位,通过信使传递信息。但信息可能被延迟、丢失、损毁或恶意篡改,甚至部分将军可能是叛徒,发送矛盾指令。解决拜占庭容错问题的目标是设计算法使忠诚将军达成统一行动方案。任何分布式实时网络(如区块链)均需解决此问题以保障可靠性。研究证明,当可信节点数量超过总节点的三分之二时,拜占庭容错问题可被解决。

另一个著名的问题是重复支付问题(或称双花攻击)。例如现实中,若用 1 元购买苹果,该金额即无法重复使用。但在区块链中,若攻击者在交易前成功生成新主链,可能导致原交易信息丢失,使同一数字货币被重复使用。

为此,区块链系统通过共识机制解决拜占庭容错问题,并严格验证交易,确保所有节点对交易和区块状态的一致性达成共识。以下是实践中常用的共识机制算法:

1.工作量证明(PoW)

中本聪首次在比特币的区块链中引入工作量证明这一共识算法。在该共识机制下,网络各节点基于自身算力相互竞争共同求解一个数学谜题,最快解决该难题的节点将获得新区块的记账权和系统奖励。在比特币系统中,该数学难题可以表述为:根据当前难度值,通过搜索求解一个合适的随机数使得区块头各元数据的双SHA-256 哈希值小于等于目标哈希值。节点在获得该随机数后,会立刻向网络广播新区块,以获取其余节点对哈希值的验证,验证通过后的区块被称为“有效区块”,在共识机制下可以连接至区块链末端。这里参与竞争性计算的节点被称为“矿工”。矿工必须找到那个特定的随机数,以便哈希密钥满足预先设定的条件。此外,可以通过增加或改变预设条件,使共识机制更加灵活。

工作量证明的本质是以“算力”作为记账选择的标准,这有助于维护数据的安全。任何恶意篡改都必须掌控网络全部算力的 50% 以上才可以实施。并且由于采取的是最长合法链原则,意味着恶意节点必须从篡改区块开始修改所有后续区块,且速度要远远快于新的有效区块生成速度。

工作量证明的主要优势是去中心化结构、高安全性和可扩展性;而其劣势是吞吐量低、能源效率低、创建区块的时间长、硬件依赖、成本高和带宽大。它不适合在大型网络中进行扩展。

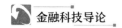

2.权益证明（PoS）

PoS 机制是在创建点点币（peercoin）加密货币过程中引入的，其主要目的是解决 PoW 共识机制对大量算力资源的浪费问题，本质是使用权益而非算力来争夺记账权。权益体现为节点持有数字货币数量与最后一次交易后的持有时长的乘积，称为"币龄"。在创建之初，基于 PoS 共识机制的区块链系统会为每个节点分配一定数量的数字货币作为"起始币龄"。节点在参与竞争记账的过程中需要投入自身币龄，而投入的币龄数量与获得记账权的可能性正相关。为了保障公平性，记账节点投入的数字货币会被锁定，锁定期间的数字货币则不能再作为币龄另作他用。长期持币者倾向于拥有更多币龄，为了防止节点囤币，PoS 机制会规定数字货币的可用时间上限。尽管如此，基于 PoS 机制区块链的记账权倾向于拥有更高币龄的节点，存在中心化的趋向。PoS 机制同样为区块链提供安全闭环，恶意节点若计划发动攻击，就需要从其他节点大量买入数字货币，从而推高币值，导致攻击成本高于其收益。

PoS 机制通过引入币龄降低随机值计算难度，可以更快地创建区块，有更好的吞吐量、高效的能源利用率和高可扩展性。但是币龄的运用会限制数字货币的流通性，从而对货币体系产生损害。同时，中心化倾向和对区块链网络中不良行为的低关注度也是其劣势。

3.委托权益证明（DPoS）

DPoS 机制在比特股（BitShares）中引入，它是对 PoW 和 PoS 的进一步完善。DPoS 机制类似于股份公司的董事会制度，拥有数字货币的节点通过投票选举"委员会"节点，由其中一位负责区块链的记账工作，其余"委员"负责验证工作。每位"委员"享有平等的记账权，轮流记账。"委员会"定期重新选举，任期内若委员会成员失职，则会被踢出委员会并受到相应惩罚。

DPoS 的共识机制不需要通过哈希计算竞争获得记账权，也不需要全部节点参与区块链验证，即可使节点摆脱对算力与硬件设施的依赖，有效解决了 PoW 与 PoS 机制的能耗问题。同时，DPoS 大大缩短了出块时间，从而提升了交易的确认速度。但是 DPoS 同样具有中心化的倾向，在选择有限个代表委员的过程中，"富裕"节点[①]更具有投票优势与影响力。

4.实用拜占庭容错（PBFT）

PBFT 算法是由 Miguel Castro 和 Barbara Liskov 在 1999 年提出的，其解决了原始拜占庭容错算法效率不高的问题，将算法复杂度由指数级降低到多项式级，

---

① "富裕"节点：是指那些拥有较多代币（如加密货币或其他数字资产）的节点。这些节点因为持有大量代币，在投票过程中具有更大的优势和影响力。

使得拜占庭容错能在实际系统中得以应用。基于 PBFT 共识机制的区块链网络可以在保证安全和可用性的条件下,提供三分之一的容错性,即仅需超过三分之二的节点具有积极意见时,共识即可达成。与 PoW 相比,PBFT 达成共识状态具有经济、迅速的特点,且不依赖任何权益。

5.超级账本共识机制(Hyperledger)

超级账本是 Linux 基金会下的一个分布式账本的开源标准平台。Hyperledger Fabric(超级账本 Fabric 框架)是该项目的一个具体实现,它是一个用于操作许可制区块链的拜占庭容错共识库。该共识机制包含了多个步骤,其中主要的三个操作步骤为背书、排序和验证。首先,背书过程中由应用程序提出对区块链的修改,定义哪些节点为该交易背书。背书节点将验证所给的交易是否成功,并对交易签名,将交易结果返回给应用程序。接下来为排序过程,排序节点(orderers)从多个应用程序接收已背书的交易提案后,将对交易信息进行更新、排序并打包入区块,分发给所有节点。最后,经过提交节点验证之后,交易被提交到账本。在超级账本中,共识通过工作流程来形成。当所有操作完成时,请求修改区块链的应用程序会被通知账本已更新。

除了上面介绍的共识机制外,区块链技术发展至今还诞生了诸如流逝时间证明(PoET)、委托拜占庭容错(DBFT)、权重证明(PoWeight)、燃烧证明(PoB)、容量证明(PoC)、重要性证明(PoI)、活动证明(PoA)等多种共识算法。未来还将开发更多更复杂的共识算法,以帮助提高区块链的安全性、交易能力与网络计算效率。

(四)智能合约

智能合约是实现区块链去中心化的重要技术。这一术语最早由著名密码学家尼克·萨博在 1996 年提出,用以描述一组以数字形式规定的承诺和相关附属协议。智能合约的主要用途是,当合约预先设定的条件被满足后,合约能够自动执行协议。为此,智能合约应当具备能够在区块链平台开发和部署的可执行代码。虽然智能合约诞生已经有几十年,但受限于技术条件与法律,其开发和应用长期处于休眠状态。

近年来,区块链技术的实质性进步以及人工智能等信息技术学科和互联网法律等非技术性学科的发展,为智能合约的实施带来了巨大机遇。新兴区块链平台不断涌现,用以满足人们金融交易、预测市场、物联网搭建等众多商业需求,客观中加速推进了智能合约的开发和部署。例如,近几年内多个平台相继问世——以太坊、恒星链(Stellar)、超级账本平台等,其中尤以以太坊的智能合约应用最为广泛。

智能合约的应用包括以下四个阶段。第一,智能合约的创建。各方就合约涉及的义务、权利和禁令进行协商。经过多次迭代后达成最终协议,并以自然语言书

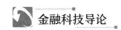

写,以方便软件工程师转换为数字格式。第二,智能合约的部署。经过前期验证的智能合约将被部署在区块链平台上。由于区块链的透明性与不可变性,智能合约的内容可以被所有方访问,但无法修改。第三,智能合约的执行。早期部署的智能合约会持续监控和评估其合同条件或条款。一旦这些条件得到满足,合约中的程序(即函数)将自动执行。这涉及区块链中的矿工或验证者对所有相关交易进行的验证。第四,智能合约的完成。此时相关方的新状态被修改并存储在区块链中。此外,根据请求,数字资产需要根据请求从一方转移到另一方。

需要强调的是,除去上述四个阶段,智能合约的创建、部署等应用涉及超大规模软件系统开发的完整生命周期。因此,需要进行非常彻底的安全风险评估,以避免产生任何漏洞。这些漏洞包括合约漏洞(如交易顺序依赖和时间戳依赖)、隐私和法律问题漏洞(如合同数据隐私和可信数据源隐私)等。2017年,以太坊的一个多重签名钱包 Parity 由于一些安全漏洞损失了大约3000万美元,引发了大众对新型区块链技术安全性的担忧。

三、区块链技术的非加密货币应用

区块链技术在发展的最初阶段,和加密货币几乎形影不离,但随着技术更迭、观念进步,人们逐渐意识到,区块链技术在生活中,如物联网、供应链管理、公共服务、医疗等领域,有着广阔的空间。即使是在金融领域,区块链以其去中心化、安全、透明且防篡改的特点,具备彻底革新金融服务业务的潜力,其应用也不局限于加密货币领域。此处列举以下5个可能的金融应用方向:

(一)数字身份验证

数字身份验证通常是指利用个人的生物特征,如指纹、面部特征等对身份进行核实。

区块链技术能够被应用于该项业务活动,存储、管理客户的敏感信息,以减少身份盗窃和欺诈等行为的发生。通常,企业收集个人敏感信息后,将其存储在一般的商业数据库中,存在被黑客攻击导致用户隐私泄露的可能,这给企业带来了新的风险。金融和银行业业务涉及管理大量金融资源,包括投资者、存款人和贷款人的金融资源等敏感信息;并且许多金融机构引入了"了解你的客户"和"了解你的企业"策略,其核心是整合客户的所有信息并集中存储。这意味着信息一旦发生泄露,客户所有的敏感信息都会遭到暴露。金融机构为了维护自身信誉,有必要引入区块链身份管理系统,以消除黑客攻击的风险,减少对用户信息的滥用,降低用户安全风险及隐私问题发生的可能。同时,区块链身份管理系统还有助于解决无法访问、数据不安全和伪造身份信息的问题。

此外,随着与用户身份信息相关的欺诈活动增加,区块链技术可用于构建新的身份管理系统,以提供去中心化标识符和更复杂的自主主权身份,减少错误信息和身份欺诈。金融和银行业采用这种独特的技术管理系统,可大幅降低客户身份和隐私相关风险。

(二)跨境支付

区块链可以用于快速、低成本的跨境支付和转账,提高资金流动性。

跨境支付是区块链技术的重要应用之一。全球企业和个人每年的跨境支付交易规模高达数千亿美元。世界银行的统计数据显示,2018年全球汇款总额达到显著高点,增长至6890亿美元,其中低收入和中等收入国家约为5500亿美元。由于交易量庞大,银行成为国际资金转移的主要渠道,其以边际费率收取了昂贵的汇款转账费。联合国2030年可持续发展目标还包括将国际汇款手续费从当前的7.1%降低至3%。国际资金转移的传统机制之一是个人必须在本国的银行拥有账户,而该银行在外国设有分支机构,个人通过适当的文件和流程进行国际汇款。转账的过程需要大量时间,可能等待数天甚至数月才能完成支付,并且个人隐私面临暴露的风险。此外,银行对他国货币的转账收费更高,因为整个机制流程需要有几家银行共同参与,包括发起银行、中央或州银行、代理银行以及最终的目的地银行。对于单笔交易,每个参与者都会对交易收取费用,这与其他转账渠道相比,累积起来会变得更高。

然而,利用区块链技术(如移动钱包)可以使国际支付交易变得快速而简单,同时没有信息泄露的风险。基于DLT,区块链提供了简单、有效、透明、安全的转账方式。这项技术为用户提供了在没有任何安全问题的情况下即时处理个人支付的重要安全方式。通过DLT进行的交易一旦被记录,就不能更改或逆转,整个过程非常安全。图2-3展示了A、B、C、D银行之间进行国际资金转账的两种不同方式。

传统方法采用了漫长的路线,耗费了大量时间和精力,并收取了相当的费用。相反,使用区块链和DLT技术的现代国际转账方式将使整个交易过程变得经济和安全。首先,交易支付方通过银行或平台发起支付请求,在区块链网络上创建数字区块;其次,数字区块将被分发到网络各节点(包括银行、做市商、收款方等);再次,各节点将对转账资金的有效性及用户授权等信息予以验证,一旦所有节点对交易信息达成共识,交易得以继续;最后,交易信息将被记录在区块链账本上,所有相关方(汇款方、收款方、银行等)收到交易确认信息,完成支付流程。过去,这种类型的区块链技术只与加密货币有关,但现在整个金融系统,包括监管机构,都在鼓励采用这项技术,使跨境支付在没有时间成本的情况下进行。

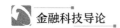
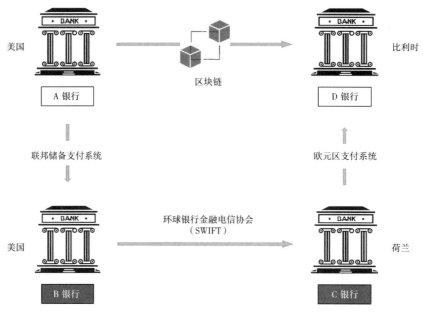

图 2-3　跨境转账交易示意图

(三)清算和结算

区块链可以简化交易的清算和结算流程,减少结算时间和成本。

如上文所述,分布式账本技术为国际交易和资金转移提供了重要的新途径,同时也改变了清算结算机制。区块链在此类似于一个分布式数据库,其将不同的设备连接起来予以共同维护,更新记录列表。在区块链的机制下,任何信息的篡改、添加未经授权的内容都变得困难。区块链技术的倡导者认为,使用去中心化机制的区块链技术可以节省清算和结算的时间和成本,并大幅降低对手方风险。统计数据显示,金融行业每年在清算和结算流程上的支出高达约 800 亿美元,其中大部分资金流向了存管处和链上雇佣的各种代理。但是使用区块链技术将大幅降低这一成本,因为每个参与方将直接沿着链的方向进行交互。

许多从业者正在评估区块链技术能否以更快的速度管理资金,尤其是当底层资产是证券时的情形。此外,在功能方面还需关注多个问题,例如报告机制、如何与市场基础设施连接、合规和法律问题以及资产的隔离等。目前普遍观点认为,区块链技术对于那些不需要妥善保管的资产类别是具有意义的。然而对于那些需要集体保管或适当处理的资产类别,区块链技术似乎并不适用。

这些讨论为金融行业在全球范围内应用区块链技术提出了一些新的挑战。因为它在监管、去中心化和资产分类等现实应用上仍然存在一些缺点,需要研究者们加以解决。但是基于国际清算和结算目的,DLT 和区块链技术能够发挥重要作用。区块链提供了便利性和可靠性，没有信息泄露和隐私泄露的风险。

(四)融资

区块链可以提高贸易融资的透明度和效率，降低交易对手的信用风险。

贸易金融通常是指涉及出口和进口的金融转账交易，是国际贸易融资的基本模式。传统的贸易融资涉及所有直接和间接参与整个交易的受益人。围绕贸易金融的常见活动包括借贷、获取信用证、信用保险和保理。贸易金融涉及多个受益方，如进口商、出口商、银行、金融中介和其他信贷机构。贸易融资对全球经济至关重要，世界贸易组织估计有 80％到 90％的全球贸易依赖这种融资方式。

贸易金融旨在降低交易成本，并通过简化贸易流程来节省时间。但贸易金融的快捷流程也给参与方带来了不同种类的风险，如卖方和买方风险、信用风险和违约风险。如何保障交易过程的安全性，降低所有参与方的风险是贸易融资的最大挑战。图 2-4 展示了国际贸易的传统流程。

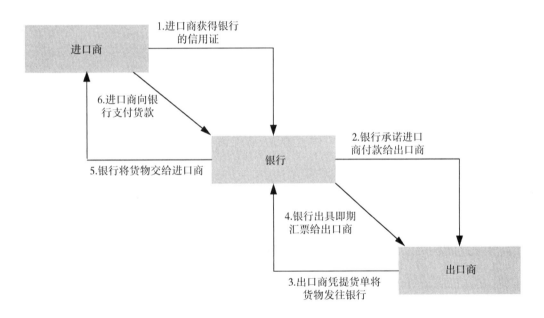

图 2-4　贸易融资的机制示意图

在此流程中，进口商和出口商参与商品货物的跨境运输。鉴于双方处于不同的地理位置，交易无法实现即时的实物交接。国内和国际银行在该过程中充当中介，确保卖方和买方的信用。进口商从其银行获取信用证，银行承诺代其为收到的货物付款；出口商则凭借提货单将货物运输至进口国。供应商要求其银行开具即期汇票以支付商品款项，出口商的银行则获得提单从进口商银行获得付款。当进口商收到货物后,向其银行支付货物款项。

传统的贸易融资机制过于冗长,采用了区块链技术后能够在时间效率、交易速度和安全问题等方面获得显著优势。银行在贸易融资中发挥关键作用,并从中获得更多的收入;而公司的关注度则从传统的交易方式转移到使用区块链技术的高级模式。据称,区块链技术有能力通过数字化、流程优化缩短交易时间,并使特定交易具有更高透明度,以克服传统贸易融资运作的缺陷。通过文件的数字化,银行和其他金融中介将不必收集、扫描和输入数据到系统中,这最终将提高整个贸易融资过程效率。

(五)供应链金融

供应链金融指的是涉及在供应链中接收、记录、处理和传递财务信息的一系列活动。这一过程与国际资金转账类似,涉及大量中介机构共同完成单一交易。同时也伴随着许多风险,如监管风险、网络安全风险、违约风险和信用风险。传统供应链金融系统效率低下,成本费用高昂。

区块链可以应用于供应链金融,提高其透明度,方便追踪资金流向,并减少欺诈风险。此外,由于区块链将业务流程电子化,大幅度减轻了供应链各方的手工文本工作,从而提高供应链网络的效率,且降低与之相关的操作风险。根据麦肯锡提供的统计数据,银行预计通过采用区块链技术,每年可以减少运营成本 135 亿到 150 亿美元,并将风险成本降低 11 亿到 16 亿美元。除此之外,在交易启动后,区块链技术还可自动将供应链各方结合起来,确保流程和付款的及时交付,大幅缩短支付时间,保证工作流程顺畅高效执行。

总结·拓展 2-1

第二节　人工智能

近年来,随着芯片算力显著提升、算法与架构持续革新以及大数据的深度应用,人工智能已深度渗透至日常生活场景。从早期的人机对弈到自动驾驶技术取得突破,从实时语言翻译到文学艺术创作,从药物分子结构设计到生命科学前沿探索,人工智能在人类已知的几乎所有领域均展现出颠覆性能力与发展潜能。这一技术浪潮重塑了诸多行业及工作形态,以数据密集型和技术驱动型为特征的金融服务业尤为典型,其信贷风控、量化交易、资产配置、保险精算等核心业务环节已全面融入人工智能技术应用,人工智能持续引领行业创新方向。

一、人工智能概要

20 世纪 40 年代,随着逻辑学、计算科学以及神经生理学的发展,神经生理学家沃伦·麦卡洛克和数学家沃尔特·皮茨发表了题为"A Logical Calculus of the Ideas Immanent in Nervous Activity"的论文,该文将复杂的神经元电化学过程模拟为相对简单的信号交换,首次提出了人脑神经元的 M-P 模型。这是科学界第一次运用数学模型来模拟人脑神经元的工作方式,也拉开了人类对仿生智能的研究序幕。1956 年,约翰·麦卡锡、马文·闵斯基、克劳德·香农和纳撒尼尔·罗切斯特在达特茅斯组织了为期两个月的讨论会。在这个研讨会上,科学家探讨了机器模拟智能的各种可能性与方法,人工智能这一概念被正式提出。在此后的半个多世纪里,人类科学家尝试运用各类技术方法,使机器完成各类任务且完成度达到与人类相当的水平,以实现"智能"。

1958 年,弗兰克·罗森布拉特基于 M-P 模型,提出了感知机(perceptron),并成功使用它识别了印刷字母。在当时,由于计算技术还没有数字化,训练过程中的参数调整完全依赖手动切换开关以试错的方式完成。这导致感知机功能非常局限,甚至无法识别手写字母;同时,在理论上,感知机也被证明无法处理逻辑上的"异或"关系。从当代视角看,罗森布拉特的感知机或许诞生得太过超前,人们对于数据的计算与存储能力尚不足。这也是当时的人工智能研究未能在感知机基础上立即发展出多层神经网络的主要原因。

在感知机遇挫后的几十年里,人工智能的发展主要由"符号主义"主导,其中较为有名的工作包括专家系统、知识库等。基于预定义的规则或符号逻辑推理的方

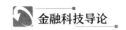

法能够很好处理诸如检索、查询等工作,但在推理方面显得呆板与肤浅。特别是面对大千世界,"符号主义"需要维护大量规则显得力不从心,并且规则越多,就越难相容。专家系统的失败,也使人工智能发展陷入低谷。

20世纪80年代,人工智能的研究重点开始从基于规则和符号逻辑的方法转向为由数据驱动的机器学习。层出不穷的机器学习算法在实践中获得了成功,譬如:语音识别过程中使用的隐马尔可夫模型、识别手写数字的第一代LeNet模型所使用的卷积神经网络与反向传播算法;等等。从这个时期开始,人工智能便与包括神经网络在内的机器学习等各类计算机算法紧密相连。1997年,IBM的深蓝计算机打败了国际象棋冠军加里·卡斯帕罗夫,这是人工智能在特定领域超越人类专家的标志性事件。

进入新世纪,受益于计算机硬件的提升,神经网络的训练规模得以大幅拓展,多层次的大规模网络开始崭露头角。在视觉识别领域,该类网络显示了惊人的学习潜力,其标志性事件便是包括AlexNet、ResNet等在内的卷积神经网络在ImageNet图片数据集上创造了高于人类水平的识别准确率。

2016年,谷歌DeepMind公司的AlphaGo在围棋上战胜了韩国棋手李世石。相较于国际象棋,围棋的行棋变化更为复杂多样,依靠传统的搜索算法无法胜任这项任务。DeepMind团队设计了一种结合蒙特卡罗搜索树(MCTS)的搜索方法,并将其与深度学习和强化学习相结合,创造出了AlphaGo这一突破性的人工智能程序。AlphaGo具备自我博弈的机制,能够产生此前人类从未发现的围棋定式。这一里程碑事件宣告人工智能已不再囿于人类的认知能力。

同一时期,深度神经网络也被应用于自然语言处理领域。特别是Transformer架构推出后,深度学习在自然语言理解与生成方面都获得了突破。随后的大语言模型更是将人工智能、深度学习的热度推到了新的高度。2022年11月,OpenAI公司推出了一款先进的聊天机器人——ChatGPT。这款机器人能够与用户进行自然而富有逻辑的对话,提供信息查询、日常对话等服务。最令人振奋的是,ChatGPT能够执行多种创造性任务,如文本翻译、文案创作、编写代码等。2023年3月14日,OpenAI公司正式发布了具有里程碑意义的多模态大型语言模型——GPT-4。该大模型进一步提升了文本理解与生成的能力,同时还具备了处理多种类型数据的能力,包括图像、视频和音频等。这标志着人工智能在多模态交互方面迈出了重要一步。

按照早期科学家对于人工智能的发展阶段的认识,人工智能发展将经历弱人工智能(artificial narrow intelligence,ANI)、通用人工智能(artificial general intelligence,AGI)与超人工智能(artificial super intelligence,ASI)三个阶段。其中弱人工智能能让机器具备一定程度的感知和交互能力,并作出推理和决策。从应用的范围看,弱人工智能只专注于单项特定任务,如语音识别、机器翻译、机器下棋等,它不具备解决脱离该任务范围的其他问题的能力。通用人工智能则是在各方面都能与人类比肩的人工智能,它能够胜任人类的脑力活动,进行思考、计划、解决问题、理解概念,甚至解决一些没有遇到过的问题。超人工智能是指在几乎所有领域都比人类大脑聪明很多的能力,包括科学创新、通识和社交技能。在超人工智能阶段,人工智能已经突破人脑受到的维度限制,此时的人工智能已经超出了人类的理解和想象,其计算和思维能力已远超人脑。当前,弱人工智能已在人类生活工作中大范围普及,应用融合程度也与日俱增,而通用人工智能还没有实现,整体处于由弱人工智能向通用人工智能推进的过程中。

在进一步展开对人工智能技术的介绍之前,我们通过图 2-5 明确人工智能、机器学习、深度学习和数据科学之间的关系。

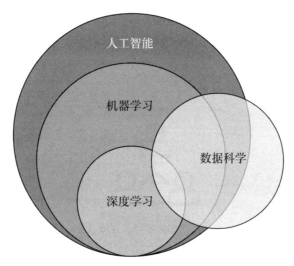

图 2-5　人工智能、机器学习、深度学习以及数据科学的关系

机器学习是当前实现人工智能的主要手段。从字面来理解,机器学习即让机器像人类一样学习、感知,获得经验。这里的学习材料为数据,而学习的方法则是与任务相适应的各类算法,学习成果则为人工智能所应用。深度学习则是机器学习的一个子集,其算法通常为深度神经网络。深度学习模型能够自动提取数据特征,而且模型的参数数目往往非常庞大,训练时需要调用更多的算力和更多的数据。深度学习通过发现数据背后隐藏的更深层的规律去解决更复杂的问题。虽然深度学习从属于机器学习,但是由于产生时间有先后、模型复杂度不同、建模流程有难易之分,我们把传统的机器学习和深度学习分开介绍。

二、传统机器学习

(一)机器学习类别

机器学习按照大类可分为监督学习、无监督学习以及强化学习(见图 2-6),分别完成不同的学习任务。

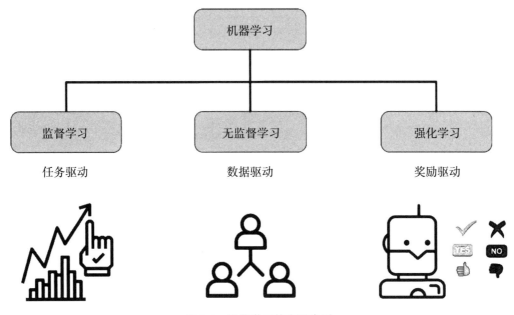

图 2-6　机器学习的主要类别

1.监督学习

监督学习是机器学习中一种常见且重要的方法,它使用带有标签的数据来训练模型,其核心目标是构建一个具有准确预测能力的模型。监督学习的建模过程一般分为训练与测试两个阶段。训练阶段,学习算法将通过比较模型的预测输出与样本的标签,不断优化模型参数,缩小差异。这个过程会持续进行,直到模型达到一个可接受的准确率水平。训练阶段完成后,模型会得到评估。这时,会使用一组全新的数据集,来测试模型的泛化能力。这个评估过程将揭示模型在实际应用中的真实表现,从而对其能力进行准确评价。通过这种方式,可以确保机器学习模型在现实世界中的有效性和可靠性。监督学习在多个领域都有广泛的应用,包括但不限于手写识别、图像分析、信用评分、预测贷款违约风险,以及股市趋势预测等。通过这种方法,机器能够模仿人类的决策过程,为各种复杂问题提供解决方案。

监督学习算法有两种类型:分类和回归。

(1)分类:分类是监督学习的一个子类别,其目标是基于过去的观察、预测来对新的实例进行归类。

(2)回归:回归是另一种用于预测连续结果的监督学习子类别。在回归中,一些预测变量用于解释一个连续的响应变量(结果或目标),其目标是找到变量之间的关系,以便预测新样本的结果。

图 2-7 展示了监督学习两类实例。左侧的图显示了一个回归的例子,连续的响应变量是收益率,观察值与预测结果相对应。右侧是一个分类的例子,即判断市场处于牛市还是熊市。

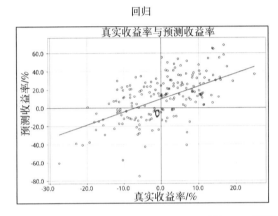

图 2-7 回归与分类

2.无监督学习

无监督学习是机器学习中另一种重要的训练方法。无监督学习没有特定的预测目标,其训练也不依赖带标签的数据。在训练过程中,算法赋予模型从原始数据中自动寻找规律并进行分类的能力,从数据中探索挖掘隐藏的模式或结构,为决策提供有价值的洞察。这种学习方法被广泛应用于数据的探索性分析中,帮助我们理解数据的本质特征,揭示数据中的内在联系。尽管很多时候无监督学习的结果可能不如监督学习那样直观易懂,但它为我们提供了另一种途径去发现数据中可能被忽视的信息。以金融领域为例,无监督学习可以用于识别和分析洗钱行为。由于洗钱行为往往隐蔽且复杂,人工分析成本高昂。无监督学习算法能够根据用户的行为特征进行快速分类,帮助快速识别正常用户行为和异常行为。通过对异常行为的深入分析,能更有效地识别出潜在的洗钱活动,从而便于采取针对性的措施。

无监督学习有两种类型:降维和聚类。

(1)降维:降维是指在保留数据信息和整体模型性能的同时减少数据集特征数量的过程(见图 2-8)。这在传统机器学习模型的建模过程中是一种常见步骤,因为在降低维数的同时使得变量正交化,对于一些线性模型来说是非常必要的。合理使用降维技术,可以提高数据利用效率,有助于构建更加强大和高效的机器学习模型。

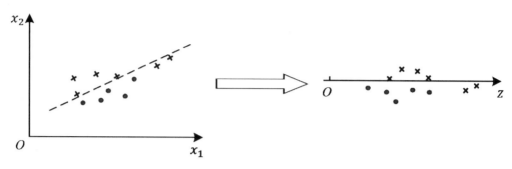

图 2-8　降维示意图

(2)聚类:聚类是无监督技术的另一个子类别,它能够帮助我们寻找数据间的隐藏关系。聚类的目标是找到数据的自然分组,使得同一组中的样本点彼此之间的相似性大于不同组的样本点。

3.强化学习

强化学习是区别于监督学习与非监督学习的第三类重要的机器学习方法。与人类自身的学习过程相似,它强调的是从相关行为的奖励或惩罚中去学习经验。相较于监督学习,强化学习的训练数据不带标签,训练过程并非冰冷地直接匹配标签,而是通过外界多轮次地反馈来修正模型参数,其目标是在环境所给予的不同状态执行相适应的行动以获得最大奖励。强化学习的学习目标更具长远性,学习过程也更富有柔韧性。强化学习系统,被称为智能体,它可以观察环境,选择和执行行动,并接受奖励或惩罚。

图 2-9 归纳了强化学习的步骤:

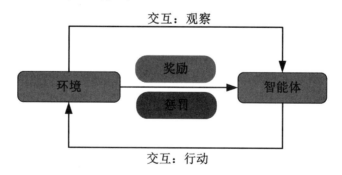

图 2-9　强化学习示意图

(1)智能体通过执行行动与环境不断进行交互。

（2）智能体根据其执行的行动接受奖励或惩罚。

（3）基于奖励，智能体观察以了解行动的优劣。如果行动是好的——即智能体获得了奖励——那么在后续类似环境中，智能体将更倾向于执行该行动。如果智能体受到了惩罚，智能体将尝试执行其他行动以求获得奖励。

强化学习天然适用于算法交易。强化学习训练中要求智能体在动态的环境中获得最大化回报，这与在不确定的金融市场中的投资者交易有着共通之处。基于强化学习的策略模型会比基于监督学习（如价格预测的交易策略）更为直接地确定交易规则，即下单、不采取行动、取消订单等。强化学习也可以应用于资产组合管理或资产配置中，设计策略对投资组合内的各个资产动态地调整权重。

（二）机器学习的一般流程

虽然机器学习模型种类繁多，但是建模过程基本都要经历：数据收集、特征工程、模型选择与训练、模型评估与应用这几个步骤。

1.数据收集

构建机器学习模型的第一步是获取足够的高质量数据。数据的规模和质量直接影响模型的性能。如果数据量不足，或者信噪比过低，那么再精妙的算法也难以发挥作用。各个领域都有一些标准化的数据库和数据接口可供选择，国内金融领域有新浪财经、万得终端、同花顺 I Found，网络爬虫技术也提供获取数据的新途径，特别是一些特异数据，可以通过新闻网站、财经论坛和社交媒体获取。

2.特征工程

现实世界的数据往往存在不完美之处，如缺失值、不同特征数据的尺度差异以及特征间存在的强相关性，都可能影响模型的训练效果。因此，对原始数据的预处理变得至关重要，包括缺失值处理、特征标准化、降维和特征提取。特征提取是将原始数据转换为模型可用的格式，如将文本转换为词向量，或从图像中提取颜色和纹理信息。除数据预处理外，特征工程还涵盖新特征的构建。从原始数据设计构建新特征依赖于前期类似工作的经验以及大量的新探索尝试，具有创新性。特征的筛选有赖于对特征信息度的评价，依据不同的任务，常用的评判标准有信息熵、信息增益等。特征工程的质量在很大程度上决定了模型训练的成败。

3.模型选择与训练

在特征工程及数据预处理之后，接下来便是选择适当的机器学习算法进行模型训练。根据数据的特点和学习任务的类型（如分类、回归或强化学习），选择合适的模型，同时对模型的超参数进行调整优化以获得最佳的模型效果。其中一种方法便是交叉验证，它可以帮助我们评估模型性能并避免过拟合或欠拟合。此外，也有许多搜索算法提供超参数自动寻优功能，如贝叶斯优化、遗传算法等。

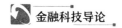

4.模型评估与应用

一旦模型经过训练并获得最优参数,最后一步是评估模型的性能并将其应用于实际预测。对于非黑箱类机器学习模型,除了关注模型总体效果外,还应留意目标与特征间的逻辑关系能否得到合理解释。对于黑箱类模型,如深度神经网络,在实际应用中,要对进入模型的特征进行跟踪,若特征分别发生较大位置的偏移或模型效果变弱则应停止使用模型,检查模型适用环境或对模型作相应更新,以确保模型的预测能力准确有效。

(三)主流机器学习模型与算法

1.线性模型与广义线性模型

线性模型是一类最为基础的统计模型。它基于自变量与因变量之间的线性关系以及因变量的正态分布假设,通过最小二乘法将目标变量表达为输入变量的线性组合。通常,为了应对自变量之间的共线性问题、提高模型的泛化能力,可以在最小二乘法损失函数后面加入变量的惩罚项,这类手段在机器学习中被称作正则化。常见的正则化有 L2 范数的正则化(即加入变量系数的平方和)和 L1 范数正则化(加入变量系数的绝对值)。运用上述两种正则化方法的线性回归分别称为岭回归(ridge regression)和拉索回归(Lasso regression)。使用岭回归可以在保留所有特征的条件下有效减少模型复杂度,而使用拉索回归有助于产生稀疏模型,实现特征的自动选择。此外,线性模型还可以通过引入链接函数(link function)来得到广义线性模型(generalized linear model)以适合不同的因变量分布。例如:通过加入逻辑函数(logit link function),将线性回归的输出映射到 0 和 1 之间,用于产生类别的概率值,就得到了逻辑回归;通过加入对数链接函数,成为 Gamma 回归,特别适用于处理如金融、保险、能源消耗等领域中连续非负的数据。

2.决策树

决策树是归纳学习的代表,它通过树状结构组织决策规则,本身可以视为一系列 if-then 规则的集合。在决策树中,每个内部节点代表一个特征的判断,而每个叶节点则代表最终的分类或数值预测。图 2-10 便是一例典型的决策树分类模型。

根据执行的学习任务的不同,决策树分为分类树与回归树。前者用于处理离散目标变量的分类问题,后者用于处理连续目标变量的回归问题。在决策树模型构建过程中,其核心任务便是生成节点,即树的生长。这完全由决策树算法决定,常见的决策树算法有 ID3、C4.5 和 CART 等。以 ID3 分类算法为例:从根节点开始,对节点计算所有可能特征的信息增益,并选择信息增益最大的特征为根节点的特征,由该特征的不同取值建立子节点;再对子节点递归地调用上述方法,构建决策树;直到所有特征的信息增益均很小或没有特征可以选择为止。这里"信息增

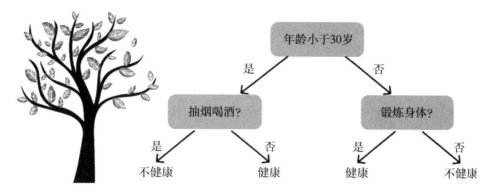

图 2-10　决策树示意图

益"是指熵(entropy)与条件熵的差值。通俗地来说就是每一次生成节点,都是在寻找特征及其特征条件,使之最大化地减少信息不确定性。

由递归算法获得的决策树,经常容易产生过拟合的现象,故决策树模型通常还需要配合使用"剪枝"技术。剪枝,也即恰当地缩减树的节点规模。剪枝技术包括预剪枝与后剪枝技术。

3.支持向量机

支持向量机(support vector machine,SVM)是一种强大的二分类模型,它通过在特征空间中寻找使两类样本间隔最大的线性超平面来实现分类任务。SVM的关键技术包括间隔最大化与核技巧。间隔最大化的问题等价于求解一个凸二次规划问题,而核技巧则使得支持向量机能够解决非线性分类问题。支持向量机的学习方法包括由简至繁的几类模型。当训练数据线性可分时,仅需要通过令间隔距离最大化即可以得到正确分类,此时的支持向量机被称为线性可分支持向量机或硬间隔支持向量机[见图 2-11(a)];

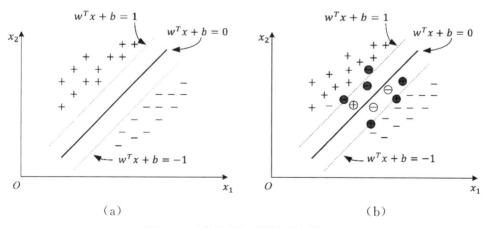

（a）　　　　　　　　　　　　（b）

图 2-11　支持向量机的硬间隔与软间隔

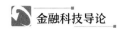
当训练数据近似线性可分时,一般采用软间隔最大化技术,即针对上述硬间隔的凸二次规划问题,引入松弛变量,并在目标中对其进行惩罚。最终训练得到软间隔支持向量机[见图2-11(b)]。

对于非线性分类问题(即寻找最优的非线性超曲面,将样本点分类),则需要使用核技巧,其基本的思想就是通过非线性变换将输入空间的样本点映射到新的特征空间中,使得原有需要寻找的非线性超曲面在新的特征空间中构成一张超平面(见图2-12)。这样,在特征空间中求解线性分类任务后,即可映射回去,完成原本的非线性分类任务。

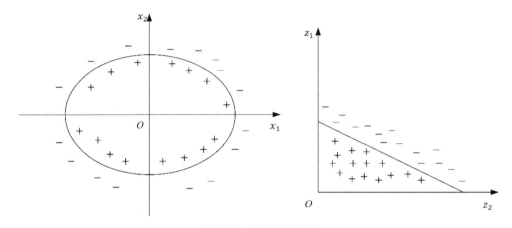

图 2-12　核技巧的应用

但是在实践中,这种转换计算过程较为复杂,甚至有时需要的特征空间维数可能会很高,以至于发生维数灾难,导致仍无法求解线性分类问题。在实际应用中,核函数的选择通常依赖于经验,其有效性需要通过实验验证。

4.聚类算法

聚类算法是无监督学习的典型代表,其依据样本内特征的相似度或距离,将各个样本归并到若干个"类"或"簇"。这里的"类"或"簇"是给定样本集合的一个子集,具体怎么样在分类前并不知道。直观上,相似的样本聚集在相同的类,不相似的样本分散在不同的类。样本之间的相似度或距离对分类起着重要作用。聚类的目的是通过得到类或簇发现数据的特点或对数据进行处理,在数据挖掘、模式识别等领域有着广泛的应用。

聚类的算法很多,常见有层次聚类和K均值聚类。层次聚类(见图2-13)又可分为聚合(自下而上)和分裂(自上而下)两种方法。聚合法一开始将每个样本各自分到一个类,之后将相距最近的两类合并,建立一个新的类,重复此操作,直到满足停止条件,得到层次化的类别。分裂法一开始将所有样本并到一个类,之后将已有类中相距最远的样本分到两个新的类,重复此操作直到满足停止条件,得到层次化的类别。

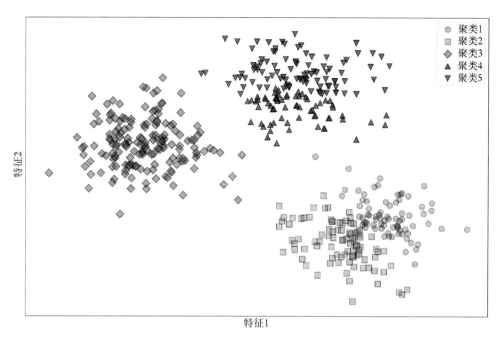

图 2-13 层次聚类示意图

K 均值聚类(见图 2-14)是基于中心聚类方法,通过迭代,将样本分到 K 个类中,使得每个样本与其所属类的中心或均值最近,得到 K 个"平坦的"、非层次化的类别,构成对空间的划分。

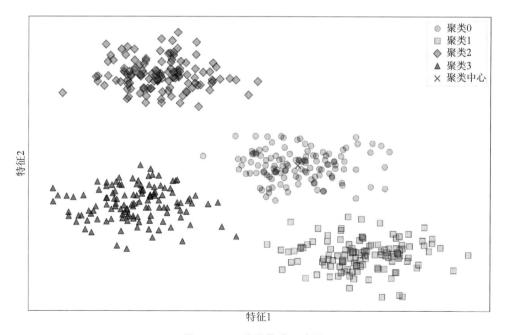

图 2-14 K-均值聚类示意图

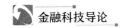

5.集成学习

集成学习算法(ensemble methods)是机器学习的一种技术,它通过结合多个模型的预测结果来提高整体的预测性能。即使单个模型表现一般,将它们组合后,可以显著提高模型性能,提高准确性,减少预测偏差。同时,集成算法中的每个模型能够捕捉数据隐含的不同关系,从而降低模型过拟合的风险。集成学习中单个独立的模型被称为个体学习器。根据集成算法中个体学习器是否属于相同类型,个体学习器可以分为基学习器(相同类型)和组件学习器(不同类型);相应地,集成算法策略被区分为同质的或异质的。以下是一些常见的集成算法:

(1)随机森林(random forest)

随机森林是一种特殊的决策树集成方法,它在训练每棵树时引入了额外的随机性,例如在分裂节点时随机选择一部分特征进行最优分裂点的搜索。

(2)装袋法(bootstrap aggregating,bagging)

装袋法的核心思想是从原始数据集中通过自助采样(bootstrap sampling)抽取多个不同的训练数据集,然后分别训练多个基模型(如决策树),最后通过投票或平均的方式进行预测。

(3)提升法(boosting)

提升法即通过按顺序逐步添加模型来最小化损失函数,每个新模型都尝试纠正前一个模型的错误。著名的提升算法包括 AdaBoost、Gradient Tree Boosting 和 XGBoost。

三、神经网络与深度学习

神经网络作为一类特殊的机器学习模型,其发展经历了由简单到复杂的若干阶段。早期的神经网络模型结构简单,网络层数少,所能完成的任务也相对容易;随着网络层数增加,神经网络很容易陷入梯度消失或梯度爆炸,导致训练困难。为此,机器学习专家在不同的网络层间引入了激活函数、暂退法(dropout)等技术;同时,诞生了新的网络架构,如深度卷积网络、循环神经网络、Transformer 架构等,深度学习的概念也由此产生。深度学习可视为神经网络在架构与算法上的扩展和深化,其本质就是深度神经网络。

以下就几类典型的神经网络模型与深度学习模型进行介绍。

(一)感知机

1958 年,罗森布拉特基于 M-P 模型,提出了感知机。感知机作为神经网络的基础,实质上是一个简单的二分类线性分类器。通过函数

$$f(x) = sign(w \cdot x + b)$$

感知机将输入的实例特征转换成为二分类类别,其中 sign 为符号函数,取值为$+1$和-1。在感知机训练过程中,使用随机梯度下降法最小化其损失函数

$$L(w,b) = -\sum_{x_i \in M} y_i(w \cdot x_i + b)$$

其中 M 是所有误分类样本集合。目的是求解出合适的权重向量 w 与截距项 b ,获得特征的线性分离超平面。感知机的功能非常简单,且仅适用于线性可分的数据集,但它是复杂神经网络模型的基础。

(二)前馈神经网络

前馈神经网络(feedforward neural network,FNN)由多层神经元组成,见图 2-15。前后层之间的神经元相互连接,层内的神经元互不干扰,信息仅由前一层神经元通过层间连接向后一层神经元传递,故称之为"前馈的"信息处理网络。

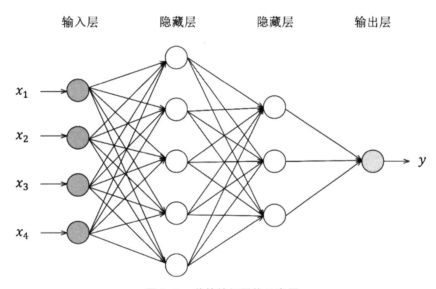

图 2-15 前馈神经网络示意图

每一层的神经元接收来自上一层的多个神经元的输入信号(实数向量),经过线性组合后使用非线性函数生成输出信号(实数值)。前馈神经网络的单层功能机制与感知机类似,故其又被称为多层感知机(MLP)。当网络层数超过 2 层,该网络又称为深度神经网络(DNN)。

前馈神经网络通常采用反向传播和梯度下降法进行训练。在分类任务中,损失函数通常采用交叉熵损失;在回归任务中,损失函数通常采用平方损失,平方损失的最小化等价于最大似然估计。网络在正向传播过程中,使用当前参数计算所

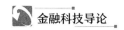
有变量值,反向传播中通过计算损失函数的参数梯度更新所有参数。

前馈神经网络的正则化方法有 L1 正则化、L2 正则化[或称权重衰减(weight decay)]、早停法(early stopping)、暂退法(dropout)等方法。前三种方法是机器学习通用的方法,最后一种方法也是深度学习特有的方法。另外在现实中发现,深度学习不做显式的正则化也能达到泛化的效果,特别是在大规模训练数据、过度参数化,以及进行随机梯度下降训练的情况下。这里过度参数化是指神经网络的参数量级大于等于训练数据量级的情况。机器学习理论上还不能很好地分析这种现象,普遍的解释是随机梯度下降,起到隐式正则化的作用,能保证学到的模型不产生过拟合。

(三)卷积神经网络

卷积神经网络(convolutional neural network,CNN)是图像识别领域常用的深度学习模型。它具有层状的网络结构,可以看作一种特殊的前馈神经网络。一个典型卷积神经网络(见图 2-16),通常包括卷积层、激活层、池化层和全连接层;有时也包含归一化层、丢弃层。其中,卷积层与池化层实现了特征检测和特征选择的功能,是卷积神经网络的核心部件。网络的最后几层通常使用全连接层实施分类或执行回归预测任务。在训练时,卷积神经网络与前馈神经网络一样通过前向传播计算输出值,反向传播更新参数。

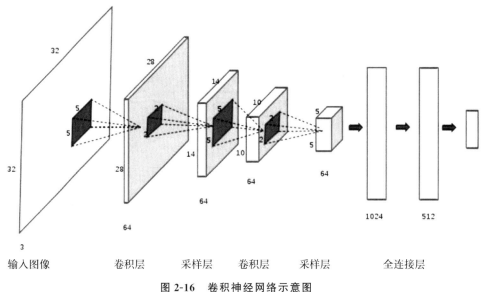

图 2-16 卷积神经网络示意图

Fukushima 于 1980 年提出了 Neocognitron 模型,该模型是卷积神经网络的前身,其中提出的诸如局部感受视野、参数共享、池化、多通道等概念都被卷积神经网络吸收采纳。Yan 等(1989)提出了基本的卷积神经网络 LeNet,并成功实现了反向传播的学习算法。一开始受限于计算机硬件能力,该网络规模有限,仅用于识别手写邮政编码;1998 年,该网络升级为 LeNet-5,被银行用于识别支票上的数字。2012 年,在 ImageNet 图像分类比赛中,由 Krizhevsky 等开发的 AlexNet 的卷积神经网络取得了 85% 的识别准确率,其成绩大幅领先于其他传统机器学习模型,充分展现了深度学习的魅力;He 等(2016)设计提出了残差网络(ResNet),将神经网络的层数增加到了惊人的(与当时的水平相比)152 层,并通过巧妙的设计,允许输入数据在训练阶段绕过其中的某些层,从而部分解决了深层网络中的梯度消失问题。ResNet 将错误率降低至 4.5%,超越了人类 5.1% 的错误率水平。

(四)循环神经网络

循环神经网络(recurrent neural network,RNN)是针对序列数据进行预测的神经网络。在序列数据的每一个位置上,该网络使用相同结构(循环核),随着序列数据移动,网络结构重复出现,故称其为循环神经网络(见图 2-17)。

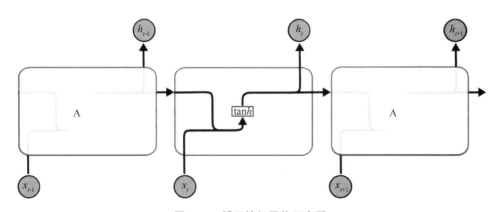

图 2-17 循环神经网络示意图

从系统观点看,循环神经网络是一个自反馈动力系统,在计算过程中体现过程动态性,比前馈神经网络具有更强的动态行为和计算能力。传统前馈神经网络处理序列数据时存在两个问题:其一,前馈神经网络的输入变量维数是固定的,而时序数据长度通常并不固定,这意味着需要对数据进行截断或补齐才能用于训练;其二,序列数据通常在不同位置有相似的局部特征,前馈神经网络对不同位置的局部特征都是分开表示和学习的,产生冗余,降低表示和学习的效率。与前馈神经网络相比,循环神经网络通过引入循环核使得网络同时沿着特征方向与序列两个方向展开。在时序方向上,网络的长度与数据长度保持一致。循环核具有记忆力,通过不同时刻的参数共享,实现了对时间序列的信息提取。类似于前馈神经网络,在前向传播过程中,模型参数用于计算输出;在反向传播过程中,参数通过梯度下降法

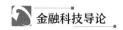

得到更新。循环神经网络有多种变体类型,包括长短期记忆网络(LSTM)、门控循环单元网络(GRU)、深度循环神经网络(DRNN)、双向循环神经网络(BRNN)。

(五)长短期记忆网络

简单循环神经网络(simple recurrent neural network,SRNN)在训练过程中容易遇到梯度爆炸或梯度消失问题。这与它的循环设计有关,SRNN 在每一个序列位使用循环核共用同一组参数。在反向传播计算过程中,这组相同参数会随时序步不断相乘,以至于在若干步后,梯度值趋向于无穷大或零,影响到后续的参数的正常更新。梯度爆炸可以通过截断解决,而梯度消失则很难克服,这造成了 SRNN 无法对长跨度的时序信息进行训练。

为了解决这个问题,Hochreiter 等(1997)提出了长短期记忆网络(long short-term memory,LSTM)。LSTM 的基本思想方法是记录并使用之前所有位置的状态,以便更好地描述短距离和长距离的依存关系。如图 2-18 所示,记忆元 C_{t-1} 留存了之前历史的状态信息,内含远距离状态的"记忆",而 h_{t-1} 表示了当前的短期记忆,$\tilde{C}_t$ 则代表了候选记忆用于对历史状态信息的更新。门控是指使用门函数来控制状态信息的使用。LSTM 有三个门,分别为遗忘门 f_t、输入门 i_t 和输出门 o_t。这里的"门",是一个向量,其中的每一位取值在 0 和 1 之间,在与其他向量进行逐元素计算时起到"软的"逻辑门电路的作用,图中⊗即表示 Hadamard 积,σ 表示 Sigmoid 函数。当某一位取值是 1 的时候,门是开放的,信息被完全利用;取值是 0 的时候,门是关闭的,信息不被使用。门的取值依赖于所在位置的输入以及之前的位置的状态。

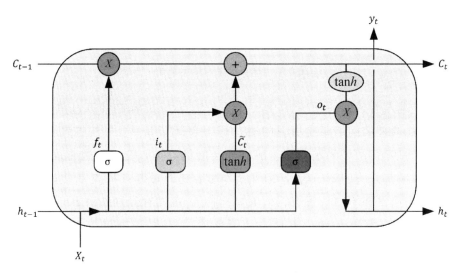

图 2-18 长短期记忆网络示意图

　　LSTM 在金融资产价格的预测方面有着广泛的应用,特别是基于其能够对长期滞后信息进行反馈的特点,可以构建反映不同因素滞后影响的金融资产择时交易策略。

四、大语言模型

　　大规模语言模型(large language models,LLM),也称大语言模型,是指一种包含亿级别参数的深度神经网络模型,最初研发目的是用于自然语言处理(NLP)。2017 年,Google 发布了 Transformer 架构(Vaswani et al.,2017),并在机器翻译上获得了突破性进展。此后,自然语言处理成为人工智能发展的主要阵地。2022 年 11 月,美国科技企业 OpenAI 推出了一款生成式预训练自注意力模型 ChatGPT。该模型拥有非凡的语言对话能力,可以流利顺畅地实现问题回答、文稿撰写,甚至提供了代码生成、数学解题等功能,这在过去需要通过大量小模型的定制开发才能实现。大模型展现了强大的推理与泛化能力。2023 年之后,涌现了大量的大语言模型,其中更以 GPT-4 为代表的多模态模型(MM-LLM)引发了人们对通用人工智能(AGI)的热议。多模态大模型除了能处理语言文字外,还能够接收图片、声音等信息,并且其反馈形式也更为多元化。截至 2024 年底,国内外有超过百种大模型相继发布。图 2-19 按时间给出了 2019—2024 年模型参数量超过 100 亿且具有一定影响力的大规模语言模型。

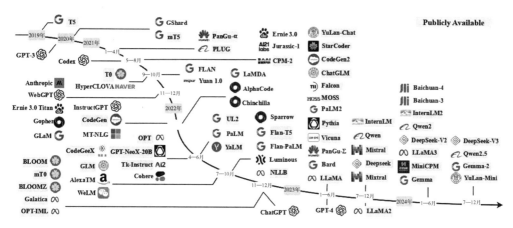

图 2-19　2019—2024 年大规模语言模型问世情况

　　在底层架构理论发展的同时,应用层面也是百花齐放,产生了许多以语言大模型为底层支持的人工智能应用,包括机器翻译、文案创作、AI 法律咨询、AI 医疗、艺术创作等方面。在金融科技领域,已有不少企业使用大模型开发智能投顾,如摩根士丹利财富管理部门开发了以 GPT-4 为底层驱动的机器人助理以提高工作效

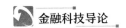

率。国内的同花顺开发了 HithinkGPT 大模型并以此升级了原有的问财产品,在金融专业领域具有出色的表现。

大规模语言模型在解决自然语言问题等方面的能力远远超过了人们的预期。从技术层面来看,这并非一蹴而就,而是机器学习技术积累发展的自然结果,其发展经历了如下四个阶段:技术准备,基础模型、能力探索、突破发展。

(一)技术准备阶段

出于对自然语言问题的研究,2014 年 Sutskever 等(2014)和 Cho 等(2014)分别提出了序列到序列学习的概念,将语言对话行为理解为由序列产生序列的过程。模型设计包含了编码器、解码器以及中间表示(或上下文向量)。编码器接收输入文本产生中间表示,再传递给解码器并最终输出。在他们提出的基本模型中,编码器与解码器都是基于循环神经网络,其流程如图 2-20 所示。

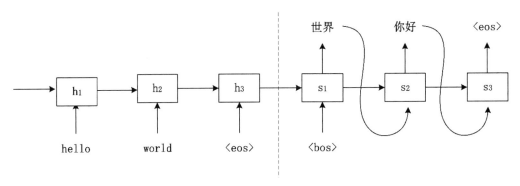

图 2-20 序列到序列学习模型框架

编码器仅将最后一个位置的状态传递给解码器,解码器以此为初始状态进一步决定后续状态序列并输出单词序列。显然,这一机制限制了模型对于长句子的处理能力。为了解决这个问题,Bahdanau 等(2015)发表了 RNN-Search 模型。该模型做了两个大的改动,其一是使用双向的 LSTM 实现编码器,其二是使用注意力实现从编码器到解码器的信息传递。解码器自主学习源序列中的相关部分,长距离单词信息得以通过注意力机制引入。RNN-search 是神经机器翻译的代表模型,翻译性能上超过了传统的统计机器翻译。

Vaswani 等(2017)提出了 Transformer 架构,其基本架构如图 2-21 所示。Transformer 架构脱离了原本 RNN 序列化建模的范式,完全使用注意力机制并行传递信息,这使得并行运算成为可能。后来的大语言模型基本参考了这个架构。

Transformer 架构的编码器包含 1 个输入层与 6 个编码层,编码层依次连接。输入层负责对输入的各个位置实施词嵌入和位置嵌入。位置嵌入提取单词位置信

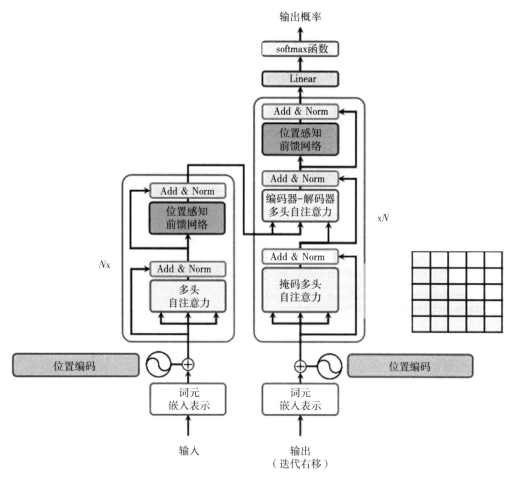

图 2-21　Transformer 架构

息是 Transformer 架构所特有的环节。在每个编码层内部包含多头自注意力子层和位置感知的前馈神经网络子层。在任意的两个编码层之间，以及编码器最后输出的中间表示变量前，均使用残差网络连接并进行层归一化处理。

　　Transformer 架构的解码器由 6 个解码层与 1 个输出层构成。解码层包括了掩码多头自注意力子层，编码器－解码器多头注意力子层以及位置感知的前馈神经网络子层。其中，掩码多头自注意力子层，表示在自注意力计算时，会排除未来位置的注意力，以确保解码时仅依赖已生成的内容；编码器-解码器多头注意力子层则意味着生成输出序列中每个位置上的单词的表示向量，这些向量同时基于编码器的输出。解码器输出层由全连接层（Linear）和归一化层（Softmax）组合而成。

　　目前，Transformer 架构已经取代 RNN 成为主流的序列建模方法，在机器翻译、语言模型和文本生成等领域获得了显著成功。

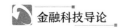

(二)基础模型阶段

2018 年,Google(Devlin et al.,2019)和 OpenAI(Radford et al.,2018)分别提出了基于 Transformer 架构的双向编码器表征法(bidirectional encoder representations from transformers,BERT)和基于解码器的生成式预训练变换器的 GPT-1 模型。这标志着预训练语言模型时代的开启。

BERT 模型专注于语言理解,运用双向训练机制,能够通过掩码语言模型(masked language model,MLM)和下一句预测(next sentence prediction,NSP)任务在预训练阶段学习到丰富的语言表示,其主要版本 BERT-Base 和 BERT-Large 分别包含了 1.1 亿和 3.4 亿的参数。GPT-1 模型则专注于预测下一个词元,更适用于文本生成任务,其采用单向语言模型的预训练方式,参数达到 1.17 亿。表 2-3 归纳了两者的主要区别。

表 2-3　GPT 与 BERT 架构的主要区别

	GPT 架构	BERT 架构
语言模型类型	单向语言模型	双向语言模型
模型架构	Transformer 解码器	Transformer 编码器
预训练方式	语言模型化	掩码语言模型化
预训练原理	序列概率估计	去噪自动编码器
下游任务	语言理解、语言生成	语言理解
微调效率	全模型参数更新	高效、保留底层参数

2019 年,OpenAI 又发布了 GPT-2,其参数量达到了 15 亿。此后,Google 也发布了参数规模为 110 亿的 T5 模型。2020 年,OpenAI 进一步将语言模型参数量扩展到 1750 亿,发布了 GPT-3。国内也相继推出了一系列的大规模语言模型,包括清华大学 ERNIE(THU)、百度 ERNIE(Baidu)、华为盘古-α 等。

此阶段的研究主要集中在语言模型架构本身,包括仅编码器(encoder-only)、编码器-解码器(encoder-decoder)、仅解码器(decoder-only)等。BERT 模型在微调方面具有一定优势,主要侧重于调整模型的输出层,对底层的预训练参数则作保留;而其他模型由于涉及全参数微调,计算量很大;所以当模型参数量在 10 亿以上时,其他模型的影响力较 BERT 类模型有不小的差距。

(三)能力探索阶段

鉴于微调所带来的不便,研究人员开始探索在不依赖微调的方式下直接发挥大规模语言模型的能力。2019 年,Radford 等(2019)基于 GPT-2 模型研究了大规模语言模型在零样本情况下的任务处理能力。在此基础上，Brown 等（2020）在 GPT-3 模型上使用语境学习（in-context learning）方法进行少样本学习方法研究，即通过提供少量标注示例，引导模型理解即将处理的任务，更好地从给定信息中提取答案。这一方法，在包括 TriviaQA、WebQS、CoQA 等评测集合中都展示出了非常强的能力，在有些任务中甚至超过了此前的监督方法。该方法的优势是不需要对模型的参数进行微调，可以节省大量的计算资源；但依赖高质量上下文示例则是其劣势。

除此以外，研究人员还对微调过程进行了革新，提出了指令微调（instruction tuning）的新方案。该方法能够在不太高的计算代价下，大幅提升模型的可控性与泛化能力。区别于针对特定任务的普通微调，指令微调使用包含指令和期望输出的数据，数据使用量相对较少，并且此类数据集既可以是人工制作的，也可以由语言模型自动生成，成本较低。在指令微调过程中，模型会被训练以识别和响应各种指令，从而提高其在遵循指令方面的能力。

Ouyang 等（2022）提出了结合人类偏好的有监督微调，产生了使用少量数据就可以使得大规模语言模型服从人类指令的 InstructGPT。Nakano 等（2021），则探索了结合搜索引擎的问题回答算法 WebGPT。这些方法从直接利用大规模语言模型进行零样本和少样本学习的基础上，逐渐扩展到利用生成式框架针对大量任务进行有监督微调的方法，有效提升了模型的性能。

（四）突破发展阶段

2022 年 11 月，OpenAI 发布了 ChatGPT，标志着大语言模型的开发进入了一个新阶段。ChatGPT 通过一个简单的对话框，就能够实现包括问题回答、文稿撰写、代码生成、数学解题等多项功能，这在过去需要大量小模型定制开发才能分别实现。特别是在开放领域的问答、自然语言生成任务以及对话上下文理解方面，ChatGPT 展现出的能力远超大多数人想象。GPT-4 于 2023 年 3 月发布，作为 ChatGPT 的新一代产品，展现了多模态的处理能力。GPT-4 在多种基准考试测试上的得分高于 88% 的应试者，包括美国统一律师资格考试（uniform bar exam）、法学院入学考试（law school admission test）、学术能力评估（scholastic assessment test）等。它展现了近乎"通用人工智能"（AGI）的能力。在此阶段，各大公司和研究机构也相继发布了此类系统，包括 Google 推出的 Bard、百度的文心一言、科大讯飞的星火大模型、智谱 ChatGLM、复旦大学 MOSS 等。

进入 2024 年，大语言模型的开发脚步并未减慢。较为著名的是 Meta（原 Facebook 公司）在 2024 年 7 月发布的 Llama3.1，其共包含 8B、70B 和 405B 三个版本，最大上下文输入提升到了 128k。Llama3.1 在各类任务上的表现基本和闭源的

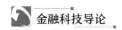
GPT-4o 持平。并且 Meta 秉持开源的理念,产品一经推出就引起业界轰动。表 2-4 列举了 2024 年以来各大语言模型。

表 2-4　2024 年大语言模型举例

开发厂家	模型	发布时间	参数规模/亿	文本智能与推理/%	编码/%	数学/%	Arena 得分
Meta	LIama 3.1 405B	7 月 23 日	4050	88.6	89.0	73.8	—
	LIama 3 400B	4 月 18 日	4000	86.1	84.1	57.8	—
	LIama 3 70B	4 月 18 日	700	75.9	48.2	42.5	1207
谷歌	Gemma 2 27B	6 月 27 日	270	75.2	—	—	1216
Anthropic	Claude 3.5 Sonnet	6 月 20 日	—	88.3	92	71.1	1271
阿里云	Qwen 2 72B	6 月 7 日	720	84.2	64.6	51.1	1187
	Qwen1.5 110B	4 月 27 日	1100	80.4	54.3	49.6	1162
深度求索	DeepSeek-V2	5 月 6 日	2360	77.8	81.1	53.9	1222
Mistral AI	Mixtral 8x22B	4 月 10 日	1760	77.8	46.3	41.7	1146
xAI	Grok-1	3 月 18 日	3410	73.0	63.2	23.9	—
OpenAI	GPT-4o(闭源)	5 月 14 日	—	88.7	90.2	76.6	1287

注:"—"表示未知或不可用。

需要特别提及的是 DeepSeek-V2 模型,它是由国内金融科技公司私募幻方的投资子公司深度求索独立开发的。由于在大语言模型的底层架构中作出了突破性创新,使得其产品具有较低的推理成本,极具市场竞争力。

总结·拓展 2-2

第三节　大数据

随着人类社会全面迈入数字化时代,信息技术已广泛渗透至政治、经济、军事、科技等核心领域,催生出远超历史任何时期的海量数据。全球各类智能设备、传感器及移动互联网等网络设施每日持续生成类型各异的数据资源,其规模呈现指数级增长。国际数据公司(IDC)研究报告显示,2023年全球每秒产生的数据量已达4.2PB,预计到2028年将攀升至12.5PB。面对如此浩瀚的数据洪流,如何实现高效存储、精准管理、深度挖掘并将其有效转化为实际价值,已成为大数据处理技术发展的核心命题。

一、大数据概述

2008年9月,美国《自然》杂志发布"The Next Google"专刊,首次正式提出"大数据"概念。2011年3月,《科学》杂志"Dealing with Data"专刊通过社会调查,首次系统分析大数据对人类社会的影响,揭示人类面临的"数据困境"。同年5月,麦肯锡发布研究报告"Big Data:The Next Frontier for Innovation,Competition,and Productivity",首次明确定义大数据为"大小超出了常规数据库工具获取、储存、管理和分析能力的数据集"。我国的国家标准《信息技术 大数据 术语》(GB/T 35295—2017)指出,大数据是指具有体量巨大、来源多样、生成极快且多变等特征并且难以用传统数据体系结构有效处理的包含大量数据集的数据。

(一)大数据的特点

大数据具有体量大(volume)、类型多(variety)、速度快(velocity)、价值高但密度低(value)的四大特征,简称"4V"。

1.体量大

大数据的"体量大"是指数据的规模非常庞大,这是大数据最为显著的特征之一。这些数据通常由传感器、移动设备、社交媒体、金融数据、医疗记录等数据来源产生。大数据涉及的数据量通常远远超过传统数据库和数据处理工具的处理能力。数据量可以从几个TB到几个PB,甚至达到EB级别。

2.类型多

大数据的"类型多"特征,指的是数据的多样性:其一是数据形式多样,包括数值、图像、文本、音频、视频等;其二是信息来源多样,包括网络数据、企事业单位数据、政府数据、媒体数据等;其三是构成多样,包括结构化数据、半结构化数据与非结构化数据。

3.速度快

大数据的"速度快"特征,通常是指数据生成与更新的高速性、数据处理与分析的实时性和数据流动的高效性,也被称为数据的"高速性"或"高流速"。"大数据实时分析"成为当下的热门议题,对于某些应用,如紧急响应、交通管理、医疗监控等,

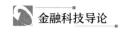

数据的处理速度直接关系到结果的有效性和响应的及时性。

4.价值高但密度低

大数据的"价值高但密度低"特征指的是,尽管大数据中蕴含着巨大的潜在价值,但相对于数据的总体量来说,有价值的信息可能只占很小的一部分。可以从两个维度来评价数据的价值:一是数据的质量,信噪比越高的数据中能够得到的信息越多,价值就越高;二是处理分析数据的速度,企业的目的不是得到数据而是获得数据中包含的信息、知识和智慧,所以得到分析结果所用的时间越短,数据的价值就越高。但同其呈几何指数爆发式增长相比,其价值密度较低,需要通过数据分析有效地发现其价值。

除了大数据的四个优势特征外,还有许多伴随大数据出现的特征带来的挑战,如有效性保障难(validity)、安全性保障难(vulnerability)、长久保存难(volatility)、可视化难(visualization)等。

(二)大数据的发展历程

在大数据的发展过程中,数据体量经历了由兆字节(megabyte,MB)、吉字节(gigabyte,GB)到太字节(terabytey,TB)、拍字节(petabyte,PB)再到艾字节(exabyte,EB)的变化,如图 2-22 所示。

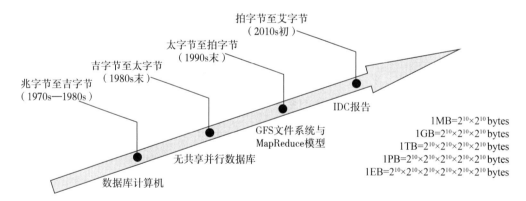

图 2-22　大数据发展主要历程

1.兆字节至吉字节(1970s—1980s)

商业数据量从 MB 级跨越到 GB 级,催生出最早的大数据挑战。为满足存储与关系型查询需求,集成软硬件的数据库计算机应运而生。但其专用硬件设计逐渐落后于通用计算机发展,最终数据库系统演变为纯软件形态,适配通用计算架构。

2.吉字节至太字节(1980s 末)

数据量突破 TB 级后,单个计算机系统已无法处理。基于数据并行化理念,无共享架构的并行数据库(如 Teradata、Netezza 和 AsterData 等)在集群计算机上取得成功。这些系统通过关系模型和查询语言,开创了分治式并行存储先例。

3.太字节至拍字节(1990s 末)

Web1.0 产生 PB 级非结构化网页数据,传统并行数据库难以处理。谷歌提出大规模分布式 GFS(google file system)文件系统和 MapReduce 模型,支持商用服务器集群自动并行处理海量数据。2000 年代中期,面对混合数据结构,模式自由、快速可靠、高度可扩展的 NoSQL 数据库成为代表技术。

4.拍字节至艾字节(2010s 初)

数据量向 EB 级演进时,现有技术仍局限在 PB 级处理。2011 年 IDC 编制的年度数字宇宙研究报告《从混沌中提取价值》(*Extracting Value from Chaos*)引发业界关注,国内外科技巨头相继启动大数据项目,推动技术持续演进。

(三)大数据处理流程

一般而言,大数据处理流程可分为五步:数据采集、数据预处理、数据存储和管理、数据挖掘与分析和数据可视化。

1.数据采集

数据采集又称"数据获取",是数据分析流程的起始环节。它利用多种技术方法,从各式各样的外部数据源中实时或非实时地收集数据,并将其转化为可用的信息。数据的准确性和品质是数据处理成效的关键,它们直接决定了数据处理最终成果的质量。

数据采集技术就是对数据进行 ETL 操作,即从数据源中抽取(extract)所需的数据,接着对数据进行数据格式转换(transform),最后将数据加载(load)到数据仓库中去。常见的数据源包括传感器数据、互联网数据、企业业务数据、日志文件等。

2.数据预处理(清洗、转换、脱敏)

数据预处理在大数据分析的整个流程中扮演着至关重要的角色,它直接影响着后续分析步骤所得到结果的精确度和可靠性。在当今世界,无数的数据正不断地被生成,涵盖了从物联网传感器、社交网络互动到企业日常运营中所产生的各类信息。面对这些庞大的数据洪流,如何高效地搜集并处理这些数据,以确保其清洁、格式一致且有意义,已经成为我们面临的一大难题。

为了应对这一挑战,必须采用一系列技术手段来对数据进行有效的采集,并且进行必要的清洗、格式转换以及脱敏处理。这些预处理步骤是确保数据分析结果准确性和实用性的基础,使得数据能够更好地为后续的分析和决策服务。数据预处理是大数据分析成功的关键前提,使得数据的价值得以真正释放。

3.数据存储和管理

数据的存储是数据管理的重要环节。数据管理是指对数据资源进行规划、组

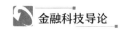

织、保护和优化，以确保数据的有效使用和长期价值，主要是对数据进行分类、编码、存储、索引和查询。一般来说，数据管理往往需要经过以下流程：收集、处理、验证和保存数据；融合来自多种数据源的数据，涵盖结构化、半结构化以及非结构化的数据类型；确保数据的持续可用性，并建立高效的灾难恢复计划；监管员工及应用程序对数据的运用和访问行为；维护数据的安全性，确保数据的隐私保护。

4.数据挖掘与分析

数据挖掘与分析是一个复杂的过程，它涉及根据特定的分析目标，采用合适的分析方法对收集到的数据进行深入研究和计算，以提取有价值的信息并形成可信赖的结论。这些分析方法可以来自统计学、机器学习、数据挖掘等多个领域。数据处理包括使用复杂的机器学习和数据挖掘算法，也包括只使用一些简单的统计分析方法，比如汇总求和、求平均值、求均方差等，甚至根本不使用这些算法，而只是按照特定规则进行查找。

数据处理包含理论层面和技术层面。在理论层面上，需要统计学、机器学习和数据挖掘等知识。在技术层面上，可以使用单机分析工具（如 SPSS、SAS）来进行基础的数据分析，也可以利用单机编程语言（如 Python、R）来编写自定义的数据处理脚本，还可以运用大数据处理与分析技术（如 MapReduce、Spark、Hive）来处理大规模数据集。

5.数据可视化

数据可视化是指将大型数据集里的数据以图形图像形式表示，并利用数据分析和开发工具发现其中未知信息的处理过程。数据可视化通过图表、地图、图形、仪表板等形式，使得数据变得易于理解和解释，从而帮助用户发现数据中的模式、趋势和异常。

数据可视化需要使用专门的软件工具，如 Tableau、Power BI、Matplotlib 等，可以采用多种图表类型，包括柱状图、折线图、饼图、散点图、地图、热力图等，根据数据的特性和分析目的选择合适的图表类型。

二、大数据的采集与预处理

(一)数据采集

大数据采集是大数据分析的入口，是大数据分析至关重要的一个环节。一般情况下，采集过程通常需要使用各种技术工具和技术平台，例如网络爬虫、数据挖掘、自然语言处理等。大数据体系中的数据类型是指数据的种类和格式，主要涉及结构化数据、半结构化数据和非结构化数据三种类型。

(1)结构化数据具有明确的格式和规则,通常以表格形式存在,易于通过数据库管理系统进行存储和查询。典型的结构化数据包括关系型数据库中的表格数据、电子表格以及逗号分隔值(comma-separated values,CSV)文件中的数据。

(2)半结构化数据通常指不严格遵循固定的结构的数据,但它们包含一定的组织信息,使得自身具有一定的可识别性。半结构化数据的格式不如结构化数据规范,但它们包含了有助于数据的解析和处理的标签或元数据。常见的半结构化数据格式包括 XML、JSON 和 YAML 等,在 Web 应用、文本处理和语义分析等领域中因灵活性强而广泛应用。

(3)非结构化数据没有明确的结构,例如文本文档、音频、视频、图像等数据类型。一般的数据采集技术有:ETL 工具(如 Informatica、Talend),用于从不同数据源提取、转换和加载数据;爬虫框架(如 Scrapy、Nutch),用于网络数据的采集;日志管理工具(如 ELK Stack 等),用于日志数据的收集和分析;大数据平台(如 Apache Hadoop、Apache Spark 等),通过分布式架构实现高效的数据采集与处理。

(二)数据清洗

在数据收集和记录的过程中,由于调研、编码错误或数据输入的失误,数据集中可能会出现缺失值,这些情况需要得到恰当的处理。数据清洗的过程通常包括以下内容:

1.处理缺失值

由于调研、编码和数据录入过程中可能出现错误,数据集中可能会出现缺失值。为了确保数据的质量,必须对这些缺失值进行适当的处理,比如删除含有缺失值的记录、填充缺失值或采用插值方法。

2.处理异常值

通过设定每个变量的合理取值范围并考虑变量间的相互关系,对数据进行检查,以识别那些超出正常范围、在逻辑上不合理或与其他数据矛盾的数据点。这些异常值需要被检测出来并进行相应的处理。

3.处理重复值

数据集中的重复记录可能会影响数据分析的精确性。因此,在进行分析和构建模型之前,必须对数据进行检查,以识别和删除重复的记录。这一步骤对于保证分析结果的准确性和可靠性至关重要。

(三)数据转换

数据的类型对于后续的数据处理和分析步骤有着显著的影响,因此,在处理数据之前,必须清晰地界定每个数据字段的类型。常见的数据转换策略包括:

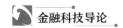

1.平滑处理

平滑处理旨在减少数据中的随机波动或噪声,以提高数据的一致性和可用性。常用的平滑技术包括分箱、回归分析和聚类等。

2.聚集处理

聚集处理旨在对数据进行汇总操作,以减少数据的粒度。例如,将每日收集的数据聚合为每月或每年的总计。

3.数据泛化处理

数据泛化处理是将具体的数据细节抽象到更高层次的概念上。例如,将具体的街道地址泛化到城市或国家层面,或者将具体的年龄数据分类到更广泛的年龄段,如青少年、中年和老年。

4.规范化处理

规范化处理是将数据属性值按比例调整,使其落入一个预定义的区间,如[0,1]。这种处理方法有助于消除不同量纲数据间的差异,常用的规范化技术包括最小—最大规范化、Z-Score 规范化(标准分数规范化)和小数定标规范化等。

5.属性构造处理

根据现有数据属性创建新的属性,以增强数据的表现力或适应特定的分析需求。属性构造可以基于数学运算、统计方法或业务逻辑,为后续的数据处理和分析提供更多的视角和信息。

(四)数据脱敏

数据脱敏是一个涉及保护敏感信息的过程,它不仅包括去除或替换数据中的敏感内容,还涉及保持数据的其他关键特征和关联性。这个过程的目的是在确保数据安全的同时,仍然能够使用这些数据进行开发、测试和大数据分析等业务活动。常见的脱敏关键点有:

1.原有数据特征

在脱敏过程中,必须确保数据的原始特征得到保留。例如,对于身份证号码,脱敏规则应确保脱敏后的号码仍然具有正确的区域地址码、出生日期、顺序码和校验码。

2.数据间一致性

在不同数据业务操作中,数据之间存在内在的关联性,例如,出生日期与年龄之间的关联。脱敏后,这些关联性必须保持不变,以确保数据的完整性和相关性。

3.业务规则的关联性

在脱敏过程中,业务规则和数据之间的关联性必须保持不变,包括主外键关联性、关联字段的业务语义关联性等。对于高度敏感的账户类主体数据,需要特别注意保持所有相关主体信息的一致性。

4.多次脱敏后的数据一致性

如果同一数据需要进行多次脱敏或在不同的测试系统中进行脱敏,每次脱敏后的数据必须保持一致性。这样才能确保业务系统数据变更的持续一致性以及广义业务的持续一致性。

数据脱敏不仅仅是简单地"漂白"数据,而是需要综合考虑数据的特征、关联性和业务规则,以确保脱敏后的数据在各个方面仍然保持一致性和有效性。

三、大数据的存储与管理

大数据的存储、处理与分析通常依托分布式计算机系统实现。这类系统由多个独立计算机(称为节点)通过网络连接构成,节点间既可以是物理分离实体,也可以是逻辑分离单元,通过通信协议进行数据交换与任务协调,其处理能力分布于各计算机节点。数据库体系主要包含以下类型:分布式存储系统、传统数据库存储与管理技术、非关系型数据库以及云数据库等。

(一)分布式存储系统

分布式存储的基本思想是将集中式数据库的数据分散存储至多个网络连接的数据存储节点,以扩展存储容量并提升并发访问能力。分布式数据库系统可由多个异构、位置分布、跨网络的计算机节点组成。每个节点可包含数据库管理系统的完整或部分副本,并维护自身局部数据库。各计算机节点通过高速网络连接物理上分散的数据存储单元,共同构建逻辑集中、物理分布的大型数据库系统。

(二)传统数据库存储与管理技术

1.关系型数据库

关系型数据库是基于关系模型组织数据的数据库管理系统,该模型由埃德加·F.科德于 1970 年提出,采用二维表格(行与列)存储数据,通过表间关系实现数据关联。1970—2010 年,该类型数据库始终占据主流地位,广泛应用于银行、电信等行业的业务管理。该类型数据库当前主流产品包括 Oracle、SQL Server、MySQL、DB2 等。

关系型数据库可视为关系表的集合体,每张表对应二维数据结构。表结构遵循特定规范:具有唯一表名,表中包含多个字段(每个字段含唯一名称与数据类型),设计时需满足关系代数规范化原则以降低数据冗余并保障一致性。表中可存储多种数据类型,支持自定义字段结构。通过主键、外键及唯一约束等机制保

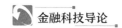
障数据完整性,有效防止数据不一致与异常。表间多对多关系可通过中间关联表实现。

2.数据仓库

数据仓库(data warehouse,DW/DWH)是为企业决策层提供战略数据支撑的集成化数据集合,其核心目标并非直接生成数据,而是出于分析性报告与决策支持目的而创建的。该系统通过整合企业内部分散的业务数据(包括业务系统、客户关系管理系统和销售系统等多源数据),形成统一数据视图,便于用户开展高效数据分析。

作为分析型数据平台,数据仓库本身不直接参与数据使用或消耗,而是构建集成数据环境来满足复杂分析需求,这使其天然适配联机分析处理(online analytical processing,OLAP)系统特性。OLAP作为多维数据分析技术,支持用户从时间、地域、产品等维度进行深度数据探查。该系统具备快速响应复杂查询的能力,依托多维数据模型提供钻取、切片、旋转等分析工具,显著提升数据解释与洞察效率。

(三)非关系型数据库

非关系型数据库(NoSQL database)是采用非传统关系模型组织存储数据的数据库系统,相较于关系型数据库,其无固定的表结构且通常无连接操作,支持灵活存储各类结构化、半结构化和非结构化数据。"NoSQL"最初代表"反SQL"技术革新运动,主张以新型数据库替代关系型数据库。随着时间的演进,其含义已转变为"Not only SQL",即承认关系型与非关系型数据库的互补共存特性。

NoSQL数据库专为应对海量数据处理、高并发访问及高可用性需求设计,在互联网、物联网等需要快速响应与系统稳定的场景中表现优异。面对互联网环境下数据量爆发式增长的挑战,传统关系型数据库受限于存储规模、性能瓶颈及扩展成本等问题,而NoSQL数据库通过分布式架构实现多节点数据分布,显著提升存储容量与横向扩展能力。此类数据库针对特定读写场景进行优化,在保证高性能数据操作的同时,能以较低成本满足预算敏感型组织的需求。

NoSQL数据库按数据模型可分为键值存储、列族存储、文档存储、图数据库等类型,其核心优势在于数据模型灵活性与水平扩展能力,为海量数据存储提供有效解决方案。

(四)云数据库

云数据库是在云计算环境中部署和虚拟化的数据库。作为伴随云计算发展而兴起的新型共享基础架构方案,它显著提升了数据库存储能力,避免了人员、硬件及软件的重复配置,使软硬件升级更加便捷。云数据库具备高可扩展性、高可用性、多租户模式及资源高效分配等特征。

业务规模大、数据量庞大的大型企业,通常更倾向于自建数据库。自建模式能更好地满足企业对数据处理能力、安全性和控制力的要求,可提供定制化解决方案,使企业完全掌控数据存储与处理方式。而对于 IT 预算有限的中小企业,云数据库凭借前期无须投入、后期免维护的服务模式成为优选。其灵活计价方式允许企业按实际使用资源付费,无须预先购置软硬件。例如:需要处理海量数据且对安全性和处理能力要求极高的企业多选择自建数据库;而初创企业和小型企业受资金限制,往往选择云数据库以降低初期成本,快速实现业务部署与扩展。

四、大数据分析与数据挖掘

大数据分析与数据挖掘是从海量数据中识别潜在、非直观且具有商业价值的模式和规律的技术。该技术通过深入分析数据揭示其内在关联,并利用这些关联构建模型以支持决策。数据挖掘任务主要分为两类:预测性数据挖掘通过分析相关属性预测特定属性的值,被预测属性称为目标变量或因变量,用于预测的属性称为解释变量或自变量;描述性数据挖掘是指提取数据中的潜在联系和模式,包括相关性、趋势、聚类等,需通过后续技术验证解释发现结果。数据挖掘常用的方法有以下几种。

(一)分类

分类(classification)通过建立目标函数将数据特征映射到预设类别标签。常见的分类方法有:决策树通过树状结构实现规则推导,贝叶斯分类器基于概率论构建分类模型,而支持向量机(SVM)则通过寻找最优超平面实现高维空间的数据分隔,KNN 最近邻算法根据"多数表决"原则将一个新数据点分类到与其最近邻的类别中,神经网络通过多层神经元模仿人脑的处理方式学习数据特征。

(二)聚类分析

聚类分析侧重于无监督的数据分组,其核心在于最大化组内相似性与组间差异性。也就是说,聚类的目标是得到较高的簇内相似度和较低的簇间相似度,使得簇间的距离尽可能大,簇内样本与簇中心的距离尽可能小。最常见的是基于划分的聚类,比如 K-means 算法凭借高效计算特性成为商业分群的主流工具;层次聚类通过树状图呈现数据层次关系,此方法相对较老,但仍然被广泛采用;此外还有基于密度的聚类方法,比如 DBSCAN 擅长处理复杂形状的数据分布,在地理信息系统中用于识别城市热点区域。

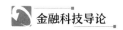

（三）关联分析

关联分析揭示了数据项之间的共生关系，经典案例"啤酒与尿布"体现了关联分析在零售业的洞察力。关联分析通过频繁项集挖掘，可优化超市货架布局；在医疗领域，可用该方法发现疾病与检验指标的组合规律，辅助临床决策支持系统的构建；在网络挖掘中，它可以揭示网页之间的访问关联；在科学数据分析领域，如地球科学，关联分析能够揭示海洋、陆地和大气影响过程之间的相互作用。值得注意的是，关联分析需警惕虚假相关性，需结合业务逻辑验证规则合理性。

（四）时间序列分析

时间序列分析是统计学领域的关键技术，核心在于对按时间顺序排列的数据序列进行分析，以揭示系统的动态行为和发展趋势。其核心逻辑是通过分析历史有序数据，构建能精确反映系统演变特性的数学模型，从而评估当前状态并预测未来趋势。时间序列分析在多个行业广泛应用，特别是在大数据时代其已成为人工智能技术的重要组成部分。通过与机器学习技术结合，时间序列分析能更高效地进行数据建模与预测。

该分析方法包含多种技术手段，主要包括：简单序时平均法、加权序时平均法、移动平均法、加权移动平均法、趋势预测法、指数平滑法、季节性趋势预测法、市场寿命周期预测法等。移动平均法通过计算观察期内的数据平均值预测未来走势，属于常用基础方法，但该方法在处理非平稳序列和预测转折点时仍存在局限性。

五、大数据在金融行业的应用举例

大数据作为金融科技的核心生产资料，已深度融入金融业务体系。现代金融活动既依赖大数据支撑身份验证、风险管理等环节，又持续生成交易记录、消费数据等数据资源。以下从银行、证券、保险三大领域说明其应用。

（一）银行业：供应链金融

供应链金融以核心企业为中心整合上下游资源，通过交易关系设计融资方案，解决中小企业融资难题。传统模式下银行仅掌握财务、生产等有限数据，存在信息不对称风险。大数据环境下，银行可获取订单、库存等经营数据，甚至用水用电、社保等非生产性动态信息，通过多维度交叉验证降低授信风险。大数据分析还能精准测算融资规模，预判需求周期，并通过关联企业网络及高管消费行为强化风险管理。

（二）证券业:舆情分析

证券市场受投资者情绪与群体行为显著影响。舆情分析通过采集社交媒体、股票论坛等文本数据,运用爬虫与文本挖掘技术解析市场情绪。这种对公众舆论的实时监测,有助于研判资产价格波动趋势,为交易策略提供依据。具体而言,群体乐观情绪可能推高资产泡沫,而恐慌情绪则易引发非理性抛售。例如长城证券上线的大数据管理平台,为风险合规监控提供大数据支撑。

（三）保险业:风险定价

传统保险定价基于年龄、职业等静态数据,车险定价侧重历史理赔记录。大数据支持更精细化的风险评估,如通过智能设备收集驾驶习惯(行车时间、急刹频率等),结合社交媒体行为分析及医疗健康数据,为驾驶谨慎的客户提供更高保费折扣,增强产品竞争力。

总结·拓展 2-3

第四节　云计算

云计算是 21 世纪重要的信息技术之一,其本质上是建立在多个已经成熟的计算机技术领域之上的一个综合体系,是对多种计算机技术的综合运用。云计算的出现,使计算与存储成为一种即取即用的资源,为人工智能、区块链等新兴技术的开发与应用做好了基础准备。

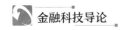

一、云计算概述

(一)云计算的诞生

20 世纪 80 年代,互联网技术逐步民用化。计算机突破单机操作限制,网络接入极大促进了信息交流与数据传输,电子邮件、文件传输协议(FTP)等网络服务相继涌现。1990 年代,客户端—服务器模式成为主流,通过服务器集中存储应用与数据,客户端远程访问,提升资源共享效率。

应用多样化推动了互联网技术进步与计算模式创新。1990 年代末出现的网格计算,通过互联网整合分布式计算资源,利用节点闲置算力处理任务。典型如 1999 年启动的 SETI@Home 项目,虽未取得实质发现,但验证了网格计算的可行性,为云计算奠定技术基础。

2000 年代初,服务器虚拟化技术实现单机多环境运行,显著提升资源利用率。网络附加存储(NAS)、存储区域网络(SAN)、分布式文件系统(DFS)等高效存储技术发展,配合分布式文件系统完善,共同构建起云计算所需的技术支撑体系。

2006 年,谷歌 CEO 施密特首次提出"云计算"概念,标志着新型 IT 模式诞生。2011 年,美国国家标准技术研究院(National Institue of Standards and Technology,NIST)将云计算定义为"一种支持按需网络访问可配置计算资源(如网络、服务器、存储、应用及服务)共享池的模式,这些资源可通过最少的管理工作或服务商交互实现快速调配与释放"。我国《云计算标准化白皮书》指出,云计算是一种将可伸缩、弹性、共享的物理和虚拟资源池以按需自服务的方式供应和管理,并提供网络访问的模式。

(二)云计算的基本特征

作为新一代的 IT 模式,云计算的背后是规模庞大、高度自动化和高可靠性的云计算中心。用户通过互联网接入云计算系统便可以在权限范围内方便地访问或调用各种基于云计算的资源和应用。在这一过程中,用户仅需支付相应的云服务费用,而无须对云计算中心的软硬件设备进行维护。根据 NIST 对云计算的标准说明,云计算需要具备以下五个基本特征:

1.资源池化(resource pooling)

云服务商的计算资源被集中起来,通过多租户的模式为多个消费者提供服务。根据需求动态分配不同的物理和虚拟资源。绝大多数云计算企业实施了一种或多种虚拟化技术,最常见的就是服务器虚拟化。除计算资源外,还包括其他的 IT 组件虚拟化,如存储和网络。通常来说,用户并不了解或控制这些资源池的准确划分,但可以知道这些资源是在哪个数据中心,如存储、计算处理器、内存、网络带宽以及虚拟机个数等。

2.广泛的网络访问(broad network access)

这一基本特征意味着用户能够在一定通信与安全的标准机制下,使用各类客户终端,如移动电话、平板电脑、笔记本电脑和工作站来访问应用云上的各类资源。同时,这也意味着云服务商应当具备被广泛接入并维持云平台安全稳定运行的能力。

3.按需自助服务(on-demand self-service)

通常,云服务商提供若干不同等级的标准化服务以满足不同的客户需求。用户可以按自身需求选择适合的计算资源,如服务器算力(包括 CPU、GPU)、存储空间、网络速度等。按需自助服务极大降低用户的使用成本,对云服务商来说也可以灵活地配置资源。

4.快速弹性(rapid elasticity)

根据 NIST 的定义,云计算拥有一种对资源快速、弹性提供与释放的能力。资源可以快速地按需自动扩展或收缩。对于大多数用户来说,服务商所提供的计算资源的能力几乎是没有上限的,用户能够在任何时间任何地点获得其所需的资源。

5.可度量服务(measured service)

云系统能够自动控制、优化资源的使用(如存储、处理、带宽以及活动用户数),同时通过度量机制来监控、控制和报告资源的使用情况,为服务提供商和消费者提供透明度。

(三)云计算的主要优势

1.经济实惠

经济性是云计算产生的一个直接原因。随着信息技术的发展,IT 基础设施的建设是一项投入大、更迭快、专业性强的工程。对于普通中小规模企业来说,可能无法承担其初期建设的高昂成本,也无力在后期对系统进行维护、升级、管理,从云服务商处租用相适应的服务是最经济的选项。此外,由专业的云服务商统一综合管理 IT 资源,具有规模效应。

2.灵活高效

云计算所提供的服务具有灵活性。由于企业是租用 IT 服务,可以灵活地根据自身需要对服务进行升级或取消,在最大化生产能力的同时节约成本。同时,云服务系统具有资源池化的功能,云服务商可以依据计划或由系统自动管理分配各类资源,提高资源使用效率,这是传统商业 IT 模式无法做到的。

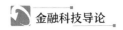

3.安全可靠

云计算系统具有分布式架构,在不同地理位置都存有数据副本,并会对系统数据进行定期备份。在遭遇物理伤害,如火灾、地震等事故,或者人为软件攻击时,云计算系统都可以妥善地保护数据不受损失,确保业务的连续性和系统的高可用性。

此外,云服务系统会有多重检验机制。当发现某个数据节点出现问题,系统可以自动将流量和工作负载转移到健康的数据中心,保障工作业务的流畅。

4.与时俱进

IT设施受摩尔定律支配,信息技术科学发展迅速,相较企业自有的IT部门或个人使用者,云服务商能够更为高效专业地对软硬件进行更新升级,使云计算用户能够获得最新技术带来的优势,做到与时俱进。

(四)云计算的核心技术

1.虚拟化技术

虚拟化技术是一种资源管理技术,它将系统的所有硬件资源(如CPU、内存、磁盘空间、网络适配器等)和软件资源(如操作系统、文件系统、应用程序等)虚拟化,使得这些资源可以被分割和组合,用以创建一个或多个的计算机个体环境。硬件虚拟化主要采用计算虚拟化、存储虚拟化、网络虚拟化技术,软件虚拟化主要采用桌面虚拟化、多租户容器技术。虚拟机监控程序(Hypervisor或VMM)负责对硬件资源进行抽象,为上层虚拟机提供所需的资源,并确保每个虚拟机都能互不干扰、独立运行。

2.并行编程技术

并行编程技术是云计算处理大规模数据的重要支撑。当前主要流行的并行编程模式有MapReduce、Apache Spark、Apache Hadoop等。MapReduce的核心思想是将大规模的计算任务分解成许多小的、可以在多台计算机上并行处理的子任务。如图2-23所示,MapReduce工作可分为三个阶段:映射阶段(Map任务)、混序排序阶段(用Shuffle和Sort函数)和归约阶段(Reduce任务)。输入数据被分割成多个数据块,每个数据块由Map函数读取输入,将其处理成中间键值对(intermediate key-value pair)。这些中间数据会被排序,以便相同键的数据能够聚集在一起。Reduce函数读取经过排序和聚集的中间数据,经处理后生成最终的输出结果。最终结果可以是聚合数据、统计信息或其他形式的分析结果。MapReduce能通过计算机集群对规模达到PB级以上的数据进行分布式计算。

Apache Spark:一个开源的分布式计算系统,支持多种数据处理任务,包括批处理、实时流处理、机器学习等。Apache Spark通常比MapReduce更快,因为它支持内存计算。

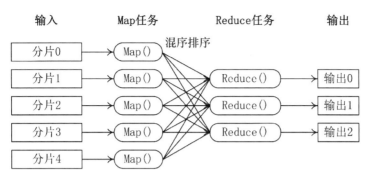

图 2-23　MapReduce 并行处理任务示例

Apache Hadoop：一个开源框架，允许在跨分布式计算环境存储和处理大量数据。Apache Hadoop 实现了 MapReduce 模型，并提供了 HDFS（Hadoop distributed file system，Hadoop 分布式文件系统）作为其存储系统。

Apache Storm 和 Apache Flink：实时流处理框架，允许对数据流进行快速、实时的处理。

并行编程技术的发展和创新，使得云计算平台能够更加高效地处理和分析大规模数据集，为各种行业和应用提供强大的数据处理能力。

3.分布式存储技术

云计算系统采用分布式存储的方式存储数据，用冗余存储的方式保证数据的可靠性。

根据储存方式不同，分布式存储技术可以分为文件存储、块存储、对象存储三种形式。文件存储（file storage）提供了类似于传统文件系统的接口，用于存储和访问文件，适用于需要文件级操作和共享的应用场景，如 Hadoop 分布式文件系统、谷歌文件系统（Google file system，GFS）和 Lustre 分布式文件系统。

块存储（block storage）适用于块级访问的数据，如数据库和文件系统。数据被打散成固定大小的数据块，并赋予唯一标识，访问时，依据标识找到数据块并重新组装。块存储可以实现快速读写，但不易实现数据统一管理和协同共享。亚马逊弹性块存储（Amazon elastic block store，Amazon EBS）、OpenStack Cinder 和 Ceph 块设备（RADOS block device）都是典型的块存储技术的应用。

对象存储（object storage）适用于管理非结构化数据，如图片、视频和日志文件等。每个对象拥有唯一标识，在同一层级存储，并通过独立出来的元数据服务器实现快速访问。对象存储易于扩展和共享，但只能整体访问，不支持数据的随机读写。典型的对象存储有：亚马逊简单存储（Amazon simple storage service，S3）、OpenStack 对象存储（OpenStack swift）和 Ceph 对象网关（Ceph object gateway）。

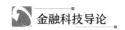

(五)云计算的部署分类

根据 IT 基础设施的访问的所有权方式,云计算可以分为公有云、私有云、社区云和混合云。

1.公有云

公有云是一种最常见的云部署模型,其模式为第三方机构充当云服务提供商,负责计算资源的构建、运营和维护,并通过互联网面向大众开放。公有云的特点是硬件共享,即同一服务器可能为不同的消费者同时提供服务,其优势是成本和管理复杂度较低,并且消费者可以随时按需扩展容量。但是,由于 IT 基础设施、云服务消费者产生的业务数据均由第三方机构控制,因此存在较多安全隐患。此外,公有云一般按使用量计费,导致云服务消费者在某些情况下可能无法准确地预估使用成本。

2.私有云

与公有云相对,私有云是指由一个组织自建或委托第三方建立,随后独自拥有计算资源的云部署模型,组织内部拥有相关权限的成员可随时访问私有云的资源,而外部用户无法访问。根据云端所在位置,私有云可以分为本地云和托管云两种。前者的云端部署在组织的自由机房内,而后者的云端则部署在第三方机构处,但独享硬件设施。私有云的安全性较高,并且能根据组织的需求进行定制,但由于其灵活性有限,在扩展计算资源时往往需要花费较多的精力进行整合。

3.社区云

介于公有云和私有云之间,一般由具有共同需求进而形成社区的组织共同构建和发展,其计算资源在社区内部共同拥有和分享,一般不对外公开。与私有云一样,社区云也具有本地部署和第三方托管两种形式。但在本地部署时,其用于提供云服务的硬件设施可能分布在组织成员之间。社区云可以在组织成员内部实现高效的资源共享,但在共同治理的过程中可能会产生矛盾。

4.混合云

混合云是由公有云、私有云和社区云中的两个或两个以上混合而形成的云部署模型。在混合云内部,不同云之间相互独立,但可以实现数据和应用的交互。混合云可以集成上述三种云部署模型的优点。例如,将敏感业务部署在私有云,其余业务部署在公有云。

表 2-5 对云部署的主要模式进行了比较。

表 2-5 云部署模式分类

部署模式	公有云	社区云	私有云	混合云
服务对象	所有用户	特定行业或区域的组织机构用户	企业内部用户	部署了私有云，同时对公有云有需求的企业用户
主要客户	中小企业、开发者、个人用户	特定行业、组织群体	大中型政企机构	高校、医院、政府、企业
成本	低	中等	较高	较高
灵活性	高	中高	有限	高
数据安全性	低	高	高	高
管理复杂度	低	中高	较高	高
扩展性	高	中高	有限	较高
典型产品	阿里云、亚马逊网络服务（Amazon Web Services，AWS）	华为政务社区云、天翼云城市社区云	华为企业云、深信服企业云等	IBM混合云、天翼混合云等

（六）云计算的延伸形态

有效解决算力需求、提供数据存储是云计算技术的两大核心任务。随着智能终端的普及与物联网技术的发展，如何在云计算中实现低延迟、高效计算与存储，已成为一个重大挑战。现实中诸如智慧交通、智能医疗等都需要算力与存储的实时送达。为此诞生了"近端云计算"的概念，试图拉近基础设施与终端的距离，比较有代表的是雾计算与边缘计算。

1.雾计算

雾计算通过在边缘层和云层之间引入中间雾层（fog layer），在雾层中提供分布式计算、存储和网络服务，其概念由思科在 2011 年提出。雾计算将部分计算任务从云端推向网络边缘的雾节点（如：网络中的路由器、交换机、网关等），使得数据处理等低算力需求的工作更加靠近数据来源。这种方式减少了因数据传输产生的延迟，提高了数据处理效率。同时，由于数据无须长途传输，也降低了网络安全风险。雾计算具有分布式架构、扩展性好、灵活性高、数据流处理的特点。其节点设置在局域网（LAN）级网络架构上，使用与智能网关和嵌入式计算机系统交互的集中式系统。雾计算的应用场景包括智能城市、农业物联网和智能制造等，通过雾节点对生产数据进行分析应用，提升生产效率和质量。

2.边缘计算

边缘计算则是指将计算任务分配给处于网络边缘的设备，如智能手机、传感器

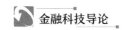

等。这些设备可以直接处理收集到的数据,而无须将数据传输到云端,这样可以满足行业的实时需求。边缘计算的架构包括设备层、边缘层和云层,其特点包括低延迟、减少带宽需求、增强数据隐私和安全性以及进行高效实时处理。边缘计算的应用场景涵盖智能家居、工业物联网和自动驾驶等,它通过在设备端进行数据处理,减少数据传输量和网络延迟。

边缘计算与雾计算的区别如表 2-6 所示。

表 2-6　边缘计算与雾计算的区别

主要属性	边缘计算	雾计算
数据处理位置	靠近数据生成源的设备或网关	边缘设备和云之间的中间层
架构复杂度	相对简单	复杂,需要多个分布式节点
处理延迟	较低	较高,但能够扩展计算资源
应用场景	需要超低延迟和高效实时处理的应用	需要大规模分布式处理和较灵活资源管理的应用

边缘计算和雾计算为数据处理提供了不同的策略,满足了现代物联网、大数据和实时应用的需求。边缘计算侧重于在靠近数据生成源的位置进行处理,以实现快速响应和高效数据利用。而雾计算则在边缘层和云层之间架起了桥梁,通过分布式节点提供灵活的资源管理和数据处理能力。

二、技术架构与服务模式

(一)云计算的技术架构

根据云计算的软硬件层次分析,其架构可分为基础架构层、中间层、应用层和管理层,如图 2-24 所示。

1.基础架构层

基础架构层处于整个云计算技术架构的最底层,其包括机房、计算设备、存储设备、网络设备以及其他基础设施。除上述物理资源外,基础架构层还包括虚拟化技术以及依托物理资源产生的各类虚拟资源池。例如,将各种可用的计算设备、存储设备、网络设备统一虚拟化为虚拟池中的计算资源池、存储资源池和网络资源池。基础架构层满足云计算用户对各类硬件资源的需求,提供基础设施即服务(infrastructure as a service,IaaS)。例如:云服务提供商依托基础架构层可以按照用户需求向用户提供计算能力、存储能力、网络等 IT 基础能力服务;用户可以对硬件的性能进行定制,例如 CPU 的核数、内存大小、硬盘容量、带宽等。

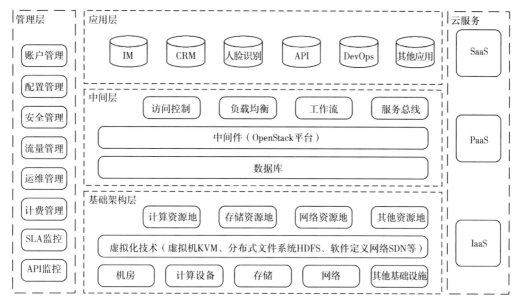

图 2-24　云计算架构示例

2.中间层

在基础架构层之上，依据不同的云计算解决方案，云服务商提供了由数据库、中间件、访问控制、负载均衡等构成的中间层。中间层又被称为云平台层，云服务提供商可以为用户提供一整套开发运营应用软件的支撑平台，实现平台即服务（platform as a service，PaaS）。云平台层提供了相关开发框架、中间件、数据库、消息传递和队列等功能，允许开发人员使用支持的编程语言和工具，在云平台层上构建应用程序。从传统计算机的视角来看，该层提供了类似于操作系统和开发工具的功能。用户可以向云服务商申请一台装有 Linux 操作系统、MySQL 数据库的服务器。同时，由于中间层在基础架构层上，用户也可以对服务器的配置进行定制。

3.应用层

应用层是云服务技术架构中最上面的一层，直接面向客户，为客户提供所需的各类应用软件和服务。应用层的服务通常以软件即服务（software as a service，SaaS）的形式提供。云服务商可以在应用层中部署各种企业运用模板，如面向企业的即时通讯（IM）、客户关系管理（CRM）、办公自动化（OA）、开发运维（DevOps）等。云服务提供商也可以在应用层提供各种接口服务（API），如人脸识别、语音撰写、图像识别等。在使用 SaaS 服务时，用户无须投入大量资金来建设软硬件平台和维护平台，只需要支付一定的租赁费用，就可以通过互联网享受相应的服务，整个系统的维护由云服务商来完成。通过互联网，租户可以直接调用可用的 SaaS 云服务，提高应用的部署速度，降低实现和升级的成本。

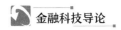

4.管理层

云计算架构中,在上述基础架构层、中间层和应用层三个架构层外,还能从中间层分离出一个纵向的、用于维护云计算三个架构层的管理层。管理层并不直接向用户提供服务,而是服务于三个横向层次,它也是云计算架构中核心关键部分。云管理层负责对云资源进行监控、管理和优化,确保云服务的高可用性、安全性和其他性能。由于使用的技术方案不同,各个云服务商的云管理层的内容也不尽相同,以腾讯云为例,其管理层中包含账户管理、配置管理、安全管理、流量管理、运维管理、计费管理、服务等级协议(service level agreement,SLA)监控和 API 监控等诸多管理。

(二)云计算的服务模式

依据云计算所提供的服务内容,其服务模式可分为三种:

基础设施即服务(IaaS),该服务模式主要是指将虚拟机或者其他资源作为服务提供给用户。

平台即服务(PaaS),该服务模式主要是指将一个开发平台作为服务提供给用户。

软件即服务(SaaS),该服务模式主要是指将应用作为服务提供给客户。

这三类模式并非相互独立,而是存在递进关系。如图 2-25 所示,传统企业的IT 部署通常包括硬件设施(算力、存储、网络等)、操作软件(操作系统、中间件、运行库等),以及数据和应用软件等。云计算的三类服务模式包括了其中若干或全部的内容。IaaS 相当于由云服务商提供硬件设施层,用户需要自行搭建中间层和应用层;PaaS 则进一步将中间层也交由云服务商搭建,用户只需开发应用层;SaaS 则再进一步,IT 系统的软硬件全部由云服务商提供。三类服务在不同程度上取代企业自有的 IT 系统与应用,以适应不同类别的客户需求。

1.IaaS

云服务商将自身硬件资源虚拟化后直接提供给客户各类虚拟化的 IT 资源,包括虚拟服务器、虚拟存储、虚拟网络等。用户从云服务商那里获得他所需要的虚拟机或者存储等资源来装载相关的应用。在此过程中,物理基础设施的管理工作由云服务商来处理。云服务商根据资源的抽象方式建立资源监控模型,管理各个服务节点,保证负载均衡。同时,鉴于云的开放性,云服务商还需要采用必要的安全保护机制。在三种模式中,IaaS 需要用户自行完成的工作量最多,因此比较适合那些拥有一定 IT 技术能力的企业使用。目前全球主要的 IaaS 厂商有亚马逊、微软、阿里云、腾讯云、华为云等。

2.PaaS

PaaS 云服务是指将软件研发平台作为一种服务提供给用户。平台内包括应

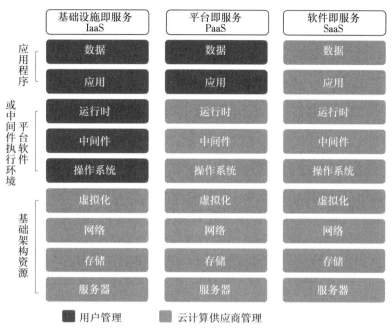

图 2-25 云计算服务模式

用开发的编程语言及应用开发的代码库、元数据标准、应用的打包发布格式等。PaaS 为开发者提供了软件开发全生命周期所需的服务器、安装部署和测试升级等服务,使开发者不用再担心底层开发环境如硬件、数据库、网络服务器和其他一些软件之间的兼容性问题,并且可以使开发者更容易在线上实现合作。较之在本地进行应用开发,PaaS 模式可以减少用户在配置应用程序环境方面所耗费的精力,降低购买开发软件许可证的成本。用户能够从 PaaS 提供商封装好的各种工具与服务中获得帮助。PaaS 的主要用户是开发者团队。

3.SaaS

SaaS 提供基于互联网的软件服务,用户通过网络页面或云终端即可使用相关应用软件。此过程中,用户向云服务商支出服务费而无须购买软件。软件的安装、运行、调试等管理工作由云服务商在云端完成,用户仅作为软件使用者,不参与软件的管理,或只能在云服务商给定的权限范围内对软件作出设定。用户可以通过向云服务商提出申请来满足自身的需求。与 IaaS 和 PaaS 相比,SaaS 对用户的 IT 能力要求最低,比较适合小型企业或初创公司。

三、云计算与金融服务业

金融服务业作为资金和技术密集型行业,较早应用了云计算技术。截至 2022

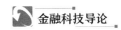

年,我国金融云市场规模已达 588 亿元,预计 2026 年将增长至 1300 亿元。作为企业 IT 核心架构技术,云计算在现代金融业务中广泛应用,显著提升了服务效率,降低了运营成本,并成为金融创新的重要驱动力。

（一）提高金融服务效率

1.数据存储与应用

云计算为金融数据存储提供了弹性架构,可随业务数据量增长灵活扩展。分布式存储模式通过数据冗余技术减少数据丢失风险,保障金融业务安全运行。

2.弹性利用算力

金融行业存在交易量波动、季节性需求变化等特点,云计算通过弹性计算和资源调度能力,支持机构按需调整计算存储资源规模,提升利用率并降低成本。例如根据交易量动态分配算力,确保业务稳定。

3.协同与智能应用

云端集中化部署实现应用的统一管理,促进金融机构多层级信息共享与业务协同,避免重复劳动。云计算支撑自动化流程实施（如结算、风控、报表生成）,并高效集成大数据分析与人工智能技术,辅助风险管理、客户分析及欺诈检测,提升决策效率与服务品质。

（二）降低金融服务成本

1.基础设施成本

现代金融机构往往需要投入大量资金用于 IT 基础设施的建设、维护、更新、拓展等,这对于大多数中小型机构而言,成本过高,并且存在重复建设浪费的可能。通过购买云计算服务,可以将基础设施与系统运维等业务交由云服务商负责。云服务商基于自身的规模与专业优势,在提供相同 IT 支持的条件下,可大幅缩减金融企业在硬件方向的开支,实现企业间的共赢。

2.人力成本

除去上述基础设施方面的成本,应用云计算服务更重要的价值在于削减各类人力开支,包括业务流程与业务管理等方面。例如,开发高度自动化的业务流程,远程工作与协助,上下层级的业务协同,人力资源的统一调配等,这些都可以在云计算的支持下节约人力开支。

（三）促进金融创新

1.原生技术的创新与应用

云计算平台自身提供了丰富的开发工具和服务,能够极大满足金融创新业务的技术需求,使金融机构只需专注于金融业务本身。利用云计算平台,金融机构能够快速开发和部署新的金融产品和服务,加快创新产品上线的速度,提高市场竞争力。

2.开发创新技术平台

云计算平台技术为金融科技创新提供了强有力的支持。包括区块链、人工智能、物联网等金融科技领域的创新活动都依赖强大的计算与存储能力,云计算为此提供了可靠的技术平台。

3.共建金融生态圈

云计算还支持金融机构通过第三方 API 与其他金融机构、科技公司、第三方服务商合作,共同构建金融生态圈,提高了业务协同效率。例如:银行可以与电商平台合作,提供金融服务;保险公司可以与车企合作,推出智能车险产品等。

(四)云计算的金融业应用

1.云计算在银行业的应用

云计算技术对银行业资产、负债及中间业务均产生积极影响,推动业务升级并实现降本增效。在资产端,云计算助力信贷业务现代化。通过跨层级数据共享减少重复录入与审批,同时统一部署数据分析工具及风险评估模型,缩小网点服务差异。云端算力资源的高效利用,既优化资产配置,又通过自然语言处理提取新闻及社交媒体的非结构化数据,辅助量化交易决策。

负债端方面,云计算强化客户关系管理能力。传统 IT 依赖人工判断或基础统计进行客户分类,难以挖掘海量数据价值;而在云端部署客户关系管理系统,通过聚类与关联分析算法,可以精准识别客户行为特征、贡献度及流失风险,提升分类运营效率。此外,云计算增强反洗钱与反欺诈能力,例如迁移冠字号码检索系统至云端提升查询效率,结合多部门数据交叉分析识别异常交易。

中间业务领域,云平台智能投顾依据客户历史行为评估风险偏好,自动推荐理财产品并提供全天候服务,显著优于传统人工顾问模式。云计算还降低汇票、信用证等结算业务的信息不对称风险,例如通过搭建物联网数据接口实时监控货物出入库及运输状态,有效防范欺诈损失。

2.云计算在证券业的应用

证券业与银行业在部分业务场景中呈现相似性,其云计算应用模式亦有共通之处。例如:券商可通过云端 CRM 评估客户价值,构建用户画像以指导运营;在理财销售环节,券商可依托云平台智能投顾识别客户风险偏好,协助构建投资组合并提供全天候 AI 咨询;在自营投资业务方面,云计算为复杂量化交易算法提供算力支撑,并结合自然语言处理、神经网络等技术优化模型。此外,证券业特有的行情系统、交易系统等核心环节亦可通过云计算优化。目前大部分券商已建立私有

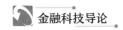

的云平台服务,如长城证券已建立的长城融创云平台,管理约2500台虚拟机器,在提高管理效率的同时,还为该企业节省50%以上的人工管理成本。

以行情系统为例,其传统架构分为四层:后台数据层主要负责从股票和期货交易所等获取行情数据,服务数据层则将这些数据转换成客户所需的展示格式,再由接入层的安全接口将行情数据传输到展现层,最终送达客户终端。在传统模式下,前三层部署于券商自营机房,硬件固定易导致业务高峰期的流量瓶颈。采用云计算后,券商可将服务数据层与接入层迁移至云端,利用云服务商专线网络分发行情数据,并根据并发需求弹性扩容,显著降低传输延迟。

3.云计算在保险业的应用

在保险行业,云计算技术已渗透至投保、核保、理赔等核心环节。传统投保流程中,投保人需前往实体网点或面见代理人,完成身份验证、合同填写、条款确认及协议签署等步骤,过程烦琐耗时。借助云计算,保险公司可实现线上投保,客户通过移动设备与销售代表实时沟通,云平台同步记录音视频数据并存储电子文档,既保证交易合规性又提升处理效率。

核保环节中,保险公司依托精算模型制定保单价格。随着模型复杂度提升,涉及变量增多,所需计算资源大幅增加,云计算为此提供了支撑。云平台不仅支持保单的动态定价,还提升保单变更、信息修改等操作效率,避免流程冗长导致客户流失。同时,保险公司可通过云平台对接公共数据,运用大数据分析识别保单风险,防范逆向选择与道德风险。AI机器人还能在云上完成投保人回访,确保信息对称并收集服务反馈。

理赔环节的传统流程为投保人报案后,等待保险公司派员现场查勘,收集保单、身份证件、事故证明等材料,人工审核易出现疏漏且耗时较长。应用云计算后,客户可直接通过智能终端上传查勘影像与电子凭证,保险公司通过云平台核验数据库实现快速认证验真。对于气象指数险、外卖延时险等新型险种,保险公司更可基于云平台数据共享与实时监测,主动触发理赔程序,无须客户提交材料,显著提升服务体验。

总结·拓展 2-4

第三章
移动支付与数字货币

第一节　移动支付概述

移动支付,作为21世纪金融创新的标志性产物,深刻改变了人们的支付习惯。它不再局限于物理现金或银行卡的传统支付模式,而是通过移动通信技术,将用户的手机转变为一个功能强大的金融工具。无论是在线购物、餐厅就餐、公共交通出行,还是水电煤缴费、个人转账,移动支付几乎覆盖了所有支付场景,并以其便捷性、安全性、广泛应用等特点,在促进经济活动效率、改善金融服务可达性等方面发挥了重要作用,是现代经济社会不可或缺的一部分。

本节将探讨移动支付的基本概念、优势、基本技术与安全要素。

一、移动支付基本概念

(一)移动支付定义

移动支付是指单位或个人通过移动设备、互联网或者近距离传感发送支付指令产生货币支付与资金转移的一种服务方式。该支付方式的精髓,在于其将通信网络的即时性与金融服务深度整合,创造出了一种全新的交易生态。一方面,通过高速的移动网络和广泛覆盖的互联网,用户可以在任何有网络的地方发起支付请求,跨越了地理位置的限制。另一方面,利用近场通信(near field communication,NFC)技术、二维码扫描、蓝牙等技术,移动支付能够在实体商店实现"即触即付"或"扫码支付",大大简化了支付流程。

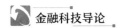

(二)移动支付流程

移动支付不仅是技术与金融的完美融合,更是数字经济时代背景下,商业模式、消费者行为与金融服务相互作用的产物,它正以前所未有的速度推动全球经济向着更加便捷、高效、安全的方向发展。图 3-1 为移动支付的基本流程。

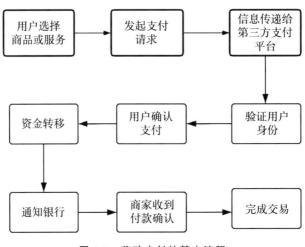

图 3-1　移动支付的基本流程

(1)用户选择商品或服务:用户在商家处选择要购买的商品或服务。

(2)发起支付请求:用户通过移动设备上的应用程序(如支付宝、微信支付等)向商家发起支付请求。

(3)信息传递给第三方支付平台:商家将交易详情发送给第三方支付平台。

(4)验证用户身份:第三方支付平台可能需要验证用户的身份,比如通过密码、指纹、面部识别等方式。

(5)用户确认支付:用户确认支付金额无误后进行支付操作。

(6)资金转移:从用户的银行账户或者与支付应用绑定的资金来源中扣除相应的金额。

(7)通知银行:支付平台通知用户银行执行扣款,并告知商家银行准备接收款项。

(8)商家收到付款确认:商家的银行账户收到款项,并由第三方支付平台发出支付成功的通知。

(9)完成交易:用户收到支付成功的信息,同时商家提供商品或服务。

在移动支付的框架下,支付指令发送是整个交易流程的核心环节,它不仅体现了技术与金融的深度融合,还确保了交易的高效与安全。具体来说,用户通过支付宝、微信支付、PayPal 等支付应用程序或短信服务(SMS),可以方便快捷地构造并发送支付指令。用户只需在技术厂商精心设计的用户界面上完成指令构造,即使不太熟悉移动支付技术也能轻松操作,大大降低了支付的技术门槛。

支付指令所包含的信息是交易准确执行的关键,包括交易金额、收款方的账户信息、交易类型(如购物、转账、充值等)、用户的身份验证信息(如密码、生物特征认证结果等)以及时间戳等。为了防止这些信息传输时被窃取或篡改,在发送前支付系统采取了加密处理,保障了交易的安全性。

一旦支付指令被发送至银行或第三方支付平台,后端系统将立即进行一系列复杂的验证和处理流程。这包括验证指令来源的合法性、检查用户账户余额是否充足、确认收款方账户的有效性,以及执行必要的反欺诈检测等。所有这些步骤几乎都在瞬息之间完成,确保了交易的即时性。

值得注意的是,随着技术的进步,支付指令的发送方式也在不断创新。例如,使用 NFC 技术,用户仅需将手机靠近支持该技术的销售终端机(POS 机)或其他设备,即可快速完成支付指令的交换,实现"一触即付"的便捷体验。此外,一些平台还支持通过二维码扫描来传递支付指令,这种方式在许多国家和地区已经非常普遍,尤其在小型零售商和街头摊贩中,极大地推动了移动支付的普及。

(三)移动支付功能

移动支付技术的快速发展,已远远超出了传统支付的范畴,它所提供的支付类型多样化的特性,深刻地影响着人们的日常生活和商业活动。从最基础的商品购买开始,无论是线上电商平台的购物车结算,还是线下实体店的快速扫码支付,都能轻松实现移动支付,让消费者享受到无缝衔接的购物体验。

1.账单支付功能

移动支付平台允许用户便捷地处理各种日常费用,如水电煤气费、电话费、网络费、信用卡还款,甚至是税务缴纳,用户只需动动手指,即可完成以往需要排队或邮寄支票才能完成的操作,极大地提高了生活效率。

2.转账汇款功能

转账汇款功能为资金流动带来前所未有的便捷。无论身处同城还是异地,用户都能够即时向家人、朋友或商业伙伴进行资金转移。移动支付平台支持多种货币和汇率转换,在简化传统银行转账流程的同时也降低了相关费用。特别是 P2P(个人对个人)资金转移功能,让用户间能迅速完成借款、还款、费用分担等操作,极大地提升了社交金融的活跃度。

3.充值缴费功能

充值缴费功能涵盖了交通卡充值、话费充值、会员订阅服务续费、电子券兑换等多个领域,满足了用户在休闲娱乐、交通出行等多方面的需求。这种即时充值的

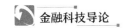

功能,让用户可以随时补充所需服务,避免了服务中断的不便。

此外,移动支付还不断拓展新的应用场景,比如慈善捐款、众筹项目支持、保险购买、教育基金投资等,这些非传统支付场景的加入,进一步展示了移动支付在社会各领域的渗透力和创新能力。

二、移动支付的优势

移动支付的普及与深化应用不仅重塑了支付行业的面貌,更对用户、商家乃至整个宏观经济体系产生了深远的正面影响,具体表现如下:

(一)便捷性和即时性

移动支付的便捷性和即时性,作为其核心优势之一,彻底改变了人们的支付习惯,将金融服务深度融入日常生活的各种场景。这一特点体现在多个层面:

1.全天候可用

移动支付打破了传统银行服务的时间限制,用户不再受限于银行营业时间或ATM 机的位置。无论是清晨的咖啡、午夜的网购,还是紧急情况下的资金周转,只要有移动网络信号或身处 Wi-Fi 热点覆盖区域,移动支付设备就可以瞬间变身成为掌上银行,轻松管理个人财务和进行交易支付,实现了 24 小时不间断的金融服务。

2.无缝融合线上线下支付场景

移动支付融合了多种支付场景与生活服务,如公共交通卡充值、水电煤缴费、在线购物、餐饮预订、票务购买等,真正实现了“一机在手,万事皆备”的便捷生活。此外,借助二维码支付、NFC 技术等手段,移动支付技术让线下实体店铺的支付体验更加顺畅。无论顾客身处大型购物中心、街边小吃摊,还是乘坐出租车、使用共享单车,都能通过手机迅速完成支付,省去了排队等待和找零的烦恼。

3.良好的用户体验

移动支付应用的设计也充分考虑到用户体验,界面简洁直观,操作流程高度优化,通常只需几次点击或简单的生物识别验证,如指纹或面部扫描,即可快速完成支付动作,极大地缩短了交易时间,减少了传统支付方式中可能存在的烦琐步骤和等待时间。对于忙碌的现代人来说,这种即时性不仅节省了时间,还提升了效率和生活质量。

4.全球化支付能力

随着越来越多的移动支付平台支持多币种交易和跨境支付,用户在出国旅行、留学、“海淘”时,可以轻松进行外币兑换和国际转账,无须担心货币携带和兑换的问题,真正实现了全球化的便捷支付体验。

5.应急响应能力

在自然灾害、公共卫生事件等特殊时期,移动支付的即时性和无接触特性显得尤为重要。用户可以不受物理限制地进行捐赠、采购必需品,政府和社会组织也能迅速发放救援金或补贴,有效缓解危机期间的经济活动受阻问题。

(二)人群全覆盖

移动支付实现了从消费者到小微经济体再到公共服务业的全方位、多层次的人群全覆盖,深刻地改变了人们的生活方式。

1.消费者

无论是线上购物、预订服务,还是线下餐饮、零售、娱乐,移动支付都能够实现无缝衔接,为用户提供一致且便捷的支付体验。这种融合极大地方便了消费者,提高了交易效率,也促使传统行业加速数字化转型。例如,在许多缺乏银行网点的农村或偏远地区,移动支付成为居民接入金融服务的主要渠道。通过简单的手机应用,用户就能完成存取款、转账、支付等操作,极大地缩小了城乡金融服务的差距。

2.小微经济体

对于街头小贩、个体工商户等小微经济体而言,移动支付降低了进入市场的门槛,无须昂贵的 POS 机,仅凭一部智能手机即可接受付款,这不仅扩大了他们的顾客群体,还提高了经营灵活性和收入潜力。

3.公共服务业

政府服务、公共交通、医疗健康等领域也纷纷接入移动支付,如在线缴纳水电煤气费、公交地铁扫码乘车、医院挂号缴费等,大大简化了公共事务办理流程,提升了公共服务的效率和民众满意度。

随着移动支付的普及,现金交易需求显著减少,这对于降低现金管理成本、打击非法经济活动、提升金融体系透明度等方面具有重要意义。除此之外,移动支付的广泛应用催生了一系列创新的商业模式,比如社交电商、直播带货、共享经济等,这些新兴业态依赖于即时、便捷的支付手段,极大地丰富了市场生态,带动了消费增长和产业升级。

图 3-2 为我国银行办理非现金支付业务的趋势图。从 2016 年到 2023 年,非现金支付业务的笔数呈现稳定的增长趋势。2016 年业务笔数为 1251 亿笔,而到了 2023 年,这个数字增长到了 5426 亿笔,增长了约 3.34 倍。与业务笔数的增长相呼应,非现金支付业务的总金额也在逐年增加。2016 年的总金额为 3687 万亿元,到了 2023 年,这个数字增长到了 5251 万亿元,增长了约 0.42 倍。我国银行非现金支付业务在过去几年中呈现明显的增长趋势,这反映了移动支付方式在我国的普及程度和接受度不断提高。

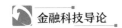
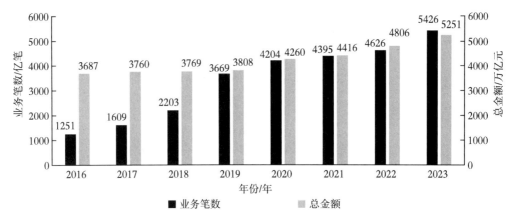

图 3-2 我国银行非现金支付业务办理趋势

数据来源：Wind 数据库。

(三)安全性

移动支付在安全性方面的提升,是其获得广泛信赖和普及的关键因素之一。这一领域的技术创新和策略部署,确保了用户在享受便捷支付的同时,也能享有高水平的资金安全保障。

1.动态令牌技术

移动支付平台采用动态令牌技术,每次交易时生成一次性有效的验证码或支付令牌,即使交易信息被截获,也无法用于下一次交易,有效防止重放攻击。

2.安全验证

系统会记录并验证用户的常用设备信息和交易地点,对于异常登录或来自未授权设备、不同寻常地理位置的交易请求,会触发额外的安全验证步骤,如短信验证码确认,从而阻止未经授权的访问。

3.实时监测

通过大数据分析和机器学习算法,移动支付平台能够实时监测交易行为,识别出可能的欺诈模式,如异常的大额交易、频繁的交易失败尝试等,及时阻止可疑交易,保护用户免受经济损失。

除了技术手段,移动支付平台还重视用户安全教育,通过推送安全提示、发布防骗指南、开展安全知识讲座等方式,提高用户自我防护能力,形成用户与平台共同维护安全的良好氛围。通过不断升级的安全技术和严格的管理制度,为用户打造一个既便捷又安全的支付环境,有效降低支付风险,增强用户对移动支付的信任感。

（四）优化财务管理

移动支付在财务管理优化方面的贡献，远不止于提供交易记录这么简单，它通过一系列智能化、个性化的功能，深刻地改变了个人和家庭的理财方式，具体体现在以下几个方面：

1.即时交易通知与详尽记录

每当发生一笔交易，移动支付应用会立即发送通知，同时详细记录每一笔收支，包括日期、金额、对方账户信息及交易类别，用户可以随时查看，以便对个人财务状况了如指掌。

2.分类统计与可视化报告

多数移动支付应用支持自动或手动分类支出，如餐饮、交通、娱乐等，月底或年终时自动生成消费报告，用图表形式直观展示各项支出占比，帮助用户清晰识别消费模式，合理规划未来开支。

3.预算设置与超支预警

用户可以根据自身经济状况在应用内设定月度或年度预算，如餐饮预算、购物预算等，当某项支出接近或超过预算时，系统会发出预警，有效帮助用户控制非必要开销，培养节俭意识。

4.储蓄与投资建议

一些移动支付平台会根据用户的财务状况和风险偏好，提供定制化的储蓄计划和投资建议，比如定期存款、货币基金、股票、债券等，帮助用户实现财富增值。

5.信用管理与借贷服务

通过分析用户的支付行为和信用记录，移动支付应用还能提供信用评分，部分平台甚至直接提供小额贷款、分期付款等金融服务，用户可以借此改善个人信用，解决短期资金需求。

6.家庭共享与账目共管

对于家庭用户，移动支付应用支持账户共享和家庭账本功能，家庭成员间可以方便地分担账单、跟踪共同支出，促进家庭财务透明和合理分配，增强家庭成员间的财务协同。

7.教育与引导

移动支付应用还经常推出财务管理教程、理财知识文章、财经新闻等，帮助用户不断提升财务规划能力，形成健康的金钱观和理财习惯。

移动支付不仅仅是支付工具，更是个人财务管理的强大助手，通过这些功能和服务，帮助用户实现财务目标，提升生活质量，向着更智慧、更自主的财务管理方向迈进。

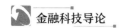

三、移动支付基本技术

作为支撑现代金融交易的基石,移动支付基本技术全面贯穿于用户发起交易直至交易得到最终确认的每一步骤,确保了支付过程的安全性、便捷性与高效性。

(一)无线通信技术

无线通信技术作为移动支付的基础设施,其发展水平直接影响着支付的效率、安全性和用户体验。从移动支付的角度来看,传输速度与稳定性是构建高效、可靠支付体验的两大支柱。高速的无线通信技术,如 5G 和最新的 Wi-Fi 标准,对移动支付领域产生了深远的影响。

1.即时支付体验

5G 网络的超低延迟特性,意味着交易请求和确认几乎可以实现瞬时完成,这对于需要即时反馈的场景,如公共交通、快餐店快速结账等尤为重要。用户无须长时间等待确认信息,大大提高了支付流程的流畅度和整体效率。

2.通过高清视频验证与 AR 支付

高速网络支持高清视频流的顺畅传输,从而使得远程身份验证和直播带货中的即时支付得以实现。此外,增强现实(AR)技术与 5G 的结合,能够打造出沉浸式的互动购物体验。用户只需扫描商品,即可快速获取信息并立即完成支付,这不仅提升了购物的趣味性,还进一步增强了便捷性。

3.有效应对高峰时段挑战

在大型活动、节假日等高流量时段,传统的网络容易出现拥堵,影响支付体验。5G 的大容量特性能够有效应对人群密集区域激增的网络需求,确保支付系统在任何时间、任何地点都能稳定运行,减少因网络问题造成的支付失败,维护用户信心。

4.数据处理能力提升

5G 等技术的普及,推动了云计算和边缘计算的广泛应用,这使得移动支付平台能够更迅速地处理海量交易数据,进行实时分析与决策。这不仅提升了风险控制和反欺诈的效率,进一步织密了支付安全网,还为用户带来了更加个性化的服务和专属优惠。

(二)安全协议

从移动支付的角度来看,安全协议的持续演进是保障用户财产安全和支付信任的核心要素。随着无线通信技术的日新月异,安全协议升级是保护移动支付免受日益复杂威胁的必要条件。

1.通过端到端加密加强

最新安全协议如 TLS 1.3 和量子安全加密算法的引入,不仅加强了数据在传输过程中的加密强度,还确保了支付信息从用户设备到银行服务器的全程加密,即使数据在"空中"传输,也不易被破解,有效预防中间人攻击。

2.双因素认证与生物识别整合

结合最新的无线通信技术,移动支付平台能够更加无缝地集成双因素认证机制,如短信验证码、生物识别(指纹、面部识别)与设备认证码,这种多层防护策略大大提升了账户访问的安全门槛,降低了被盗用的风险。

3.动态令牌技术的运用

随着安全协议的发展,动态令牌技术在移动支付中得到广泛应用,每次交易都会生成一次性密码或令牌,有效期限极短,即便密码被截获也无法重复使用,为每一笔交易添加了额外的安全锁。

4.网络切片与隔离技术发展

5G 网络特有的网络切片技术,能够为移动支付创建独立且高度安全的通信通道,与普通数据流量隔离,即使在网络拥挤或遭受攻击时,也能保证支付信息传输的稳定性和安全性,为金融级应用提供了专属的"高速公路"。

5.隐私保护强化

新一代安全协议注重加强对用户隐私的保护,如 WPA3(第 3 代 Wi-Fi 访问保护)提供的个性化数据加密功能,能防止未授权用户在共享 Wi-Fi 环境下访问个人支付信息,确保用户隐私不被泄露。

6.安全芯片与硬件级防护的不断升级

在硬件层面,通过集成安全芯片和信任根(root of trust)技术,为移动设备提供硬件级别的安全防护,即使设备操作系统遭到攻击,与支付相关的密钥和数据仍然安全无虞。

(三)NFC 技术

NFC 技术在移动支付领域的应用彻底革新了消费者的支付体验。作为一种短距离无线通信技术,NFC 是实现快速、无缝交易的关键所在。它利用 13.56 MHz 频段,在几厘米的距离内实现设备间的数据交换,这一特性使其成为移动支付安全解决方案的首选技术之一。

1.安全性增强

NFC 支付采用的是令牌化(tokenization)技术,这意味着用户的实际信用卡或借记卡信息不会在交易过程中直接暴露。当用户将手机贴近 POS 机时,NFC 芯片会发送一个一次性使用的虚拟账号(即支付令牌),而非真实的银行卡号,从而大大降低了信息被盗用的风险。此外,每笔交易还需通过动态加密和设备特定的密钥进行验证,进一步加固了交易安全。

2.交互简便

NFC的即时连接能力简化了支付流程,消费者无须打开特定应用程序或扫描二维码,甚至在手机屏幕锁定的状态下也能完成支付。这种"一触即付"的体验减少了支付等待时间,尤其是在高峰时段或对支付速度有高要求的场景下显得更为关键。

3.普及与兼容性

随着NFC技术的普及,越来越多的智能手机和POS终端开始支持这一功能,不仅高端设备广泛采用,中低端市场也逐渐被覆盖,从而大大扩展了移动支付的受众基础。此外,NFC技术的标准化确保了不同品牌和操作系统的设备间能够轻松实现互操作,有力提升了全球范围内移动支付生态系统的兼容性和一致性。

4.多功能性

除了基本的支付功能外,NFC技术在移动支付领域还拓展了更多的应用场景。例如:通过NFC可以读取电子票证,如地铁票、电影票或活动入场券,实现快速检票;或者用于会员卡和积分卡的信息存储与兑换,使钱包数字化,避免携带实体卡片的不便。此外,NFC还能促进非接触式身份验证,在提升安全性的同时,也为用户提供更加个性化的服务体验。

重塑支付体验,开启便捷支付新时代——Apple Pay

在2014年的美国,人们出门购物仍需携带鼓鼓囊囊的钱包,里面塞满各类银行卡和现金。彼时苹果公司凭借敏锐的科技洞察力,在秋季新品发布会上由CEO库克揭开了移动支付革命——基于NFC技术的Apple Pay正式面世。这款创新产品将手机转化为智能钱包,用户只需绑定银行卡信息,即可实现无须掏卡、无须现金的便捷支付。

当消费者在超市完成选购走向收银台时,传统的翻找钱包、核对现金流程被彻底颠覆。用户只需用iPhone或Apple Watch贴近POS机,轻轻一"靠",通过Face ID或Touch ID完成验证,交易即刻完成。这种安全高效的支付体验不仅节省时间,更消除了现金丢失和卡片盗刷的隐患,展现出科技对生活品质的显著提升。

作为移动支付领域的标杆,Apple Pay成功推动行业变革。截至2024年初,全美超过85%商户已接受Apple Pay等无接触支付方式,传统刷卡模式逐渐退出历史舞台。苹果公司通过Apple Pay的示范效应,带动谷歌、三星等企业加速创新,共同推动更完善的数字支付生态建设,为全球支付方式升级注入持续动力。

(四)二维码支付技术

二维码(quick response code,简称 QR 码)支付技术作为移动支付的重要组成部分,不仅革新了传统支付模式,还极大地推动了数字经济的发展。其工作原理基于一维条码的升级版——二维条码能存储更多信息,包括但不限于用户账户信息、交易金额、商户编号以及防伪校验码等,为安全高效的无现金交易提供了可能。

1.普及程度与便捷性

与 NFC 支付相比,二维码支付对硬件设备的要求更为宽松。任何配备摄像头和扫码功能的智能手机都能支持二维码支付,这一优势促使它在中国以及众多新兴市场国家迅速普及。

2.安全机制升级

尽管早期二维码支付存在被篡改或伪造的安全隐患,但现代支付平台已形成完整的安全防护体系,具体而言:通过动态二维码技术实现一码一用,每次交易生成唯一编码;辅以人脸、指纹等生物特征认证强化身份核验;同时部署实时风险监控系统,对异常交易实施预警和拦截。这些防护机制有效保障了支付安全,即便二维码信息外泄,仍能有效防范非授权交易。

3.跨平台兼容与国际化拓展

二维码支付技术具有出色的跨平台兼容性,无论是 iOS、Android 还是其他操作系统,都能顺畅支持,这为其在全球范围内的广泛应用奠定了基础。在国际上,随着中国游客的足迹遍布世界,支付宝、微信支付等国内领先的支付平台纷纷拓展海外市场。它们通过与当地金融机构合作,推广二维码支付解决方案,使得这种便捷的支付方式逐渐被世界各地的商家和消费者所接纳。

4.促进金融科技创新与融合

二维码支付不仅仅是支付手段的变革,它还促进了金融科技的创新与融合,比如:结合大数据分析,服务商能更精准地描绘用户消费画像,推出个性化推荐和服务;与区块链技术结合,探索实现交易透明度和可追溯性的新途径;融入物联网(IoT)生态系统,让智能家居、无人零售等场景下的支付更加自然流畅。这些融合创新不断拓宽移动支付的边界,推动着支付行业乃至整个社会经济向更加智能化、便捷化的方向演进。

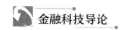

1994年,日本工程师腾弘原在丰田汽车下属的Denso Wave公司任职时,目睹工厂为提高效率而尝试为每个零部件编码的工作场景。当时生产线普遍采用的传统条码技术存在明显缺陷:信息容量有限且易受污损。这令腾弘原颇感困扰。他灵光一现,设想将条码升级为二维形态——通过平面矩阵存储更多信息,同时增强抗污损能力。这个划时代的构想最终催生出二维码技术,犹如打开了一个信息传输的魔法盒。

进入21世纪后,随着智能手机普及与移动互联网爆发式发展,二维码终于迎来历史性转折。中国移动支付平台敏锐捕捉到这项技术的潜力,支付宝和微信支付率先将其转化为便捷的支付工具。如今人们在街边小店购买饮料时,不再需要掏钱包或找银行卡——只需打开手机应用扫描收银台上的二维码,输入金额并确认支付,整个过程只需几秒钟即可完成交易。这种曾经难以想象的支付方式,如今已成为生活常态。作为连接物理世界与数字世界的桥梁,二维码不仅革新了支付方式,更拓展出信息获取、内容分享、活动参与等多元化应用场景,持续丰富着现代生活的可能性。

（五）HCE技术

主机卡模拟(host card emulation,HCE)技术在移动支付领域的应用,是支付方式向无卡化、数字化转型的重要标志。该技术通过软件模拟的方式,在智能手机或其他移动设备上实现了传统智能卡功能的复制。用户无须携带实体银行卡,仅凭手机即可完成各类交易。

1.支付生态系统的拓展

HCE技术的引入推动了移动支付生态系统的多元化发展。它并不仅限于模拟银行卡,还支持会员卡、交通卡、门禁卡等多种卡片的虚拟化,真正实现了"一机在手,通行无忧"。此外,HCE技术的开放性为第三方开发者提供了更多便利,使他们能够轻松地将支付功能集成到应用中,从而催生出更多创新的支付应用和服务,例如P2P转账、小额快速支付等,丰富了用户的支付体验。

2.全球支付标准化与兼容性

随着NFC技术的普及,HCE成为实现全球范围内非接触式支付标准化的关键技术之一。它支持ISO/IEC 14443标准,确保了不同设备和POS终端间的兼容性,无论用户身处何地,只要该地区支持NFC支付,就能无缝完成交易,极大地促进了跨境支付的便利性。同时,HCE技术简化了银行和支付服务提供商的部署流程,降低了进入市场的门槛,加快了新支付解决方案在全球范围内的推广速度。

3.推动金融普惠

HCE技术的灵活性和较低的硬件依赖性,对于推动金融普惠具有重要意义。在发展中国家和地区,HCE技术使得更多用户,特别是那些没有传统银行账户的人群,能够通过智能手机参与到数字经济中来,享受便捷的现代金融服务。仅需通过简单的应用程序,他们便能完成转账、购物、缴费等操作,从而跨越物理银行网点不足的障碍,促进经济的包容性增长。

四、移动支付安全要素

移动支付的支付安全至关重要。首先,由于移动支付涉及用户的银行账户和资金,一旦支付过程中出现安全漏洞,用户可能遭受经济损失。确保支付安全是维护用户财产安全的基础。其次,安全是用户选择支付方式的重要考量因素。如果移动支付频繁发生安全问题,会严重损害用户信任,影响支付产品的市场接受度和业务可持续性。再次,各国政府和监管机构对支付安全有着严格的规定,如 PCI-DSS(支付卡行业数据安全标准)等。确保支付安全是遵守相关法律和标准的必要条件,避免法律风险和处罚。最后,确保支付安全可防范金融犯罪。移动支付平台若安全防护不足,可能会被不法分子利用进行洗钱、诈骗等金融犯罪活动,危害金融秩序和社会稳定。

(一)数据加密

从确保移动支付安全的角度出发,数据加密是构建安全支付环境的基石之一。采用如高级加密标准(AES)这样的强加密算法,能够为交易数据提供坚不可摧的保护层。AES作为一种对称加密技术,因其高效性和安全性被广泛应用于移动支付中,确保了即便数据在传输过程中被截取,攻击者也无法在合理的时间内解密信息内容,大大降低了数据泄露的风险。

与此同时,安全套接层(secure sockets layer,SSL)和其继任者传输层安全协议(transport layer security,TLS)的使用,为移动支付的网络通信加设了一道安全屏障。这两种协议通过在客户端与服务器之间建立加密通道,对传输的数据进行封装和加密,有效防止了中间人攻击(man-in-the-middle attack)和其他网络监听行为。这意味着用户的登录凭证、交易详情、个人资料等敏感信息在传输过程中均以密文形式存在,确保了信息的私密性和完整性。

除了在数据传输过程中实施加密外,对静态数据的加密存储同样不容忽视。

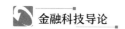

在移动支付应用内部,用户信息、交易记录等重要数据应被加密保存,采用如硬件加密模块(hardware security modules,HSMs)或软件加密库等方式,即使设备丢失或被盗,也能确保数据不被非法访问。这种双管齐下的加密策略,既覆盖了数据流动的每个环节,也保护了静止数据的安全,为移动支付构建了一个全方位、多层次的安全防护体系。

随着技术的演进,量子安全加密技术也开始受到关注,以应对未来可能出现的量子计算机对现有加密体系的潜在威胁。这表明数据加密技术在移动支付安全中的应用是一个持续进化的过程,需要不断地跟随技术发展和安全挑战进行调整和升级,以确保用户资金和个人信息安全无虞。

(二)身份验证与认证

在确保移动支付安全的框架下,身份验证与认证机制是防止未经授权访问和欺诈交易的关键防线。多因素认证(multi-factor authentication,MFA)策略通过结合两种或以上不同类型的身份验证方法,大幅提升了账户安全级别,确保交易过程的合法性与安全性。

1.密码验证

作为最基本的身份验证方式,密码仍然是第一道安全门槛。建议使用复杂的密码且定期更换,并启用密码强度检查,以降低被破解的风险。同时,在密码输入时启用掩码显示功能,并设置错误尝试次数限制,可有效提高密码系统的安全性。

2.生物识别技术

利用人体独有的生物特征进行身份验证,如指纹识别、面部识别、虹膜扫描等,提供了高效且难以复制的验证方式。这些技术几乎无法被他人模仿,大大增强了验证的准确性和安全性,且操作简便快捷。

3.设备识别码验证

每个移动设备都有独一无二的硬件标识符(如国际移动设备识别码),结合设备绑定和设备指纹技术,可以确认交易请求是否来自已知且授权的设备。这种验证方式能够有效阻止非法设备发起的交易请求。

4.短信验证码

通过发送一次性有效的验证码到用户注册的手机号,增加了交易授权的额外一层保护。即便密码泄露,没有这个动态生成的验证码,也无法完成交易,降低了账户被冒用的可能性。

5.应用内推送通知验证

除了短信验证码,一些支付平台还采用应用内推送通知的方式,要求用户在手机应用内确认交易,这种方式结合了设备控制和用户主动确认,进一步提升了安全等级。

6.地理位置验证

结合 GPS 或 IP 地址信息,判断交易请求是否来自用户常用地点或预期的地理区域,对异常地理位置的交易实施额外审查或二次验证,有助于防范远程欺诈。

7.行为生物识别

这是一种更高级别的认证方式,通过分析用户操作行为模式(如打字速度、滑屏习惯等)来验证用户身份,即便在没有明显生物特征的情况下也能提供高度个性化和安全的验证。

通过上述多种验证手段的组合使用,构建一个既便捷又安全的身份验证体系,能够有效阻挡非账户持有者的非法访问,确保每一次交易都能在确凿无疑的身份认证后安全进行,为移动支付用户提供了坚实的保障。

(三)令牌化

令牌化作为一种核心的安全技术,在确保移动支付安全领域扮演着至关重要的角色。该技术并不仅限于替换银行卡号,还广泛应用于处理其他敏感信息,比如个人身份识别号码、账户登录凭证及交易详情等,为用户数据构筑了一道坚固的防护墙。

1.加密存储与传输

在移动支付流程中,令牌化首先通过对原始敏感数据进行加密处理,将其转化为无意义的随机字符串——令牌。这一转换过程发生在高度安全的环境中,确保数据在存储和传输过程中均以令牌的形式存在,即便中途遭遇黑客攻击或数据泄露,由于令牌本身不具备解密回原始信息的能力,因此极大地降低了信息被盗用的风险。这项技术在诸如 Apple Pay、Google Pay 等服务中得到了广泛应用。

2.动态更新与时效性

为了进一步提升安全性,令牌往往设计为具有时效性或单次使用特性。这意味着即使某个令牌不幸落入不法分子之手,由于其有效时间限制或一次使用后即失效的特性,攻击者无法长期利用此令牌进行连续欺诈活动。同时,系统会根据需要动态生成新的令牌,进一步增强安全防护的动态性和灵活性。

3.分离敏感数据处理

通过令牌化技术,支付平台成功地将涉及敏感数据的操作与日常业务逻辑相分离。在大多数交易处理环节中,系统仅需使用令牌,而无须直接访问真实的账户信息。这一做法大幅减少了敏感信息在整个支付生态系统中的暴露概率,有效降低了数据泄露的风险,同时还简化了合规管理和审计流程。

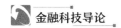

4.支付生态系统的集成

令牌化技术已被广泛集成到各类支付网关、第三方支付服务以及金融机构的核心系统中,成为移动支付、电子商务乃至物联网支付场景中不可或缺的安全组件。它不仅促进了跨平台支付的无缝对接,还允许不同服务提供商在不直接交换敏感数据的前提下协同工作,为用户带来既便捷又安全的支付体验。

5.用户友好性与透明度

尽管背后的技术复杂,但对终端用户而言,令牌化的过程通常是透明的,不会影响支付操作的直观感受。用户在享受快速、便捷的支付服务的同时,其个人和财务信息安全得到了有力保障,从而增强了用户对移动支付的信任和接纳度。

(四)智能化监测

风险监测与管理是移动支付安全框架中的关键组成部分,它依赖于先进的大数据分析、人工智能和机器学习技术,构建起一个智能化、高效率的安全防御体系。这一策略不仅强化了对已知威胁的响应能力,还显著提升了对新型欺诈手段的预测与防范水平。

1.大数据分析

大数据分析在移动支付安全领域扮演着极其关键的角色,它不仅限于简单地收集数据,而是深入到数据的海洋中挖掘隐藏的模式与关联,为风险预测和防范提供科学依据。

(1)通过细粒度行为分析

大数据分析能够处理极大规模的交易数据集,通过细粒度行为分析,系统能够捕捉到用户交易行为的微小变化。这包括但不限于购买时间偏好(如深夜大额交易的异常)、交易金额的突然变动(与用户平均消费水平的偏差)、交易频率的异常增加(短时间内多次小额试水交易)等。这些细节虽小,却往往是欺诈行为的前兆。

(2)通过关联规则学习

大数据分析能够发现不同交易特征之间的隐含联系,如特定时间段、特定地点与特定类型的欺诈行为之间的关联。这种分析能够帮助系统构建更加复杂的欺诈行为模型,预测未来潜在的欺诈模式,从而在欺诈发生之前就做好防范准备。

(3)结合实时数据流处理技术

大数据分析能够为正在进行的交易实时计算风险评分。这个评分是基于一系列复杂的算法得出的,考虑了用户行为、交易环境、设备信息等多种因素,能够在毫秒级时间内判断交易的风险等级,进而决定是否需要采取额外的验证措施或直接拦截交易。大数据分析还可以通过交叉验证用户在多个平台上的行为模式,如社交媒体活动、在线购物习惯、地理轨迹等,来进一步验证交易的真实性。这种跨平台的模式识别能够提供更全面的视角,有效甄别出那些企图通过模拟正常用户行为进行欺诈的企图。

大数据分析为移动支付安全提供了深度洞察力,通过不断优化的算法和模型,能够在复杂多变的支付环境中精准识别潜在风险,为构建一个更加安全、高效的支付生态系统奠定了坚实基础。

2.人工智能与机器学习

结合人工智能(AI)和机器学习(ML)技术的风险监测系统,其优势在于不仅能够被动响应已知的欺诈行为,还能主动进化以对抗不断演变的欺诈威胁。

(1)强化学习与反馈循环

AI系统,尤其是采用强化学习的模型,能够在与环境的互动中不断学习并优化其行为策略。在移动支付安全领域,这意味着系统可以根据过去欺诈检测的成功或失败案例,自动调整其策略和算法参数,形成一个闭环的反馈系统。这种机制促使欺诈检测模型在不断遇到新挑战的过程中,变得更加精确和高效。

(2)无监督学习与异常检测

除了传统的监督学习,无监督学习技术也被广泛应用于欺诈监测,尤其是异常检测方面。这类模型能够自主分析交易数据中的模式,识别出不符合常规行为的异常点,而无须预先定义欺诈的具体特征。这对于发现新型或变异的欺诈手段尤为重要,因为它们往往在历史上没有直接对应的案例可供学习。

(3)深度学习与特征提取

深度学习技术通过多层神经网络,能够自动提取交易数据中的复杂特征,这些特征对人类来说往往是难以察觉的。这不仅提升了模型对细微欺诈迹象的敏感度,还能在大规模数据集中发现更深层次的规律,为欺诈行为的预测和分类提供更丰富的信息基础。

(4)联邦学习与隐私保护

考虑到数据隐私的重要性,联邦学习技术开始应用于移动支付安全,它允许模型在不直接访问用户原始数据的情况下进行训练。这样一来,多个参与方(如银行、支付平台)可以在保护用户隐私的前提下,协作提升欺诈检测模型的性能,确保全球范围内的支付安全。

(5)人工智能集成学习与多模态分析

为了提升欺诈识别的准确性,集成学习方法被用来结合多种机器学习模型的预测结果,通过投票或权重分配的方式,最终得出更加可靠的决策。多模态分析技术则整合了文本、图像、音频等多种类型的数据,为风险评估提供了更全面的视角,特别是在处理复杂的欺诈模式时效果显著。

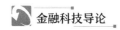
AI 和 ML 技术在风险监测系统中的应用,不仅极大增强了对欺诈行为的识别与预测能力,还通过持续学习和策略优化,建立了对新兴威胁的快速适应机制,为移动支付安全提供了强大保障。

总结·拓展 3-1

第二节　数字货币与区块链

在 21 世纪初,一种全新的货币形式——数字货币正在悄然兴起,并逐渐成为全球关注的焦点。数字货币不仅代表了支付方式的一种革新,更是对传统金融体系的一次颠覆性挑战。而支撑这一变革的核心技术之一,便是区块链。这项技术的应用潜力远不止于创建新的货币形态。从供应链管理到版权保护,从投票系统到智能合约,区块链正逐步渗透至各行各业,展现出改变社会运作方式的巨大潜能。

本节将介绍数字货币的内涵、发展历程和监管实践,并以比特币为例,探讨区块链技术在数字货币中的应用。

一、数字货币概述

(一)数字货币内涵

数字货币,通常简称为 DC(digital currency),是指基于数字形式存在的货币,是传统货币概念在数字时代的一种延伸和革新。数字货币的发展历程可以追溯到 20 世纪 90 年代,当时密码学爱好者和网络活动家开始探索如何利用互联网和加密技术创造一种去中心化、匿名且自由的电子货币,以挑战传统金融体系的垄断和监管。这一时期,虽然有过多种尝试,如电子黄金、比特黄金等,但多数因技术缺陷、法律问题或安全漏洞未能持续发展。

转折点出现在 2008 年,中本聪发布了比特币白皮书,次年比特币网络正式上线,标志着现代数字货币时代的开启。比特币引入了区块链技术,这是一个公开、去中心化的账本,所有交易记录都被加密并分布在网络的各个节点上,极大地提高了交易的透明度和安全性,同时也实现了货币发行和交易的去中心化。比特币的成功激发了全球对数字货币的兴趣,随后,以太坊等其他加密货币以及各种区块链项目相继出现,进一步推动了数字货币和区块链技术的发展。

1.数字货币形式

随着数字货币概念的成熟,其形式也逐渐多样化,主要包括以下几种形式:

(1)去中心化数字货币:指不受中央银行或单一管理机构控制的数字货币,如比特币、以太坊等,它们不受政府或金融机构控制,通过区块链技术进行发行和管理。

(2)稳定币:旨在与某种稳定资产(如美元、黄金)保持价值锚定的数字货币,如USDT(泰达币)、USDC(美元币)。

(3)中央银行数字货币(CBDC):由国家中央银行发行的数字货币,旨在替代部分现金或作为法定货币的补充,如中国的数字人民币、瑞典的 e-Krona 等。

全球规模最大的稳定币——泰达币(USDT)

泰达币(Tether,货币代号 USDT)是由泰达股份有限公司(Tether Limited)于2014 年推出的资产支持型加密稳定币,是香港 iFinex 公司旗下产品。iFinex 同时运营着知名加密货币交易所 Bitfinex。泰达币采用与美元 1∶1 价值锚定机制设计,旨在通过维持价格稳定性来降低加密货币市场波动性影响。泰达公司宣称,每发行 1 枚 USDT 均对应持有 1 美元等值资产储备,这一机制使其在去中心化金融(DeFi)领域逐渐成为法定货币的替代品。在应用场景方面,泰达币广泛服务于DeFi 生态中的借贷、加密货币兑换及保证金交易等场景。凭借市场领先地位,其用户规模截至 2024 年 10 月已突破 3.5 亿,市值达到约 1200 亿美元。

2.数字货币特点

数字货币的核心特征在于其使用数字化的方式存储价值,并通过电子系统实现交易。它可以是完全去中心化的,也可以是由政府或金融机构发行的。其主要特点包括:

(1)数字化存在:没有实体形态,以电子数据形式存储。

(2)去中心化或中心化发行:可由公众、私营公司或政府发行。

(3)交易便捷性:通过互联网快速完成交易,跨越地理限制。

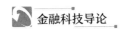

（4）安全性：采用加密技术保护交易安全，减少欺诈风险。

（5）透明度：部分数字货币的交易记录公开可查，增加了透明度。

（6）匿名性：虽然并非所有数字货币都提供完全匿名，但相比传统金融系统，一些加密货币提供了更强的隐私保护。

（二）数字货币发展历程

1.私人数字货币的兴起

私人数字货币的兴起不仅是技术革命，更对传统金融体系构成深刻挑战。比特币凭借去中心化理念和区块链技术，开创了无须银行中介的点对点价值交换模式，显著降低交易成本，提升效率，引发全球对金融民主化的广泛讨论。以太坊在2015年推出后，通过智能合约技术将区块链应用拓展至去中心化应用（DApps）领域，涵盖供应链管理、版权保护等多元场景，极大丰富了区块链生态并为数字货币发展注入新动能。此后涌现的加密货币在匿名性、交易速度等维度展开差异化探索：莱特币优化交易确认效率；门罗币强化隐私保护；狗狗币则借助社交媒体文化形成独特的社区生态，展现出加密货币在文化娱乐领域的渗透力。

然而行业发展始终伴随挑战。早期市场投机导致价格剧烈波动，交易所被"黑"、合约漏洞等安全问题频发，引发对加密货币可靠性的质疑。监管机构初期持谨慎态度，着力应对法律、金融稳定等系统性风险。这些挑战倒逼行业进化，技术安全持续强化。随着技术成熟与全球监管共识形成，私人数字货币正从边缘走向主流，成为现代金融体系不可忽视的力量。

2.法定数字货币的诞生与发展

法定数字货币的诞生与发展重塑了全球金融格局。面对私人数字货币的冲击，各国中央银行通过发行法定数字货币，既掌握技术主动权，又维护货币主权，遏制私人数字货币对传统货币体系的冲击，确保货币政策有效性与金融市场稳定。中国作为法定数字货币先行者，数字人民币（e-CNY）的推进不仅展现数字货币在生活中的应用潜力——实现线上线下支付无缝衔接并提升效率，更彰显国家对金融创新的支持。试点项目旨在优化货币流通体系，减少现金依赖，并通过实时数据支持宏观经济决策。

全球范围内，法定数字货币的研究与实验已成为中央银行的共同课题。例如，欧洲中央银行正在探讨"数字欧元"的可能性，关注点在于如何维护货币稳定、保护用户隐私及提升欧洲支付系统的竞争力。美国联邦储备系统也在评估数字美元的潜在影响，旨在平衡技术创新与金融安全。日本银行则关注数字日元如何提升支付系统的韧性，特别是在灾难应对中的作用。从私人到法定的跨越不仅是技术升级，更是对货币本质与监管体系的深度重构。法定数字货币使央行直接介入数字经济核心,通过资金流监控打击非法活动,精准调控货币供应以稳定经济。其跨境支付优势还能降低交易成本,助推全球经济一体化。

法定数字货币的普及标志着货币体系向数字化加速转型,既是各国重塑金融版图的战略选择,也是参与全球货币改革的重要路径。随着技术进步与国际协作深化,法定数字货币有望成为推动经济包容性增长的新引擎。

(三)数字货币监管实践

数字货币监管,作为金融科技领域的重要议题,正日益受到中国、美国、英国等全球主要经济体的密切关注。

1.中国数字货币监管实践

2022年起,中国持续强化数字货币监管,明确区分对CBDC的支持与对比特币等去中心化加密货币的严格限制。中国人民银行(我国央行)重点推进数字人民币(e-CNY)研发试点,旨在提升货币流通效率、增强政策精准度并维护金融稳定。

2024年,监管框架进一步深化,多部门联合加强打击虚拟货币非法活动,国家发展改革委、工业和信息化部、财政部、生态环境部、金融监管总局及中国证监会联合发布了《关于进一步强化金融支持绿色低碳发展的指导意见》,强调金融体系需进一步强化对绿色低碳发展的支持。该指导意见虽聚焦低碳发展,但折射出中国金融创新监管的核心逻辑:在保障金融安全的前提下推动技术应用。同年,监管机构重申禁止法币与虚拟货币兑换服务,明确金融机构不得提供相关交易支持,凸显防控金融风险的核心目标。

2024年,科技赋能监管成为重点,大数据、人工智能等技术被用于提升风险识别与处置效率。同时,央行鼓励合规探索区块链等技术的正向价值,体现"严控风险"与"引导创新"并行的策略。

总之,中国通过"双轨制"构建数字货币生态——严格遏制非法定数字货币,全力发展数字人民币。这一路径既维护金融主权与秩序,又为经济活力释放提供合规通道,其监管经验正深度影响全球数字货币治理模式演进。

2.美国数字货币监管实践

2024年,美国数字货币监管延续联邦与州两级分权格局。联邦层面,美国证券交易委员会(SEC)和美国商品期货交易委员会(CFTC)仍为核心监管主体:SEC依据证券法管辖首次代币发行(ICO)业务,CFTC则聚焦期货市场反操纵与透明度维护。此外,金融犯罪执法网络(FinCEN)通过强化客户身份核验与可疑交易报告,持续落实反洗钱合规要求。

在州层面,如纽约州BitLicense制度持续发挥示范效应。该框架由纽约州金融服务部(NYSDFS)于2015年7月推出,要求虚拟货币服务商提交商业计划、网

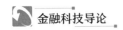

络安全方案等材料,履行资本储备与定期报告义务,虽提升行业透明度,但其严苛门槛仍对初创企业形成压力。而怀俄明州等州的举措则体现出对数字货币友好和支持的态度,通过减免税收等激励措施吸引相关企业和创新。

近年来,美国政府更加重视数字货币的国家战略,特别是在CBDC的研发与探索上。数字美元研发加速推进,跨部门协作深化以构建"创新—风险"平衡框架。稳定币监管升级、交易所合规要求细化等举措,均指向双重目标:巩固投资者保护与金融稳定,维持美国在全球数字金融领域的规则主导权。

3.英国数字货币监管实践

英国对数字货币的监管策略始终在创新激励与风险防控间寻求平衡。自2015年起,英国通过财政部、英格兰银行与金融行为监管局(FCA)组成的工作组,构建适应数字资产发展的监管框架,既保持政策灵活性,又前瞻性管控潜在风险。

监管沙盒制度是英国的关键创新举措。该机制为金融科技公司提供受控测试环境,允许企业在未完全满足常规监管要求时试验数字货币应用。对于交易所而言,沙盒机制为其验证业务模型并获取正式运营许可开辟了路径。针对ICO,英国采取风险提示与投资者教育先行策略,未实施刚性禁令,但将交易所准入门槛提升至传统证券机构标准,重点打击利用数字货币的金融犯罪。税务方面,英国税务及海关总署(HMRC)明确数字货币的资产属性,要求交易申报资本利得税并对挖矿活动征税,确保税制公平。

FCA持续完善监管规则,2019年发布的《加密资产指引:对监管范围的最终指南》(CP19/3及PS19/22)系统界定数字资产法律属性,2021年则禁止向零售客户销售加密资产衍生品,凸显对市场波动性和消费者保护的重视。总体而言,英国的数字货币监管框架旨在通过适度的监管促进金融科技行业的健康发展,同时防范金融风险,维持金融市场的稳定。

二、区块链技术在比特币上的应用

(一)比特币系统概述

比特币是基于点对点(P2P)网络的数字货币体系,允许用户直接交易而无须金融机构中介。其概念由化名"中本聪"的个体或团体在2008年发布的《比特币:一种点对点的电子现金系统》白皮书中提出,2009年正式上线运行。与美元、欧元等由中央银行控制的传统货币不同,比特币的发行和交易验证完全去中心化。

比特币的核心创新在于区块链技术。这个分布式账本由网络节点共同维护,所有交易记录具备安全性、透明性和不可篡改性。新交易被打包成区块后,矿工通过解决复杂数学问题(工作量证明)竞争添加新区块的权利,获胜者获得新比特币和交易手续费奖励。系统总发行量限定 2100 万枚,模仿黄金的稀缺性设计,随着时间推移发行速度逐步减缓,理论上具有抗通胀特性。

比特币的去中心化特性支持全球即时跨境转账,降低交易成本的同时通过匿名或假名账户保护用户隐私(交易记录公开但身份信息不强制关联)。这种特性也带来监管挑战,包括如何防范洗钱等非法活动。比特币不仅是新型货币形态,更构成了对传统金融体系的革新性挑战。

(二)比特币交易流程

比特币的交易流程涉及多个步骤,确保了交易的安全性、去中心化特性和不可篡改性。图 3-3 是详细的交易流程。

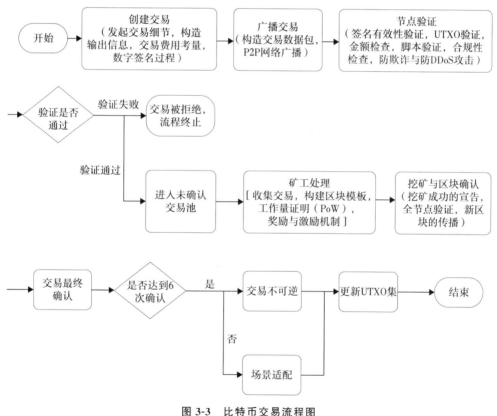

图 3-3　比特币交易流程图

1.创建交易

(1)发起交易细节

在用户决定通过比特币网络转移资产时,首先启动的是一个高度加密且精心设计的交易发起过程。用户(发送方)在个人的钱包应用程序内操作,指定转账的

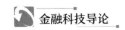

细节。这里的"输入"是一个关键概念,指的是发送方控制的、尚未被使用的比特币单位,常称为未花费的交易输出(UTXO)。每一个UTXO都有一个锁定脚本,规定了如何解锁这些资金,通常是要求提供一个与之前交易输出设定的公钥相对应的私钥签名。因此,选择合适的UTXO作为交易的输入,是构建交易的第一步。

(2)构造输出信息

随后,用户需要指定交易的"输出",即资金的接收方信息。这不仅包括接收方的比特币地址(一个由字母和数字组成的字符串,代表了对方钱包的公钥哈希值),还有确切的转账金额。值得注意的是,交易输出可能不仅仅只有一个——除了支付给接收方的金额外,还可能包括找零输出,即剩余未用完的资金返回给发送方的新UTXO,以确保资金的完全使用并避免不必要的小额遗失。

(3)交易费用考量

在设置交易参数时,用户还可以选择添加一笔交易费,这是支付给矿工的激励,以促使他们优先处理这笔交易。交易费的多少直接影响到交易被确认的速度,特别是在网络拥堵时,更高的交易费意味着更快的处理速度。用户可以根据当前网络状况和个人需求灵活设定这一费用。

(4)数字签名过程

确保交易的安全性,签名环节至关重要。发送方使用其私钥,对包括输入、输出以及任何其他元数据在内的整个交易信息进行签名。这一过程利用了非对称加密技术的核心原理,即私钥用于签名而公钥用于验证签名。这意味着,即使交易内容被广播至公开的比特币网络,也只有持有对应私钥的发送方能生成有效的签名,从而保证了交易的真实性,并确保发送方无法否认其发起的交易。

2.广播交易

(1)构造交易数据包

一旦交易被数字签名确认其有效性与安全性,它会被编组成一个标准化的数据包,这个数据包遵循比特币协议规定的格式。这个格式确保了所有遵守协议的比特币网络参与者都能够正确解析交易信息。数据包中包含了交易的输入、输出详情、交易费信息,以及最重要的,发送方的数字签名。此外,还包括了一个时间戳,用以记录交易被创建的时间,以及可能的其他元数据,如版本号,用于跟踪协议的更新和兼容性。

(2)广播至网络的机制

交易数据包准备好之后,发送方将其通过比特币的点对点(P2P)网络广播出去。比特币网络的独特之处在于其去中心化的设计,这意味着没有单一的中心服务器来处理交易信息,而是由网络中的众多节点共同维护和传播交易。这些节点扮演着信息中继站的角色,接收到交易数据后,会进行基本的验证,比如检查交易的格式是否正确、输入 UTXO 是否未被花费以及数字签名是否有效等,以确保交易的合法性。验证通过后,节点会将交易信息继续转发给予它们相连接的其他节点,这样信息就像波纹一样迅速扩散至整个比特币网络。

广播交易的主要作用不仅是让接收方确认即将收到的比特币,更重要的是促使全网节点达成共识。这一共识机制确保了交易的不可逆性和历史纪录的不可篡改性,构成了比特币去中心化信任模型的核心。它使得比特币网络能够在没有中央权威机构的情况下,实现安全、可靠的货币转移。

3.节点验证

当一笔比特币交易通过点对点网络广播至全节点时,这些节点承担起守门员的角色,执行一系列严格的验证步骤以确保交易的合法性和网络的整体健康度。此过程不仅关乎单笔交易的安全,也是维护比特币网络共识和防止欺诈交易的关键环节。

(1)签名有效性验证

首先,全节点会检查交易中的数字签名,这是通过使用公钥解密签名并比对交易详情来完成的。这一过程确保了交易是由真正的输入币所属者发起的,防止未经授权的支出尝试。

(2)未花费的交易输出验证(UTXO 验证)

节点会查询其维护的 UTXO 集(即未花费的交易输出集合),验证交易的输入确实指向了之前某交易的未被花费的输出。这一机制避免了"双花"问题,即同一笔比特币被用于多笔交易的情况。

(3)金额一致性与充足性检查

节点还会精确计算交易的输入总值与输出总值(包括交易费),确保输出总额没有超过输入总额。这一步骤保证了交易的经济平衡,防止用户创造出自比特币系统之外的价值。

(4)脚本验证

比特币交易中包含脚本程序,特别是锁定脚本和解锁脚本,它们定义了如何花费特定的 UTXO。节点会执行这些脚本以验证交易是否满足解锁条件,进一步确保资金只能被正确的接收方按照预定规则使用。

(5)合规性与标准性检查

全节点还会验证交易是否符合比特币网络的当前规则和标准,比如交易大小限制、最小交易费要求等,以防资源滥用,维护网络效率。

(6)防欺诈与防分布式拒绝服务(DDoS)攻击

在验证过程中,节点还会实施一系列策略来防御潜在的欺诈行为和 DDoS 攻

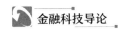

击,例如监测和拒绝来自已知恶意地址的交易,或是对异常高频交易进行限制。

全节点的验证过程是比特币网络确保交易安全、保护用户资产和维护网络稳定性的基石。每笔交易都必须经过这一系列复杂而严格的检验,才能被网络接受并最终被记录在区块链上。

4.矿工处理

(1)收集与选择未确认交易

矿工节点持续监听网络中的交易广播,收集这些未被包含进区块链的交易。由于每块空间有限(比特币每个区块大小上限约为 1 MB),矿工需根据一套策略来筛选哪些交易将被纳入下一个待挖掘的区块。通常,这些策略会考虑交易的手续费率(高手续费的交易更受青睐,因为这直接关系到矿工的收入)、交易数据的大小(较小的交易有利于更多交易被打包),有时也会考虑交易的等待时间,以优化用户体验并保持网络的流动性。

(2)构建区块模板

选定交易后,矿工开始构建新区块的模板,这包括填充交易信息、设置前一块的哈希值以确保链的连续性,以及初始化一个新的随机数(Nonce)。这个随机数是矿工在 PoW 算法中需要调整的关键参数,目的是找到一个特定难度下符合条件的哈希值。

(3)工作量证明挑战

接下来,矿工进入紧张的工作量证明阶段,这是一个反复试验的过程。矿工通过改变区块头部的 Nonce 值,不断重新计算区块头的哈希值,目标是找到一个哈希值,其前面有特定数量的零位(这决定了挖矿难度)。这个过程对计算能力有极高的要求,需要大量的算力投入。第一个找到满足条件哈希值的矿工赢得本次记账权,有权将新区块添加到区块链上。

(4)奖励与激励机制

作为成功挖出新区块的奖励,矿工会获得一定数量新发行的比特币(目前每块奖励 3.125 枚比特币)以及该区块内所有交易的手续费。这种激励机制鼓励矿工投入资源参与挖矿,维护网络的安全和交易处理能力。

矿工处理阶段不仅涉及交易的打包和区块的构造,更是比特币网络安全和去中心化特性得以维持的核心机制,通过 PoW 解决了拜占庭将军问题,实现了去信任的共识建立。

5.挖矿与区块确认

(1)挖矿成功的宣告

当某个矿工通过大量计算找到一个合适的 Nonce 值,使得新区块的哈希值满足当前网络的难度要求时,即视为挖矿成功。该矿工会立即向全网广播新区块,包括区块头、交易列表及达标哈希值。这一广播启动了新区块被网络认可和采纳的流程。

（2）区块的全面验证

收到新区块广播的全节点不会立即接受，而是进行一系列严格的验证步骤。这些验证主要包括以下几类。

区块头验证：检查新区块的哈希值低于预设的目标值，验证矿工完成了相应的工作量证明。

交易验证的重审：尽管矿工在打包交易时已进行了初步验证，但各节点仍会独立复核区块内的每笔交易，确保它们均符合比特币协议的所有规则，比如没有双重支付、交易输入有效、输出总额不超过输入总额等。

区块结构的完整性：检查新区块的结构是否符合协议规范，包括版本号、时间戳、前一区块哈希值等字段的正确性。

默克尔树校验：通过默克尔树根哈希验证区块中所有交易的完整性，确保交易数据未被篡改。

（3）新区块的传播与链选择

一旦新区块通过所有节点的验证，它会被网络中的节点相继接纳并添加到各自的区块链上。这一过程伴随着新区块信息的进一步传播，确保全网的区块链数据同步。在此期间，如果多个矿工几乎同时挖出新区块，可能会暂时形成分叉。网络遵循最长链原则，即节点总是选择累计工作量证明最多（链最长）的区块链作为主链，未被采纳的区块将会被废弃，其包含的交易则需被重新打包进后续区块。

6.交易确认

当一笔比特币交易被矿工打包并广播到网络后，即获得首次确认，这表示至少有一个矿工验证并记录了该交易。但更高的安全性通常需要多轮确认——在首个包含该交易的区块之后，每新增一个连接其后的区块，都相当于对交易的再次确认。

比特币网络通过多轮确认机制降低交易篡改风险。每个新区块需解决复杂数学难题，涉及巨大计算量。若要逆转交易，攻击者必须重新计算该区块及后续所有区块的工作量证明，这在当前算力下几乎不可行。因此所在交易区块的后续确认次数越多，其安全性越高。

实践中，交易在获得 6 个区块确认后即视为最终确认（约需 1 小时）。此时交易的不可逆性达到极高水平，几乎消除"双花"（即同一笔比特币被重复使用进行支付）风险，这种设计在安全性与时效性之间取得平衡。

用户需理解不同场景的确认要求差异：商家对高价值交易可能要求更多次数

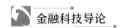
确认以确保绝对安全,而小额支付通常接受1~2次确认即可快速处理。这种灵活性使比特币既能支撑大额转账,也适应日常支付需求。

7.更新UTXO集

比特币系统通过未花费的交易输出(UTXO)集合体现用户余额,而非传统账户记录。每个UTXO代表用户持有的可交易比特币凭证,其集合变动直接反映用户财富变化。

当新区块加入区块链时,其包含的交易将更新UTXO状态:交易输入消耗的UTXO被移出集合,新产生的输出则加入集合。全节点作为数据维护者,在区块确认时验证交易有效性并完成UTXO集的实时同步更新。

轻节点(简化支付验证节点)虽不存储完整UTXO集,但可通过全节点获取相关UTXO的默克尔证明,结合区块链头部信息验证自身交易状态,从而确定可用余额。这种机制使轻节点无须维护全部数据也能确认资金状态。

UTXO集的实时更新使用户能准确掌握可用余额,支持财务决策。该机制还强化了比特币的去中心化特性——每个节点通过UTXO集独立验证交易有效性,无须依赖中心化机构的余额报告。

持续更新的UTXO集提升了交易处理效率,减少因余额错误导致的交易失败。通过严格控制UTXO生命周期,系统有效防止"双花"攻击,保障每枚比特币的唯一性和可追溯性,构成网络安全的核心基础。

总结·拓展 3-2

第三节　我国央行数字货币

法定数字货币的概念正从理论走向实践阶段。在探索过程中,各国中央银行考虑了多种设计方案和技术路径,包括账户基础模型与代币基础模型,以及是否采用可编程性等特性。同时,他们也在研究如何确保系统的稳定性和安全性,避免对金融体系造成冲击,并考虑如何平衡隐私保护与反洗钱、反恐怖融资等监管需求。

值得注意的是,中国在这方面处于领先地位。中国人民银行早在 2014 年就开始研究法定数字货币,并于 2020 年启动了数字人民币(e-CNY)的试点项目,以期提供一个更安全、更便捷的支付工具,促进金融包容性并支持宏观经济政策。

本节将介绍我国央行数字货币的试点应用和数字人民币国际化。

一、我国央行数字货币试点应用

自 2014 年起,中国人民银行成立了法定数字货币研究小组,着手对发行框架、关键技术、发行流通环境及相关国际经验进行了专项研究,开启了我国在法定数字货币领域的早期探索。随后,在 2016 年,央行成立了专门的数字货币研究所,进一步深化研究,并完成了法定数字货币的第一代原型系统的搭建工作。这一原型系统的开发标志着中国法定数字货币研究进入了更为实质性的阶段。到了 2017 年年底,在国务院的批准下,央行开始组织商业机构共同开展法定数字货币(即数字人民币,字母缩写按照国际惯例暂定为"e-CNY")的研发试验。

(一)前期准备阶段

在前期准备阶段,中国数字货币的研发工作并不仅限于理论与技术的突破,还深入到了制度与实践上的探索。具体来说:

1.理论研究与技术开发

中国人民银行的数字货币研究涵盖了分布式账本技术、加密算法、大数据分析等多个前沿领域,旨在构建一个既能保障交易效率,又能维护数据安全和隐私保护的数字货币系统。技术路线的选择尤为关键,既要确保系统的去中心化特性,又要兼顾可扩展性和监管需求,因此,研究团队深入对比了公有链、联盟链和私有链等不同区块链架构的优劣,最终确定了适合中国国情的技术路径。此外,基础架构设计包括了数字货币的发行、分配、流通及回收等全生命周期管理机制,确保了数字货币系统在复杂金融环境下的稳定运行能力。

2.法律与政策框架构建

中国政府不仅着眼于当前,更放眼长远,力求构建一个既鼓励创新又确保安全的法律环境。这包括修订或新制定有关数字货币的法律法规,如《中华人民共和国中国人民银行法》《中华人民共和国反洗钱法》等相关条款的调整,以明确数字货币的法定地位,并为数字货币发行、流通、兑换、跨境使用等环节提供了法律支撑。同时,政策制定者还深入讨论了数字货币对传统货币政策工具、货币供应量调控、金融稳定性等方面的潜在影响,以及如何在保护个人隐私的同时,防止数字货币成为洗钱、恐怖融资等非法活动的工具。

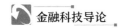

3.模拟测试与小范围实验

中国人民银行与工商银行、农业银行、中国银行、建设银行等主要商业银行,以及部分金融科技公司紧密合作,共同在内部系统中搭建了模拟环境,进行了多次封闭测试。这些测试不仅验证了数字货币系统的技术可行性,也对用户界面友好度、支付速度、系统承载能力等用户体验因素进行了细致评估。尤为重要的是,这一阶段还包含了与现有金融体系的系统对接测试,以确保数字货币能够顺畅融入现有的支付结算网络。此外,针对普通民众和商户的用户教育也是此阶段的重点工作之一,通过举办研讨会、在线培训、发布指导手册等多种形式,普及数字货币的基本概念、使用方法及其对日常生活的影响,为后续的公开试点打下了良好的社会认知基础。

(二)正式试点阶段

数字人民币的正式试点并不仅限于首批城市的简单尝试,而是逐渐发展成为一套综合性的测试与优化机制,深度融入了中国的经济和社会生活。2020 年 10 月 12 日,在深圳市罗湖区首先发放第一轮数字人民币红包,这是数字人民币首次面向大众市场的测试。在各地政府部门的积极倡导下,社会大众对数字人民币产生了浓厚的兴趣。如图 3-4 所示,从 2020 年下半年开始,大众对数字人民币的关注出现多处明显的热度峰值。

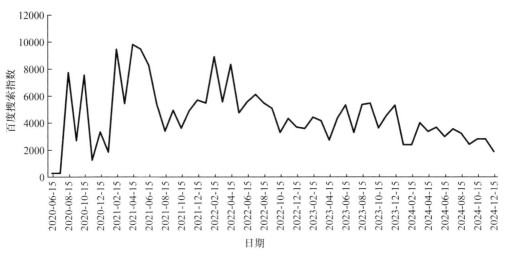

图 3-4 2020 年 6 月—2024 年 12 月我国数字人民币百度搜索指数趋势变化

数据来源:百度搜索指数。

红包雨的奇迹：数字人民币的初次亮相

2020年10月12日,深圳市政府联合中国人民银行通过摇号抽签,向市民发放了5万个200元数字人民币红包。中签者下载专用App后,可以在罗湖区的书店、超市、加油站等3389个线下场景扫码支付。作为国家法定数字货币,数字人民币无须依赖第三方平台,具备双离线支付功能——即使无网络信号,用户通过手机"碰一碰"即可完成交易,这一特性在网络不稳定区域展现出独特优势。三个月后,苏州跟进试点,在发放2000万元数字人民币红包时正式启用双离线与"碰一碰"支付功能:前者支持交易双方在断网状态下通过NFC技术完成支付,后者则实现设备接触秒级结算,极大提升了小额支付效率。

两次试点均采用区块链技术支持的双层运营体系,央行通过商业银行向公众兑换货币,所有交易链上可查,在保留法定货币价值属性的同时实现数字时代的便捷性。深圳试点核销率超90%的数据验证了数字人民币刺激消费的潜力,而离线支付突破传统电子货币的网络依赖,标志着支付方式的重要革新。随着试点扩展至更多城市,这种"国家信用＋技术便捷"的融合模式正逐步重构数字经济时代的金融基础设施。

1.首批试点城市的选定与扩展

自2019年数字人民币试点启动以来,其地理覆盖呈现从点到面的扩展路径。首批试点聚焦深圳、成都、苏州及雄安新区,依托这些城市领先的科技基础、经济活力和数字素养,构建起数字货币生活场景的基础模型。随着技术迭代成熟,试点范围逐步延伸至天津、重庆、广州、福州、厦门等城市,并辐射浙江杭州、宁波、温州等多地。不同区域的经济形态与文化特征催生出差异化测试场景:杭州侧重电商与金融科技融合,宁波、温州等港口城市探索跨境支付应用,充分验证数字货币的多元适配性。

2022年北京冬奥会成为数字人民币试点的重要里程碑,其在赛事期间覆盖门票销售、商业消费、交通出行等高频场景,经受住高并发交易压力测试。通过冬奥场景的应用实践,数字人民币既验证了其在国际大型活动中的稳定性,也显著提升了全球认知度。北京与张家口由此转型为常态化试点区域。

这一渐进式扩展策略,通过选择经济结构、人口分布、文化背景各异的城市,系统检验数字人民币在不同地域环境中的运行效能。从区域试点到全国布局的实践积累,为数字货币的全球化推广构筑了坚实基础。

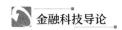

2.应用场景的多样化与深化

随着数字人民币试点的不断深入,其应用场景的多样化与深化展现出以下几个鲜明的特点和趋势:

(1)生活服务的全面覆盖

从最初的公共交通、零售消费、政府服务等传统支付领域,数字人民币的应用已经渗透到人们日常生活的方方面面。比如,居民现在可以利用数字人民币轻松完成水电煤气等公共事业缴费,学费缴纳简化了教育支付流程,医疗费用支付的数字化极大提升了就医体验,减少排队等待时间。这些都体现了数字人民币在提升公共服务效率方面的巨大潜力。

(2)民生领域的深度融合

在医疗健康领域,数字人民币不仅用于支付基本的医疗费用,还被应用于医疗保险报销、远程医疗服务等环节,增强了医疗服务的可及性和便捷性。教育领域中,数字人民币的应用不仅限于学费支付,还涉及教材购买、校园卡充值等,促进智慧校园建设。文化旅游方面,数字人民币的使用让游客能无缝体验从购票、住宿到餐饮娱乐的一站式支付,部分景区和文化活动更是推出数字人民币专属优惠,激发了文化和旅游消费活力。

(3)住房与租赁市场的革新

数字人民币的推出,让住房租赁市场也体验到了数字支付的便捷。租户能够迅速且安全地完成租金转账,减少了中介的参与,增强了交易的透明度。此外,在一些城市,数字人民币还被应用于购房首付款、按揭还款等场景,为房地产交易提供了新的支付手段,并提升了交易的安全性。

(4)跨境支付的初步探索

数字人民币的国际化进程也在加快,试点中开始探索跨境支付的可能性,通过与海外支付系统对接,为留学生学费缴纳、跨境电商购物、出境旅游消费等场景提供支付解决方案。虽然目前跨境应用仍处于初步阶段,但已显示出降低跨境支付成本、提高交易速度的明显优势,预示着数字人民币未来在全球支付体系中的潜在影响力。

(5)电子商务与新零售的融合创新

在电子商务领域,数字人民币与各大电商平台的深入合作,不仅限于线上购物和外卖订餐,还扩展到了直播带货、社区团购、数字内容付费等新兴消费模式,为用户提供了更加丰富多元的支付选项。同时,新零售业态如无人超市、智能售货机等也开始支持数字人民币支付,推动了线下消费场景的智能化升级。

(6)智慧城市与数字治理的推进

数字人民币的普及还在加速智慧城市建设,通过与智慧城市平台的集成,支持停车费、公共交通与公共设施使用费等的便捷支付,提升了城市管理效率和居民生活质量。政府也在积极探索数字人民币在财政补贴发放、税收缴纳等政务场景的应用,进一步促进数字治理体系的构建。

3.公众参与及反馈机制的完善

为了进一步增强公众参与度并完善反馈机制,相关部门采取了一系列创新举措,以确保数字人民币的持续优化与普及。

(1)开发数字人民币 App

除了线下商家的广泛接入,相关部门还充分利用数字平台的优势,通过开发专门的数字人民币 App,以及在支付宝、微信等常用支付平台上增设数字人民币入口,使用户能够方便快捷地体验数字货币支付,同时在这些平台上设立反馈专区,以便用户随时提出意见和建议。

(2)借助社交平台收集群众反馈

社交网络和专业论坛成为收集公众声音的重要阵地。政府部门和相关机构在微博、微信公众号、知乎、抖音等平台开设官方账号,定期发布数字人民币的最新进展、使用教程,并主动发起话题讨论,鼓励用户分享使用心得和改进建议。通过这些互动,不仅能够直接听到用户的"声音",还能迅速响应市场变化,调整策略。

(3)注重反馈内容多维度

在反馈内容上,相关部门特别重视用户的多维度反馈,不仅仅局限于支付的流畅度、便捷性,还包括数字钱包的用户界面友好性、功能完善性,以及用户最为关心的数据安全、隐私保护问题。不同群体的差异化需求,如老年人的使用习惯、青少年的网络安全教育等,构成了反馈机制关注的重点。

(4)针对性技术创新与服务优化

基于收集到的大量宝贵意见,数字人民币的研发团队持续进行改进:一方面,对数字人民币系统进行技术升级,采用更先进的加密技术,确保交易安全无虞;另一方面,优化用户体验,简化操作流程,提升用户界面友好度,确保不同年龄段、不同技术水平的用户都能轻松上手。此外,针对用户教育的反馈,相关部门还推出了系列宣教活动和材料,通过线上线下相结合的方式,普及数字货币知识,消除公众疑虑,提升大众的数字金融素养。

(5)开展数字人民币体验周活动

为了提高公众的参与热情和认知度,一系列创意活动被策划实施。比如:数字人民币体验周活动在多个城市轮番举行,现场设置互动体验区,通过游戏化的方式让用户直观感受数字货币的魅力;逢年过节时,多地政府与企业合作,通过电子红包的形式向市民发放数字人民币,既增添了节日气氛,也有效促进了数字人民币的实际应用和流通。

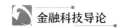

总体而言，依托持续完善的公众参与和反馈机制，数字人民币试点工程在公众深度参与及监督中，精准定位用户需求，动态优化系统功能，为最终实现安全、便捷、普及的数字货币生态系统打下了坚实基础。

二、数字人民币国际化

(一)数字人民币国际化的内涵

复旦大学数字金融研究中心主任周光友指出，数字人民币国际化是我国经济高质量发展与金融高水平开放的重要保障。这一系统工程的核心目标，是推动中国自主研发的主权数字货币在全球范围内提升认可度与使用范围，既要支撑国际贸易、资本流动等经济活动，更要逐步建立其作为国际储备货币的地位。这不仅关乎货币流通版图的扩张，更是中国在国际金融秩序中影响力和规则制定能力提升的体现。

1.技术层面

数字人民币需实现与全球金融基础设施的互联互通，重点突破跨境支付清算的技术兼容性。通过区块链、加密算法等技术支持，构建统一的数据交换标准和安全协议，保障交易透明可追溯且不可篡改。

2.规则与制度层面

中国需深度参与国际货币体系规则重塑，协同各国探索数字货币监管、反洗钱等领域的国际标准。通过在国际货币基金组织、世界银行等机构推动包容性政策，为数字人民币跨境流通创造合规的政策环境。

3.国际合作层面

通过签署双边货币互换协议、搭建多边合作框架，拓宽数字人民币的国际使用渠道。这种合作既能增强国际市场对中国经济的信心，也通过信任积累推动国际社会认可其价值存储、交易媒介等货币职能。

(二)数字人民币国际化的意义

1.参与国际规则制定

通过推动数字人民币走向世界舞台，中国不仅输出新型支付工具，更谋求在全球金融体系调整中的话语权，具体体现在：

(1)规则制定的主动权

中国在数字人民币国际化中主导国际数字货币标准制定、监管框架设计等关键领域。通过国际货币基金组织(IMF)、金融稳定理事会(FSB)等多边平台，将自身经验融入国际规则制定,提升新兴市场国家权益。

（2）技术标准的国际对接

在技术层面,中国积极与国际标准化组织合作,推动数字人民币系统的标准与国际接轨,确保其在全球范围内的互操作性和兼容性。这意味着中国在区块链、分布式账本技术、加密算法等前沿科技领域的成果将有机会成为国际数字货币体系的基础组成部分。

（3）金融安全与合规的国际共识

数字人民币国际化的推进,促使中国在反洗钱、打击恐怖融资、保护用户隐私等金融安全议题上与国际社会达成更深层次的共识。通过共享最佳实践、参与制定国际安全标准,中国能有效提升全球数字货币环境的安全性,增强国际社会对数字人民币的信任。

（4）经济外交与金融软实力

数字人民币国际化的背后,是中国通过经济外交增强金融软实力的战略。通过积极参与国际数字货币规则和标准的制定,我国不仅在技术、安全、合作机制等多个层面推动了数字人民币的国际化进程,还为自身在国际金融体系中赢得了更多的尊重和影响力,为全球货币体系的革新与稳定发展作出了重要贡献。

2.促进国际货币体系多元化

（1）增加国际支付和储备货币选项

随着数字人民币在全球范围内的接受度提高,它为各国政府、金融机构及企业提供了除美元、欧元等传统国际货币之外的又一可靠选择。这不仅丰富了国际货币篮子,还使得各国能在国际交易和储备管理中根据自身需求灵活选择货币,有效降低了因单一货币波动所带来的风险。

（2）增强国际金融体系的稳定性

单一货币主导的国际货币体系容易受到发行国经济政策、政治局势变化的影响,而多元货币体系则能提供额外的缓冲,降低系统性风险。数字人民币的国际化增强了全球金融体系的抗冲击能力,有助于稳定国际金融市场,尤其是在面对全球金融危机时,多元货币体系能够提供更多的政策协调空间和灵活性。

（3）推动国际货币合作与治理结构的改革

数字人民币国际化促使国际社会重新审视现有的货币合作机制和治理结构,为改革和创新提供了契机。例如,可能需要建立更广泛的数字货币监管合作框架,或是调整国际金融机构的投票权和代表性,以更好地反映新兴市场和发展中国家的利益与需求。

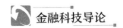

3.推动金融创新与竞争

（1）加快全球金融科技创新

数字人民币的国际化促使各国金融机构和科技公司加快对区块链、人工智能、大数据等前沿技术的研究与应用，以适应这一新型货币形态的需求。这并不仅限于支付领域，还包括身份验证、智能合约、自动化合规检查等多个方面，为全球金融市场带来前所未有的技术创新浪潮。

（2）促进新兴支付行业国际化发展

数字人民币的跨境应用有望打破传统支付行业的地域限制和壁垒，为新兴支付服务商和金融科技初创企业打开国际市场的大门。这些新进入者借助数字人民币平台，可以绕过一些传统支付网络的高昂接入费用和复杂流程，直接参与国际支付竞争，从而促进全球支付行业的多元化发展，形成一个更为开放、竞争更加充分的市场环境。

（3）优化全球用户金融服务体验

数字人民币的普及应用将促使现有的支付巨头不得不进行服务创新和效率提升，以维持市场竞争力。这包括提供更加个性化、便捷的支付解决方案，以及探索与数字人民币系统相融合的新业务模式，从而在保持自身市场份额的同时，也丰富了全球用户的金融服务体验。

4.支持"一带一路"等国际合作倡议

（1）促进区域经济一体化与普惠金融发展

数字人民币不仅为"一带一路"共建国家提供了安全、快捷的支付解决方案，还通过减少交易成本和时间延迟，极大地促进了跨境资金的高效配置。这种高效的资金融通能力，对于加深"一带一路"区域内的经济一体化进程起到了关键作用。同时，数字人民币在共建国家间的流通使用能够跨越传统金融系统的局限，为那些银行服务不足的地区和人群提供普惠金融服务，从而提升整个区域的金融包容性。

（2）推动多边本币互换机制构建

数字人民币的国际化应用还促进了"一带一路"共建国家货币合作的深化，为建立多边本币互换机制奠定了基础。通过与"一带一路"共建国家的央行签订双边本币互换协议，中国能够为这些国家提供人民币流动性支持，帮助它们应对短期外汇流动性压力，减少美元依赖，提升区域内经济体共同抵御金融风险的能力。

（3）数字人民币的推广推动人民币国际化

法定数字人民币的研发与推广将有力推动人民币国际化进程，它通过优化支付基础设施，使得人民币在全球范围内的流通更为顺畅。数字人民币在跨境应用中的实践展现了其在国际使用中的巨大潜力，有助于人民币成为国际上广受认可的货币。

　　当前全球数字货币领域尚未形成绝对主导力量，这为中国提供了弯道超车的机会。中国应通过增加数字人民币的应用场景、拓展国际合作、参与制定国际标准与规范以及持续技术创新，来扩大数字人民币的使用主体和范围，进一步推动人民币成为重要的国际货币。

总结·发展 3-3

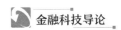
金融科技导论

第四章
数字信贷与大数据信用

第一节　数字信贷概述

随着区块链、人工智能、大数据、云计算等新型数字技术与金融应用场景紧密结合，数字金融应运而生，并不断发展衍生出数字信贷、数字货币、数字支付和数字证券等多种金融业态。其中，数字信贷作为数字金融的核心业务，将数字技术赋能信贷发放全过程。通过技术和模式创新，突破了传统信贷业务的局限性，为金融消费者提供了更加便捷、高效的金融服务。

本节将介绍数字信贷的发展现状、互联网信贷和互联网消费金融。

一、数字信贷发展现状

我国数字信贷呈现蓬勃发展的态势，近年来，随着科技的迅猛发展和互联网金融的兴起，数字信贷已成为个人和企业融资的重要途径。北京大学数字金融研究中心与蚂蚁科技集团采用层次分析法，联合编制了数字普惠金融指数，其中数字信贷指数作为数字普惠金融指数的二级指标之一，其指标体系如表4-1所示。

表 4-1　数字信贷指标体系

一级维度	二级维度	具体指标
数字信贷指数	个人信贷业务	每万个支付宝成年用户中有互联网消费贷的用户数
		人均贷款笔数
		人均贷款余额
	小微企业信贷业务	每万个支付宝成年用户中有互联网小微经营贷的用户数
		小微经营者户均贷款笔数
		小微经营者平均贷款金额

资料来源:《北京大学数字普惠金融指数(2011—2023)》。

　　根据北大数字信贷指数,我国各省(区、市)在 2011 年和 2023 年的信贷指数,如图4-1所示。2011 年,数字信贷指数最高的三个省(区、市)为广东省、浙江省和上海市,分别为 95.96、90.48 和 90.30,也是全国各省、自治区、直辖市中仅有的三个超过 90 的省份。与之相反的是青海省、新疆维吾尔自治区和甘肃省,2011 年的数字信贷指数分别为 1.16、12.05 和 15.59。这说明数字信贷的规模与所在地区的经济基础和金融环境高度相关。2023 年,上海市的数字信贷指数达到 340.2,反超浙江省,位列全国第一,浙江省和福建省的数字信贷指数分别为 331.58 和 328.75,排在上海市之后。2023 年,数字信贷指数最低的省份为新疆维吾尔自治区,仅为234.43,较之 2011 年的 12.05,增长了 18.45 倍。尽管新疆维吾尔自治区在数字信贷方面取得了进步,但与其他省份相比,其发展速度和规模仍有提升空间。从2011 年至 2023 年的 12 年间,各省的数字信贷指数增长迅速,尤其是青海省,其数字

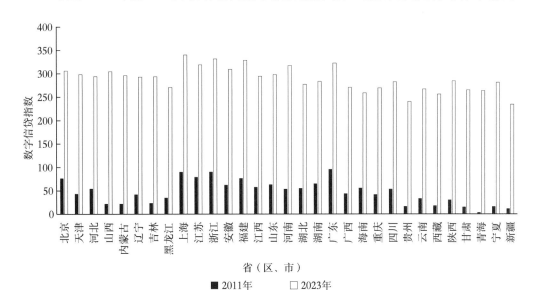

图 4-1　中国各省数字信贷指数

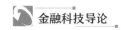

信贷指数呈现爆炸性的增长,年均增幅高达57.18%,体现了其在追赶经济发达地区过程中的强劲动力。总体来看,中国各省(区、市)在数字信贷领域的发展呈现积极的增长态势,尤其是一些经济相对落后的地区实现了显著的跨越式发展。然而,地区间的发展差距依然存在,未来需要进一步的政策支持和资源投入,以促进数字信贷的均衡发展。

二、互联网信贷

互联网信贷是伴随着数字金融的蓬勃发展而迅速崛起的。最初可以追溯至2004年,阿里巴巴集团推出的支付宝标志着我国数字金融的起点。在2010年至2013年间,阿里巴巴、京东、苏宁等电商巨头通过其旗下的支付宝、易付宝等电商支付平台,向电商商户提供了相较于商业银行更为迅速、额度更高且无须担保和抵押的线上小额纯信用贷款服务,这构成了我国互联网信贷的早期形态。随着时间的推移,这些电商支付平台的服务范围逐渐从电商企业扩展到个人用户,其业务也从支付和贷款拓展至财富管理、理财、保险等多个领域。

在这一趋势的推动下,自2013年起,传统持牌金融服务公司如中和农信、金坤等,以及新兴的金融科技公司如腾讯金融、度小满等,纷纷建立了集融资、托管、投资等业务于一体的数字金融服务平台,并开始向符合条件的企业和个人提供互联网信贷服务。此外,为了响应中国人民银行的政策导向,自2015年起,我国各大商业银行也依托自身的数字金融服务平台,推出了线上信贷业务。

(一)商业银行互联网贷款

1.商业银行互联网贷款的定义

2020年,银保监会发布《商业银行互联网贷款管理暂行办法》,确定了商业银行互联网贷款的定义:"指商业银行运用互联网和移动通信等信息通信技术,基于风险数据和风险模型进行交叉验证和风险管理,线上自动受理贷款申请及开展风险评估,并完成授信审批、合同签订、贷款支付、贷后管理等核心业务环节操作,为符合条件的借款人提供的用于借款人消费、日常生产经营周转等的个人贷款和流动资金贷款。"

2.商业银行互联网贷款的特点

(1)普惠性

商业银行的互联网贷款业务凭借其无须传统抵质押保证等担保手续和附加条件的特性,有效降低了服务门槛。该业务展现出普惠性质,不仅覆盖了大量以往被传统信贷服务所忽视的客户群体,而且随着互联网技术的广泛普及,其服务范围已扩展至各个年龄层,构建起一个庞大的潜在客户群。更重要的是,互联网贷款打破了传统线下贷款在地域和时间上的限制,使得金融服务能够跨越地理限制,实现更广泛的覆盖,尤其惠及小微企业、个体工商户、农户以及偏远地区居民等传统金融渠道难以充分服务的对象。

(2)数据化、信息化、高效化

商业银行的互联网贷款业务充分利用互联网、大数据等现代科技,实现了从客户信息收集、产品研发、营销、信贷审批到借贷交易的全面线上化操作。这一过程不仅依托于互联网强大的数据收集能力,还建立在信息化手段之上的数据分析和风险识别体系,有效降低了借贷交易的服务成本,同时大大地简化了传统金融中复杂的流程手续,为客户提供了高质量、高效率的服务体验。

(3)营销精准化

商业银行在互联网贷款业务中展现了高度的灵活性与定制化能力。针对不同需求和信用状况的客户,银行可以灵活设计贷款产品的金额、期限、利率及偿还本息方式,提供量身定制的方案。同时,根据多样化的互联网消费场景,银行利用网络平台定向宣传,如在购物平台推广消费贷款,实现精准获客,提升营销效率。进一步地,通过对海量客户数据的深度挖掘与分析,把握客户的金融需求、消费习惯及偏好,实现客户的精准定位与分层管理。基于客户画像与需求分析,商业银行能够精准推送符合客户需求的金融产品和服务,从而有效提升营销效果与客户满意度。

3.商业银行互联网贷款模式

商业银行互联网贷款模式主要分为自营模式、助贷模式和联合贷款模式三种。

(1)自营模式

银行利用自有网络平台,将传统的线下零售业务转移到线上运行。在此模式下,银行完全掌控贷款业务的各个环节,包括客户获取、风险评估、贷款审批、合同签订、贷款支付和贷后管理等。自营模式有助于银行建立和维护自身的品牌形象,同时能够更直接地了解客户需求和风险状况,从而做出更准确的决策,但其服务的主要是银行的自有客户。

(2)助贷模式

银行与助贷机构合作开展线上贷款,助贷机构依托其客户资源和渠道,为银行筛选客户、提供风控技术,其本身不发放贷款,不承担信贷风险。助贷机构可分为银行、部分金融科技公司等持牌助贷机构和一些具有网络小贷、融资担保等牌照的金融科技公司、数据公司等非持牌助贷机构。助贷机构通常拥有庞大的客户基础,能够帮助银行快速扩大业务规模并降低运营成本。同时,助贷机构还会提供风险评估和贷后管理等服务,以支持银行的贷款业务。此外,助贷机构还可以为银行提供更灵活的业务模式和更广泛的服务范围。

（3）联合贷款模式

这是银行与具有放贷资质的合作机构联合发放线上贷款的模式,两者共同筛选客户,联合贷款,共担风险,共享收益。与助贷模式不同的是,联合贷款模式下的合作机构都是具有放贷资质的,主要包括商业银行、信用社、信托公司、小额贷款机构等。在此模式下,银行和合作机构共同承担贷款风险,并按照约定的比例分享收益。联合贷款模式有助于银行拓展业务范围,改善单一业务的问题。同时,与具有放贷资质的合作机构合作有助于商业银行优化业务流程,更好地实现转型升级。联合贷款模式如图 4-2 所示。

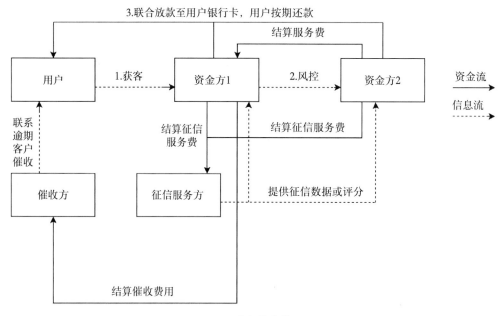

图 4-2　联合贷款模式

（二）网络小额贷款

1.网络小额贷款的定义

根据 2020 年 11 月 2 日中国银保监会与中国人民银行联合发布的《网络小额贷款业务管理暂行办法(征求意见稿)》的定义,网络小额贷款业务"是指小额贷款公司利用大数据、云计算、移动互联网等技术手段,运用互联网平台积累的客户经营、网络消费、网络交易等内生数据信息以及通过合法渠道获取的其他数据信息,分析评定借款客户信用风险,确定贷款方式和额度,并在线上完成贷款申请、风险审核、贷款审批、贷款发放和贷款回收等流程的小额贷款业务"。该模式突破了传统小额贷款的地域限制,使小贷服务能够触达更广泛的人群和地区,业务规模也因此得到扩大。

2.网络小额贷款的特点

网络小额贷款具有以下主要特点：

(1)手续简便、放贷快捷

网络小额贷款公司的贷款申请流程通常比较简单,借款人无须提供大量纸质材料,只需在线填写相关信息并上传必要的电子资料,即可在短时间内获得审批结果。一旦审批通过,贷款资金能迅速到账,满足紧急资金需求。

(2)服务对象广泛

网络小额贷款的服务对象范围广泛,涵盖了中小企业、个体工商户、农户以及个人消费者等被传统金融机构排除在外的客户群体。

(3)还款方式灵活

网络小额贷款提供多种还款方式供借款人选择,如按月等额本息、按季结息到期还本、到期一次还本付息等。借款人可以根据自身的现金流状况选择最合适的还款方式,从而减轻还款压力。

(4)贷款质量高、社会风险小

由于网络小额贷款公司贷出的资金几乎全部是股东的自有资金,因此对贷款项目的审查更为谨慎。同时,小额贷款公司主要在当地放款,对借款人及其贷款用途有更充分的了解,有助于控制风险。此外,由于贷款金额相对较小且分散,即使出现部分借款人违约的情况,也不会对平台或整个金融体系造成重大影响。

3.网络小额贷款的运营模式

网络小额贷款的运营模式可以从贷款流程、征信方式、担保方式等多个角度进行划分。

(1)按贷款流程划分

纯平台模式:这类平台通常由强大的金融集团提供背景支持,拥有雄厚的资金实力和风险控制能力,采用线下审核借款人的方式,确保借款人信息的真实性和还款能力的可靠性。同时,还与集团旗下的担保公司合作,为业务提供全额担保,进一步降低风险。此外,还可能引入境外专业团队进行风控,提升整体风险管理水平。该模式线下审核严格并实行全额担保,风控控制达到行业领先水平,但仍存在政策风险且程序烦琐。

债权转让模式:中介机构的专业放款人首先以个人名义将资金出借给借款人,形成债权。然后,中介机构将这些债权拆分成多份,以理财产品的形式销售给投资者,实现债权的转让。该模式能够灵活调配资金,满足投资者的理财需求,但存在非法集资风险,如果放贷金额实际小于转让债权,可能触犯相关法律法规。同时,该模式对平台的资金实力和风险控制能力要求较高。

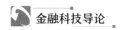

（2）按征信方式划分

纯线上模式：P2P网贷平台不直接参与借款，而是负责信息匹配、提供工具支持和服务。借款人通过线上提交申请，平台对借款人进行信用评估后，将借款需求与出借人的资金进行匹配。该模式的操作便捷，成本低廉，但信用风险较高，需要平台具备强大的信用评估和风险控制能力。

线上＋线下模式：该模式结合线上和线下的优势，线上主攻理财端，吸引出借人；线下强化风险控制，开发贷款端客户。平台或联合合作机构对借款人的资信、还款能力等进行审核。该模式平衡了线上线下的优势，提高贷款审批的效率和准确性。

（3）按担保方式划分

无担保模式：借款人无须提供任何担保物或担保人，仅凭个人信用即可获得贷款。平台会对借款人的信用记录、收入状况等进行严格审核。该模式的门槛较低、流程简单，但对借款人的信用评估要求较高，一旦借款人违约，平台可能面临较大的损失。

有担保模式：借款人需要有符合平台要求的担保人或担保机构为其担保。在担保机构担保的情况下，平台仅作为中介提供金融信息服务，不直接参与借贷活动，由合作的小贷公司和担保机构提供双重担保。该模式可以有效保证投资人的资金安全，一旦发生坏账，担保机构会及时垫付本金和利息，但关联方过多可能导致平台失去定价权，同时增加了管理和协调的难度。

阿里小额贷款——为小微卖家插上翅膀

阿里小额贷款的起源，可以追溯到阿里巴巴集团对中小企业融资难问题的深刻洞察。作为电商巨头，阿里巴巴深知平台上众多小微企业和个人卖家的资金需求。于是，在2010年，阿里小贷应运而生，成为中国首个专门面向网商放贷的小额贷款公司。阿里小贷的用途，简单而直接——为小微卖家提供资金支持。无论是淘宝订单贷款，还是阿里巴巴信用贷款，都无须抵押物，无须担保人，只需凭借卖家在阿里巴巴平台上的信用记录和经营数据，就能快速获得贷款。

这些贷款，就像一双翅膀，让小微卖家们能够飞得更高、更远。他们可以用这些资金来进货、扩大经营规模、提升店铺形象，甚至是在激烈的市场竞争中抢占先机。可以说，阿里小贷不仅解决了小微卖家的资金难题，更激发了他们的创业热情和创造力。阿里小贷的成功，不仅仅在于它解决了小微卖家的资金问题，更在于它开创了金融与电商完美融合的新模式。这种模式，既承接了传统金融行业的融资经验,又充分结合了互联网的优势;既将电子商务的应用进行了创新,又积极探索了网络金融的实践路径。在数字化时代,依靠大数据、云计算等先进技术,金融不再是高高在上的"阳春白雪",而是可以深入千家万户、惠及普罗大众的"下里巴人"。

三、互联网消费金融

(一)互联网消费金融概述

1.互联网消费金融定义

互联网消费金融是指借助互联网进行线上申请、审核、放款及还款等业务流程的消费金融模式。它是互联网与金融贷款服务的结合,具有无抵押、无担保、授信额度小、较分散、审批速度快和期限短等特点。

2.互联网消费金融与传统消费金融的比较

(1)竞争地位差异

随着消费市场的不断升级和政策支持的逐步到位,传统消费金融与互联网消费金融的竞争日益激烈。尽管互联网消费金融发展迅速,但尚未改变商业银行在消费金融领域的主导地位。目前,传统商业银行仍占据着 90% 以上的市场份额。互联网消费金融需要在小额交易、垂直细分市场等领域发挥成本优势和规模效应,以实现差异化竞争。

(2)运营模式差异

传统消费金融更加注重线下服务的拓展和提升,通过实体网点、ATM 机、POS 机等渠道,为用户提供面对面的金融服务,同时通过建设线上平台、开发移动应用等方式,提升服务的便捷性和智能化水平;互联网消费金融服务机构以线上服务为主,通过优化用户体验和快速业务推广,迅速吸引了大量用户。

(3)风险防范与合规水平差异

作为一个新兴业态,互联网消费金融的监管体系尚不完善,风险隐患相对较大。因此,互联网消费金融服务机构需要更加注重合规经营和风险防范,以避免因监管缺失而引发系统性风险。同时,由于互联网消费金融进入门槛较低,容易造成市场产品定价混乱、操作不规范等乱象。而传统消费金融受到较为严格的监管制度和法律法规的约束,在风险管控方面有一定保障。

(4)服务优势差异

以商业银行为主的传统消费金融服务机构通常具有雄厚的资金实力和完善的风险管理能力,依靠其线下网点布局,服务不受用户年龄、数字素养、地区网络覆盖

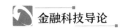

等限制。而互联网消费金融充分利用了互联网的高效性和便利性,大大节省了消费者的时间和精力,借助技术和平台的优势,推出更多创新的金融产品和服务,满足多样化的消费需求。

(二)互联网消费金融产业链

1.互联网消费金融资金端

互联网消费金融常见的资金来源包括自有资金、资产证券化、第三方机构、公众存款等。不同的消费金融服务主体,其资金来源和资本成本存在显著差异。资金端的融资能力是各互联网消费金融服务机构降低资金成本,以获取更大利差,进而拓展业务版图的决定性因素之一。

(1)对于商业银行而言,其资金主要来源于储户存款、股东出资以及信贷资产证券化的投资机构等。凭借相对较低的资金成本优势,这些资金通过储蓄吸收、资本注入和证券化投资等方式流入银行,成为发放贷款的主要资金来源。

(2)持牌消费金融机构,作为国家金融监督管理总局审批通过的非银行金融机构,可以通过股东出资,获取成本较低的同业拆借、金融机构借款,发行消费金融资产证券化产品与金融债券这五种途径获得资金,资金来源丰富,成本相对较低。

(3)对于互联网消费金融机构,其无法吸收公众储蓄,资金端主要包括自有资金、股东与投资方融资、资产证券化等形式,资金来源具有一定的局限性,资金成本相对较高。

2.互联网消费金融场景端

场景是消费金融的基础,随着互联网的快速发展,目前消费场景也逐步呈现以下几大发展趋势。

(1)从单点消费场景向多点消费场景进化

我国互联网消费金融的场景端此前以购物场景为主,目前正逐步向购物、教育、校园、装修、医疗、租房、旅游等垂直细分场景全覆盖,初步形成"消费场景生态体系"。

(2)从单维场景向多维场景发展

在"互联网+"时代之前,我国互联网消费金融主要以"线下"消费场景单一维度方式发展;进入"互联网+"时代后,我国互联网消费金融开始以"线上+线下"消费场景相结合的多维度模式发展。

(3)从自有场景向合作场景拓展

过去,互联网消费金融机构主要为自有开发场景,但这种模式成本较高、效率较低。近年来,众多缺乏场景的消费金融机构开始与其他具有消费场景的公司合作,打通消费场景,实现场景与金融的深度结合。例如,京东白条不仅可以在京东商城使用，还拓展到了旅游、教育、住房、购车、医美和婚庆等多个场景，通过与这些场景下的商家合作，为用户提供一次性信用贷款，实现消费场景的打通。

3.互联网消费金融平台端

各类消费金融服务商会推出多样化的消费金融产品。

（1）银行。银行主要通过信用卡和个人消费贷款两大产品提供消费金融服务。其中，信用卡具备分期和预借现金功能，满足持卡人日常消费需求，是传统商业银行互联网消费金融的主打产品。个人消费贷款通常金额大、期限长、还款方式多样，但对个人信用要求较高。消费者需提交个人资料申请，银行审核后发放贷款，用于购买相应产品或服务。

（2）持牌消费金融公司。持牌消费金融公司主要通过两种方式为消费者提供消费贷款。一种是将消费金融的申请、使用环节嵌入到消费环境中，贷款资金直接支付给提供商品或服务的公司；另一种是由消费者直接申请，审核通过后，贷款资金发放到消费者提供的银行账户里。

（3）互联网消费金融公司。其提供的互联网消费金融产品主要分为两类：一种是依托自有消费场景，以京东白条、蚂蚁花呗为代表的电商消费金融，另一种是主要针对大学生或年轻群体的互联网分期购物平台，如分期乐、人人分期等。

4.互联网消费金融风控端

互联网消费金融的健康发展离不开监管机构、征信机构、大数据风控等主体的支持与监管。但目前，其监管体系尚待完善，导致服务机构的风险控制成本较高。互联网消费金融具有综合性、交叉性和专业性强等特点，需要各类机构共同参与，包括国家金融监督管理总局、中国人民银行以及中国互联网金融协会等自律组织。

风险控制是互联网消费金融机构的核心竞争力。这种能力的提升关键在于基于海量征信数据，通过科学完善的定价模型来识别和评估风险。因此，大数据积累是风险控制和定价能力的基础。然而，我国社会征信市场尤其是个人征信市场的发展相对滞后。目前，征信体系主要由政府驱动，中国人民银行征信中心负责个人信息基础数据库的建设和管理。数据来源主要局限于国有商业银行、股份制商业银行、地方商业银行与农村信用社等金融机构，尚未涵盖大量非金融机构，导致数据来源较为局限。

互联网消费金融的产业链主要包括四部分，如图 4-3 所示。

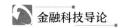

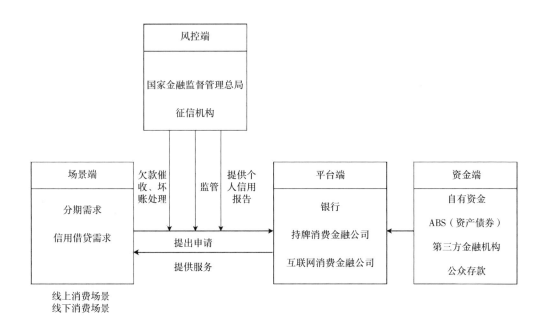

图 4-3   互联网消费金融产业链结构

(三)互联网消费金融商业模式

从互联网消费金融提供的主体来看,互联网消费金融商业模式主要分为传统商业银行消费贷款互联网化模式、互联网银行模式、持牌消费金融公司模式、电商模式、垂直分期平台类模式。

1.传统商业银行消费贷款互联网化模式

长期以来,商业银行的消费金融服务主要以线下模式为主,消费者需要亲自前往银行网点办理相关手续。随着互联网的普及和金融科技的发展,近年来,商业银行逐渐增加了对线上消费金融的投入,以更好地满足消费者的便捷性需求。其覆盖范围主要是银行自有用户,这些用户通常已经在银行建立了良好的信用记录。消费者可以通过各家银行的手机银行 App 申请贷款,此类贷款以中国建设银行"快 e 贷"、招商银行的"闪电贷"等为代表。然而,尽管线上消费金融服务在便捷性方面取得了显著进展,但与具体的消费场景结合度仍然不高。这意味着消费者在使用这些服务时,可能缺乏与具体购物、旅游、教育等消费场景的紧密联动。因此,目前这种线上消费金融服务模式仍在进一步摸索阶段。

2.互联网银行模式

互联网银行最大的特点在于没有线下网点,所有业务均通过网络运营。这一特性使得互联网银行能够突破地域限制,服务范围更广,运营方式更灵活。相比传统商业银行,互联网银行能触达更多长尾用户,这些用户通常更年轻、数字化程度高,对便捷、高效的金融服务需求更高。

在消费金融产品方面,互联网银行相继推出了多款具有竞争力的产品,如微众银行"微粒贷"、新网银行"好人贷"、众邦银行"众易贷"等。这些产品凭借便捷的申请流程、灵活的还款方式以及较低的门槛,赢得了广大用户的青睐。然而,受资本充足率限制,互联网银行在消费贷款业务上主要采取与大中型商业银行、政策性银行、股份制银行等开展联合贷款和助贷的模式。这种合作模式既可以发挥互联网银行在获客方面的优势,又充分利用了传统银行在资金、风控经验等方面的资源,实现了双方的互利共赢。

微众银行"微粒贷"

微众银行作为中国首互联网家民营银行,由互联网巨头腾讯牵头,于 2014 年在深圳成立。它承载着金融创新和服务普惠的使命,致力于利用互联网技术提供便捷、高效的金融服务。微粒贷是微众银行推出的首款互联网小额信贷产品,2015年 5 月在手机 QQ 平台上线,9 月在微信平台上线,是主要针对城市中低收入人群和偏远、欠发达地区的广大民众提供的一种全线上、纯信用、随借随还的小额信贷产品,100 元起借,最高额度 20 万元。微粒贷规定:所申请款项 3 分钟到账,授信审批时间仅需 2.4 秒,第二次借款资金到账时间仅需 60 秒。

微粒贷的推出,是对传统信贷服务模式的一次颠覆。微信和 QQ 作为拥有数亿活跃用户的社交平台,为微粒贷提供了庞大的潜在客户基础。同时,它依托于腾讯强大的数据分析能力和用户画像技术,通过分析用户的社交行为、消费习惯、信用记录等多维度数据,构建起精准的信用评估模型。这种基于大数据的信贷服务模式,不仅极大地简化了贷款申请流程,缩短了审批时间,而且有效拓宽了金融服务的覆盖范围,特别是为那些传统金融机构难以触及的长尾用户群体提供了便捷的金融服务。

3.持牌消费金融公司模式

根据 2013 年出台的《消费金融公司试点管理办法》中的定义,消费金融公司是指"经银监会批准,在中华人民共和国境内设立的,不吸收公众存款,以小额、分散为原则,为中国境内居民个人提供以消费为目的的贷款的非银行金融机构"。与传统商业银行相比,消费金融公司受到的监管相对宽松。例如,其注册资本要求仅为 3 亿元,远低于商业银行的 10 亿元标准。目前,该模式主要有两种运营方式:一是直接审核消费者资料后发放信用贷款,个人贷款上限为 20 万元;二是与购物平台或商家合作,为消费者提供分期付款的替代方案。截至 2024 年底,我国持牌消费

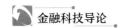

金融公司共有31家,大多由商业银行、互联网公司等作为主要出资人发起设立。

消费金融公司模式有以下三个主要特点:

(1)贷款品种单一。根据相关规定,消费金融公司不能向企业发放贷款,也不能向个人发放经营性贷款,其业务范围主要聚焦于个人消费领域。

(2)纯信用、审批快。互联网消费金融产品无须抵押担保,主要以消费者的信用为基础进行授信。在审批流程上,由于持牌消费金融公司往往拥有较为完善的线上系统和风控模型,因此能够实现快速审批,方便个人快速获取资金。

(3)小额且分散。持牌消费金融公司的互联网消费金融产品主要是用于满足日常消费需求的贷款,因此单笔授信额度相对较小。同时,其互联网消费金融产品还具有分散的特点。这里的分散主要体现在两个方面:一是贷款对象的分散,即贷款资金被分散投放给众多的个人消费者;二是贷款用途的分散,即这些资金被用于满足消费者多样化的消费需求,如购买电子产品、家用电器、旅游度假等。

小米消费金融

小米消费金融,即重庆小米消费金融有限公司,自2020年5月29日成立以来,便以其独特的定位和强大的股东背景,在消费金融领域崭露头角。作为一家由小米通讯有限公司牵头,携手重庆农村商业银行股份有限公司、重庆金山控股(集团)有限公司、重庆大顺电器(集团)有限公司等共同出资设立的全国性科技型消费金融公司,小米消费金融注册资本高达15亿元人民币,其中,小米通讯技术有限公司出资7.5亿元,占据50%的股份。

在产品线方面,小米消费金融推出了多款满足不同消费者需求的金融产品。其中,自营现金贷产品"星享贷"为线上信用贷产品,支持随借随还,最长期限36个月,年利率最低为7.2%。此外,小米消费金融还有线下大额"星享贷"、线上小额"随星借"以及场景分期产品"星易购",主要依托原小米金融流量和小米3C(计算机Computer、通信Communication和消费电子Consumer electronics)场景开展。

小米消费金融业务的特点主要体现在以下几个方面:首先,它紧密依托小米集团的生态链,围绕集团的消费信贷、第三方支付、互联网理财、互联网保险、供应链金融等多元化业务布局,形成了独特的竞争优势。其次,依托小米已经建成的全球最大的消费智能物联网平台,小米消费金融能够为用户提供更加智能化、场景化的消费金融体验。最后,小米消费金融以金融科技为核心,通过融合线上线下各类消费场景,实现了普惠金融的落地和实践,有效支持了实体经济的发展。

4.电商模式

互联网消费金融的电商模式运作类似于分期付款,消费者能在京东、天猫、苏宁易购等平台先购物后付款。此模式借助平台庞大的用户群体,紧密接触消费者,高效推广信贷服务。其发展侧重于利用平台流量,以京东白条、蚂蚁花呗等产品为载体,融入线上线下消费场景。具体而言,其消费贷款发放流程如下:

(1)消费者需向电商平台的金融服务部门提交信贷申请;

(2)电商平台会分享用户的日常消费记录给金融部门,金融部门据此评估并授予用户相应的信贷限额;

(3)获得信贷额度的消费者可在电商平台上自由购物,平台金融部门随后会基于订单信息向电商平台结算货款;

(4)电商平台负责将商品配送至消费者处。

电商模式展现出如下诸多显著优势:

(1)获客成本低。电商平台拥有庞大的用户基础,这一特点相较于银行等传统金融机构而言,极大地降低了获客成本,为电商在金融领域的拓展提供了得天独厚的优势。

(2)消费场景丰富。线上消费的普及程度日益广泛,消费场景也极为丰富多样,涵盖了餐饮、旅游、出行等多个生活领域,为电商平台在金融服务的创新上提供了广阔的空间。

(3)大数据风控。电商平台凭借其大数据技术的深厚积累,能够对消费者的信用状况进行精准评估,从而有效实现风险控制,这一能力对于提升金融服务的安全性和效率至关重要。

5.垂直分期平台类模式

垂直分期平台专注于针对特定的消费场景或消费人群,通过提供精细化的消费金融产品,实现与电商平台的差异化竞争。它们深入挖掘并深耕细分消费场景,近年来已将服务范围不断扩展到结婚、教育等重要场景,为消费者提供了一站式的综合消费金融服务。然而,与电商平台相比,垂直分期平台在电商大数据方面处于劣势,平台目标群体又相对年轻,缺乏稳定收入。这一特点给垂直分期平台在风控方面带来了巨大挑战,它们需要更加谨慎评估用户的信用状况和还款能力,以确保贷款的安全性和可持续性。分期乐是这类模式的代表性企业之一,其于2013年10月上线,开创了中国分期购物平台模式的先河。

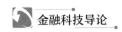

总结·拓展 4-1

第二节 大数据信用概述

在数据驱动的时代,大数据已经成为各行各业不可或缺的重要资源。在金融领域,大数据应用推动了诸多创新,大数据信用评估便是重要成果。它通过收集、整合、分析海量数据,精确描绘个人或企业信用状况,为信贷业务风险控制提供有力支持。借助区块链、云计算等技术,大数据征信能采集并分析海量信用数据,弥补传统征信信息有限的不足,实现"一切数据皆信用"。

本节将介绍大数据信用的数据来源、类型与应用场景,并深入探讨智能信用评分系统。

一、大数据信用的数据来源与类型

已有研究多从大数据技术与征信的结合来认识大数据征信,认为其是利用大数据技术收集、储存受信者的网络经济交易与社会交往活动等信用信息,并运用现代计量方法对信用信息进行处理与报告的信用活动。

大数据是一种数据集合,具备容量大、类型多、快速存储、应用价值高的特点,既表示海量数据集合,又代表一种超强的数据处理技术,而且正快速发展为新一代信息技术和服务业态。大数据信用,作为数字经济时代的重要产物,是基于大数据、云计算、人工智能等先进技术手段,对个人或企业信用状况进行动态评估、监控和管理的一种新型信用形式。大数据信用利用数字技术的高效性和精确性,实现了信用评估的实时化、自动化和智能化,为现代社会经济活动提供了更加便捷、高效的信用支持。

（一）大数据征信数据的来源

大数据征信并没有颠覆传统征信的基本职能，从数据的来源渠道看，大数据征信数据来源比传统征信更加广泛，除了来自金融机构和政府部门，还有基于互联网的交易和社交信息等。目前与征信相关的大数据来源可以分为四大类。

1.金融服务机构

信用交易数据源自金融活动，主要由金融服务机构提供。我国金融服务体系涵盖三大类别：金融机构、类金融机构及互联网金融机构。

（1）金融机构。金融机构是金融服务体系的核心组成部分，包括银行、保险公司、证券公司等持牌经营的正规军，它们受到"一行一局一会"严格的金融监管，提供包括存贷款、保险、证券交易等在内的传统金融服务。这些机构凭借丰富的业务数据，如客户身份信息、资产与负债状况、交易记录等，拥有在征信大数据方面的显著优势。

（2）类金融机构。类金融机构则是指那些虽未取得金融机构牌照，但实际上从事金融活动或提供金融服务的机构，如小额贷款公司、融资担保公司、典当行等，它们在金融市场中扮演着补充角色，为特定群体或领域提供金融服务。它们虽不受"一行一局一会"直接监管，但掌握着丰富的客户交易历史数据，这些数据对于信用评估、风险识别至关重要，有助于精准筛选客户并有效防控风险。

（3）互联网金融机构。互联网金融机构则是依托互联网技术进行金融服务的机构，如网络借贷平台、第三方支付公司、互联网保险公司等，它们利用大数据、云计算等技术手段，提供更加便捷、高效的金融服务。在提供金融服务的过程中，互联网金融机构同样会收集和积累大量的客户交易信息和行为数据。因此，互联网金融机构也是征信数据的重要来源之一。

2.电商平台与支付系统

电商平台与支付系统作为电子商务的两大支柱，共同构成了大数据信用评估的关键信息来源。电商平台，例如淘宝、京东，不仅记载了客户的购物历史、评价详情及退换货情况，映射出消费习惯、消费能力和购物偏好，还与支付系统如支付宝、微信支付紧密相连。这些支付系统详细记录了用户的支付与转账行为，反映了其资金流动状况与支付习惯。同时，水电煤气、通讯、教育、医疗等公共服务机构也利用各自的工作机制和网络平台，搜集并整合客户在商品交易、服务消费过程中的身份信息、业务信息及社交行为信息，形成了庞大的数据库。然而，行业间的竞争和"闭环"构建的趋势使得这些机构分享数据的意愿较低，导致这些信息主要服务于各自的企业内部管理及客户信用评估需求。

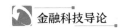

3.社交媒体与互联网应用

社交媒体与互联网应用的发展为大数据信用数据的获取提供了更多可能性。社交媒体如微信、微博等,记录了用户的社交关系、互动记录、发布内容等,这些数据能够反映用户的社交习惯、兴趣爱好、价值观等。互联网应用如滴滴出行、美团外卖等,则记录了用户的使用记录、评价信息等,这些数据能够反映用户的行为习惯、服务质量感知等。这些信息虽然看似与信用评估无直接关联,但通过数据挖掘和分析,可以发现它们与信用状况之间的潜在联系。

4.公共事业与政府部门

公共事业与政府部门是大数据信用评估中不可或缺的信息来源。工会服务、社区服务信息,以及国家和地方信用信息平台上的公开信息,进一步丰富了信用评估的维度。同时,政府公开信息中,企业工商注册信息尤为常用,这些由行政司法机关掌握的数据,记录了企业和个人在接受行政管理、履行法定义务时留下的痕迹,如企业的税务记录和诉讼历史等,反映了企业的法律遵循状态和经营概况。这些综合数据的融合,为全面、准确地评估个人和企业的信用状况提供了有力的支持。

(二)大数据征信数据的类型

大数据征信数据的类型丰富多样,主要涵盖了结构化数据、非结构化数据和半结构化数据等三种类型。

1.结构化数据

这类数据通常存储在关系型数据库中,如银行的贷款记录、政府的税务记录等。结构化数据具有易于查询、分析和处理的特点,是信用评估中最常用的数据类型之一。通过结构化数据,可以准确地了解个人或企业的财务状况、交易记录等信息,为信用评估提供有力的数据支持。

2.非结构化数据

这类数据通常包括文本、图片、音频、视频等多媒体信息,如社交媒体的互动记录、电商平台的评价信息等。通过自然语言处理、图像识别等技术手段,可以对非结构化数据进行挖掘和分析,提取其中有价值的信息。在信用评估中,非结构化数据能够提供丰富的背景信息和行为特征,为评估结果提供更加全面的支持。

3.半结构化数据

这类数据通常用于存储网页、配置文件等信息。在信用评估中,半结构化数据可以提供较为详细的信息且易于处理。例如:通过分析网页的 HTML(超文本标记语言)代码,可以提取出用户的浏览记录、搜索关键词等信息;通过分析配置文件的参数设置,可以了解用户的设备配置和使用习惯等。这些信息对于评估用户的信用状况同样具有重要价值。

(三)大数据信用数据链

各行业均有其内在的信息流动链条,大数据信用行业则形象地称之为"数据链"。该链路始于上游,即数据的原始产生点,主要包括从金融机构、政府等部门获取与信用主体交互产生的相关数据;接着进入中游,也就是数据处理的核心环节,此阶段征信机构通过深度挖掘与整合上游数据,创造出如信用评价报告等有价值的信息产品;最终,这些产品在下游得到应用,服务于多样化的信用评估需求。大数据征信的数据链路架构,如图 4-4 所示,清晰地描绘了这一过程。

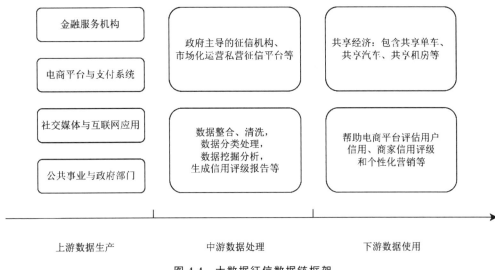

图 4-4　大数据征信数据链框架

二、大数据信用的应用场景

大数据信用除了在传统金融领域的应用外,在互联网金融领域也有着丰富的应用场景,主要包括共享经济和在电商平台的应用。

(一)共享经济

在共享经济中,大数据信用可以帮助共享经济平台对用户的信用状况进行准确评估,从而筛选出守信用的用户,降低平台的风险。

1.信用评估和风险管理

在共享经济中,通过分析用户的交易记录、评价信息、身份验证等多方面的数据,平台可以建立一个全面的信用评估体系,对用户进行信用评分,进而决定是否提供服务或设定相应的服务条件。例如,在共享住宿中,房东和房客之间的信任关

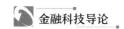

系至关重要。平台可以根据房东的历史评价、房源质量、服务态度等因素评估房东的信用等级;同时,也可以根据房客的历史预订记录、支付行为、入住评价等因素评估房客的信用等级。

2.优化资源配置

大数据信用评估还可以帮助平台更好地优化资源配置。通过分析用户的行为模式和偏好,平台可以更精准地匹配供需双方,提高资源利用效率。例如,在共享单车领域,平台可以根据用户的信用评分提供不同的解锁方式,甚至提供更优惠的服务。

3.提升用户体验

大数据信用评估可以提升用户体验。信用评分高的用户可以享受更多的优惠和便利,从而提升整体的用户满意度。例如,通过信用代替押金的方式提升共享经济体验和效率,激发了人们参与共享经济活动的积极性。

(二)电商平台

1.用户信用评估与认证

在电商平台上,用户信用评估是保障交易安全的重要环节。大数据信用通过收集用户在平台上的历史交易记录、评价记录、投诉记录等信息,对用户进行信用评分和认证。这些评分和认证结果可以作为电商平台对用户进行风险控制和管理的依据,帮助电商平台筛选出优质用户,提高交易的成功率和满意度。具体来说,大数据信用在用户信用评估与认证方面的应用包括:

(1)实名认证

电商平台要求用户进行实名认证,以确保用户身份的真实性。大数据信用可以通过比对用户提供的身份信息与公安部门的数据库信息,验证用户的真实身份。

(2)交易记录评估

电商平台可以收集用户的历史交易记录,包括购买商品、支付金额、交易频次等信息,利用大数据技术对这些数据进行分析,评估用户的交易习惯和信用水平。

(3)评价记录分析

用户评价是电商平台了解商品质量和服务质量的重要途径。大数据信用可以分析用户的评价记录,了解用户对商品和服务的满意度和忠诚度,并评估用户的信用状况。用户的评价内容是否真实可信,是评估其信用状况的关键。如果用户的评价经常与事实不符,或者存在明显的夸大或虚假成分,那么其信用状况可能会受到质疑。用户在评价时是否保持公正、客观的态度,也是评估其信用状况的重要方面。如果用户经常给予过高或过低的评价,或者存在恶意评价的行为,那么其评价的可信度将会降低,进而影响其信用状况。

2.商家信用评级与推荐

在电商平台上,商家信用评级是消费者选择商家的重要依据。这些评级结果可以作为电商平台对商家进行排名和推荐的依据,帮助消费者更好地了解商家的信誉和服务质量,提高消费者的购物体验和满意度。具体来说,大数据信用在商家信用评级与推荐方面的应用包括:

(1)信用评分与评级

电商平台可以收集商家的历史交易记录、评价记录、投诉记录等信息,利用大数据对商家进行信用评分与评级。这些评分与评级结果可以作为消费者选择商家的参考依据。

(2)商家排名与推荐

电商平台可以根据商家的信用评分与评级结果,对商家进行排名和推荐。排名与推荐结果可以根据消费者的购物需求和偏好进行个性化展示,提高消费者的购物体验。

(3)商家信誉保障

大数据信用还可以为商家提供信誉保障服务。例如,电商平台可以为信用良好的商家提供优先展示、优先推荐等特权,激励商家提高服务质量和信誉水平。

3.个性化推荐与营销

在电商平台上,个性化推荐与营销是提高用户满意度和增加销售额的重要手段。具体来说,大数据信用在个性化推荐与营销方面的应用包括:

(1)信用支付与金融服务

通过评估用户的信用状况,电商平台可以为信用良好的消费者提供信用支付服务,如白条、分期付款等,增加用户的购物选择和便利性。同时,电商平台还可以利用大数据信用为优质商家提供融资支持,如小额贷款等,帮助商家解决资金问题。

(2)社交电商与信用社交

随着社交媒体的兴起,社交电商逐渐成为电商发展的新趋势,大数据信用可以将社交元素与电商交易相结合,形成信用社交的新模式。在社交电商平台上,用户可以通过分享购物经验、评价商品等方式建立自己的信用形象,这种信用形象的建立,不仅依赖于用户在平台上的活跃度和贡献度,更依赖于其言行举止所体现出的诚信度和责任感。社交电商为用户提供了一个展示和积累信用的平台,而良好的信用社交环境又可以进一步促进社交电商的发展。

三、智能信用评分系统

信用评分通过量化信息,替代了征信报告中主观描述的部分,提高了信息传递

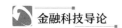
金融科技导论

效率,让信贷审批人员能更便捷地比较潜在借款人。过去六十年,消费信贷的大幅增长在很大程度上得益于信用评分。如今,在数字化时代,融合了大数据、人工智能、区块链和云计算等先进技术的智能信用评分系统,已成为金融行业的重要工具,为信贷业务提供了前所未有的便利与精准度。以下将详细探讨智能信用评分系统的三大核心功能:智能信用评估、智能反欺诈和智能催收。

(一)智能信用评估

智能信用评估是指通过人工智能技术对个人或企业信用信息进行评估分析,从而为金融机构、企业、个人等提供信用评估服务的一种新型评估方式。在金融行业中,智能信用评估已成为一种重要的工具,它能够为金融机构的风险控制和客户信贷等提供重要的支持。

1.个人信用评分

(1)大数据分析

大数据分析在个人信用评估领域至关重要。信用评估机构广泛收集个人的金融交易记录、社交媒体互动、移动位置信息等多源数据,从中提取与信用相关的线索。这些数据的深入分析有助于精准评估个人信用状况,为金融机构、类金融机构和互联网金融机构提供可靠参考。

大数据分析在个人信用评估中的应用体现在多个层面。一方面,机构通过分析个人的消费、还款及借贷行为,评估其还款能力和信用风险。另一方面,社交媒体和位置数据的分析可以揭示个人的社交网络和生活习惯,进一步洞察信用状况。此外,消费行为数据的分析还能识别潜在欺诈,提升评估精准度。

(2)人工智能技术

人工智能在个人信用评估中同样发挥着重要作用。信用评估机构借助人工智能技术,能够更精准地预测和评估个人信用状况。

①机构利用机器学习算法处理海量个人信用数据,通过学习历史信用数据,识别信用相关规律和模式。基于这些规律,金融科技公司可对新信用数据进行预测评估,增强评估的准确性和可信度。

②自然语言处理技术也被用于分析个人信用报告及其他金融文本。该技术可对大量文本进行语义分析和关键信息提取,使机构全面了解个人信用状况和风险。

(3)区块链技术

区块链技术在个人信用评估中的应用日益受到重视。作为一种去中心化分布式数据库技术,区块链确保数据安全和不可篡改,为信用评估带来新思路。

①区块链提供更安全可信的个人信用数据存储传输方案。传统方式存在数据

138

泄露和篡改隐患,而区块链通过分布式存储和密码学算法,有效规避这些问题,保障数据安全。

②区块链还能构建去中心化信用评估体系。传统评估依赖中心化机构,透明度和公正性受限,易受操控。区块链则让多个节点共同验证记录的信用数据,打破中心化垄断,提升评估公正性和可靠性。

2.企业信用评级

企业信用评级同样用到大数据分析、人工智能技术、区块链技术等金融科技,但在以下方面存在不同之处:

(1)数据来源侧重点不同

企业信用评级的数据来源除了财务报表等传统数据,还包括企业的供应链关系、行业地位、市场动态等信息。例如:通过分析企业与上下游企业的交易数据,了解企业的资金流向和经营稳定性;通过监测行业舆情,评估企业面临的外部风险。

(2)模型构建与分析方法不同

企业信用评级的模型构建更为复杂,除了定量分析企业的财务指标外,还需要进行定性分析,如对企业管理层能力、企业战略规划等的评估。同时,还会运用风险传导模型等,分析企业之间的关联风险,如供应链上下游企业之间的风险传染。此外,一些评级机构还会考虑外部特殊支持因素,如政府或控股股东对企业的潜在支持,这在个人信用评分中是不存在的。

(3)应用场景与侧重点不同

企业信用评级主要用于企业融资、合作伙伴选择、债券发行等场景,侧重于评估企业的长期偿债能力和经营稳定性,关注企业的财务状况、市场竞争力、行业前景等因素,从而帮助投资者和合作伙伴作出决策,降低融资成本和合作风险。

3.互联网用户信用评分

电商平台利用大数据技术对用户的消费行为、评价、退货等数据进行分析,结合机器学习算法,构建智能信用评估模型。例如,芝麻信用是我国首个基于大数据进行个人信用评分的信用产品,由蚂蚁集团推出。它利用阿里巴巴集团旗下的海量的电商数据以及网络购物等数据,从行为偏好、身份特质、信用历史、人脉关系以及履约能力五大方面对用户进行评估。其分数范围从 350 分到 950 分,分数越高表示信用等级越高。

(二)智能反欺诈

传统的反欺诈方法主要依赖于规则和专家经验,容易受到欺诈者对抗性攻击的挑战。而智能反欺诈则通过实时监测、关联分析、机器学习等技术手段,实现对欺诈行为的自动识别和打击。利用图计算技术,可以挖掘出隐藏在复杂关系网络

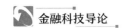

中的欺诈行为;利用深度学习技术,可以识别出更加复杂的欺诈模式。在金融科技的推动下,行业变革不断加速,催生了众多新型业态。随着金融业务的普及,风险也随之增加,智能反欺诈技术因此成为金融体系中不可或缺的重要组成部分。

1.金融领域

在金融领域,智能反欺诈技术发挥着至关重要的作用。随着金融业务的普及和数字化进程的加速,欺诈行为也呈现多样化、复杂化的趋势。智能反欺诈技术利用大数据、云计算等先进科技手段,专门打击以非法占有为目的的诈骗行为,涵盖财产侵占与金融信用欺诈。这些诈骗行为被分为申请欺诈和交易欺诈两大类别:前者涉及身份盗用、恶意贷款申请等,常见于贷款领域;后者则主要发生在支付、信用卡等交易过程中。在贷款、信用卡等金融产品申请过程中,智能反欺诈技术可以通过对申请人信息的多维度分析,识别出身份冒用、资料造假等欺诈行为,确保金融产品的合法合规发放。在支付、转账等交易过程中,智能反欺诈技术能够实时监测交易行为,识别出异常交易模式,如频繁小额交易、大额异常交易等,及时阻断欺诈交易,保护用户资金安全。

(1)欺诈防范申请

①数据整合与分析:云计算平台整合多渠道数据,包括身份信息、交易记录和社交媒体数据,进行深度分析,识别欺诈模式和风险点。

②生物识别技术:利用人脸识别、指纹识别等技术进行身份验证,确保申请人身份的真实性,并通过交叉验证(如身份证、银行卡、手机号)提高验证准确性。

③人工智能审核:引入 AI 算法自动审核申请材料,提升审核效率和准确性。机器学习技术不断优化审核模型,增强对欺诈行为的识别能力。

④实时监测与预警:云计算平台实时监测申请流程中的异常行为,如频繁提交申请或提交虚假资料,并在发现异常时触发预警机制,通知金融机构进行处理。

(2)欺诈防范交易

①实时监控与预警:利用云计算平台的实时监控技术,跟踪分析交易行为,包括金额、时间和地点,设置阈值,超过阈值时触发预警。

②用户行为分析:通过机器学习算法分析用户交易习惯和偏好,建立用户行为画像,识别与画像不符的异常交易行为。

③智能拦截与追溯:对可疑交易进行自动拦截,防止资金损失,并利用区块链技术建立交易追溯机制,便于欺诈发生后的追踪和调查。

2.电商领域

在电商领域,智能反欺诈技术也发挥着重要作用。随着电商平台的快速发展,欺诈行为如刷单、恶意退款等也逐渐增多。智能反欺诈技术可以通过对用户行为、交易数据等信息的分析,识别出欺诈行为,保护电商平台的合法权益。

电商平台通过收集用户的交易数据、浏览数据、行为数据等,构建用户画像和行为模型。利用机器学习算法对海量数据进行分析和挖掘,发现隐藏在数据中的欺诈模式和规律。云计算平台为电商平台提供弹性可扩展的计算和存储资源,支持对大规模交易数据进行实时处理和分析。通过云计算技术,电商平台可以实现跨平台、跨系统的数据共享和协同,提高反欺诈的效率和准确性。

智能反欺诈技术可以分析用户在电商平台上的行为数据,如浏览记录、购买记录、退款记录等,识别出异常行为模式,如频繁退款、恶意刷单等。通过对交易数据的分析,智能反欺诈技术可以评估交易的风险等级,对高风险交易进行重点监控和审核,确保交易的真实性和合法性。

(三)智能催收

催收,作为一种回收逾期不良资产的方法,涉及债权方与债务方之间的互动。若债务方因无力或无意偿还,催收方则会采取一些民事措施来施加压力,促使债务方及时还款。催收行业主要针对的是难以收回的"坏账",当企业或个人难以自行解决时,便催生了这一行业。而智能催收,则是指在这一传统基础上,融入了更多智能化特性的金融逾期资产回收系统,提升了催收过程的自动化与智能化水平。

1.智能催收的解决方案

借助前沿的 AI 技术,企业能够实时定制催收策略,优化人力资源配置,并智能推荐沟通话术,同时,智能催收机器人的引入也加速了催收流程的自动化与智能化。智能化催收体系的核心策略包括以下四个模型:

(1)深化贷中与贷后数据分析,精准划分用户层次

为了针对用户的不同还款能力与意愿实施差异化催收策略,开发了贷中与贷后数据分析模型。这些模型运用智能技术和机器学习算法,深入挖掘用户的身份信息、交易记录及还款行为数据,对用户还款倾向进行预测,并据此对用户群体进行精细划分。在贷中阶段,模型能够提前识别潜在风险,启动预催收措施,有效预防逾期。而在贷后阶段,模型则能针对逾期用户的不同阶段进行深度分析,实时评估还款可能性,指导资源分配与催收策略的制定。

(2)构建深度用户画像,提升催收效率

用户画像是一种基于用户多维度特征构建的标签化描述,旨在揭示具有哪些特征的用户更可能按时还款。催收方利用深度学习技术,结合贷中/贷后分析的用户分层结果,收集并分析实际催收数据,构建出精准的催收用户画像。该画像不仅深化了对用户还款能力的理解,还能指导催收作业的优化,提升催收效率。

(3)开发智能拨号策略,优化催收流程

在催收过程中,常面临无法直接联系用户的问题。为此,开发智能拨号策略,

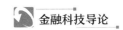

通过聚类分析筛选出通话效率高、回款率好的催收案例作为训练数据。模型能够根据当前催收场景,预测不同号码的拨打成功率,从而优化拨号策略,提升催收流程的效率。

(4)构建动态话术模型,智能辅助催收沟通

为了提升催收沟通的效果,构建了动态话术模型。该模型以完善的催收流程为基础,输入丰富的借款人行为及征信信息,通过建模分析,将推荐话术与相应场景精准匹配。同时,利用大量实际催收案例作为训练数据,不断优化话术模型,为催收人员提供精准、有效的话术建议,提高催收成功率。

2.智能催收的具体方式

(1)智能分案

智能催收系统可以根据债务人的信用状况、还款历史等信息,自动将案件分配给最合适的催收员。这大大提高了案件分配的效率,确保每个案件都能得到专业且有效的处理。

(2)多渠道触达

智能催收系统支持通过电话、短信、邮件等多种渠道联系债务人。这些自动化渠道可以 24 小时不间断地进行债务提醒和催收工作,大大提高了催收效率。

(3)情绪识别与智能应答

智能催收系统具备情绪识别功能,可以根据债务人的情绪变化自动调整沟通策略。同时,系统还可以根据预设的催收话术进行智能应答,减少人工干预,提高催收效率。

3.智能催收系统的核心优势

(1)高效性:智能催收系统能够自动处理大量催收任务,实现 24 小时不间断工作,显著提升催收效率,降低人力成本。

(2)精准性:通过大数据分析和机器学习算法,系统能够准确评估债务人的还款能力和意愿,制定个性化的催收策略,提高催收成功率。

(3)个性化:针对不同债务人的情况,智能催收系统能够智能生成个性化的催收方案,包括电话、短信、邮件等多种沟通方式,提高债务人的还款意愿。

(4)实时互动:系统具备实时互动能力,能即时响应债务人的咨询和反馈,增强沟通效果,减少误解和冲突。

4.智能催收系统的应用场景

(1)金融行业

在银行业和贷款机构中,智能催收系统已成为逾期贷款回收的关键工具。对于信用卡催收,系统能自动识别逾期情况,并根据客户的还款历史和信用评分,灵活调整催收策略,如发送逾期提醒短信、电子邮件或进行电话通知,有效提高催收

效率。在个人贷款领域,无论是消费贷款、房贷还是车贷,智能催收系统都能实时监控还款动态,预测逾期风险,并采取个性化的催收措施。此外,对于企业贷款,系统能整合企业的多维度数据,评估还款能力,自动生成催收报告,辅助信贷经理制定高效的催收方案。

(2)电信行业

电信公司面临大量欠费用户问题,智能催收系统在此领域同样发挥重要作用。系统能自动分析用户的消费行为和缴费历史,预测缴费意愿,并据此发送话费催缴通知。对于长期欠费用户,系统记录催收历史,生成欠费报告,并可与信用评估机构合作,将欠费信息纳入个人信用记录,增强催收效果。此外,系统还能在用户欠费超期后自动触发服务暂停流程,一旦用户缴费,则自动恢复服务,显著提升运营效率。

(3)电商行业

在电商平台的用户逾期未支付订单管理方面,智能催收系统同样不可或缺。系统能自动识别逾期订单,根据用户的购物历史和行为模式,采取个性化的催付措施,如发送智能短信或邮件提醒。同时,针对用户申请退款但商家未及时处理的情况,系统能自动发送提醒通知,记录催收历史,生成退款报告,优化退款管理流程。对于会员制的电商平台,系统还能自动发送会员费催缴通知,根据用户的会员等级和消费历史,制定差异化的催收策略,提升会员续费率。

(4)租赁行业

在租赁市场,智能催收系统同样展现出强大功能。系统能自动跟踪租赁合同的履行情况,一旦发现逾期未支付租金,立即启动催收流程,通过智能语音机器人或短信/邮件方式提醒承租人。对于设备租赁业务,系统还能实时监控设备使用情况和租金支付情况,预测逾期风险,生成催收报告供租赁经理参考。此外,系统还能整合租赁合同信息,自动记录合同到期日期和租金支付情况,提前发送合同续签提醒,提高合同管理效率。

度言软件催收机器人在消费金融公司的应用

度言软件是一家专注于信贷不良资产处置技术服务的公司,面临业务迅速发展带来的不良率提升和"反催收"乱象的挑战。一些消费金融公司由于意识到传统的纯人工催收模式存在效率低下和成本高昂的问题,开始寻求新的工具和模式以提升作业效能。因此采用了度言软件研发的催收机器人,打造了"AI＋人工"的人机耦合催收模式,通过以下三种主要功能,提高催收效率和效果。

(1)AI外呼提醒还款。度言催收机器人对全部客户进行AI外呼提醒还款,大

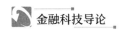

幅减少了因忘记还款导致的逾期情况,资产入催率明显降低。通过差异化的机器人提醒计划,根据债务人的信用水平和历史逾期情况设置提醒频次和时间,提高了提醒效果,整体入催率降低了31.3%。

(2)短账龄案件处理。对于逾期时间在1个月内的短账龄案件,主要由机器人进行还款提醒或催收。度言催收机器人基于业务经验和话术资料搭建了短账龄沟通话术库,并通过真人音源训练,实现了从温和提醒到严肃敦促的多种语音效果,M1(逾期一个月的账户)案件的还款率最高可达94.1%,效果堪比真人催收员。

(3)中长账龄案件人机耦合催收。针对逾期1到3个月的中长账龄案件,采用人机耦合催收模式。机器人先进行第一轮外呼,掌握客户的可联状态和案件最新进展,然后由催收员跟进。这种模式提升了外呼效率,推进了清收进程,提高了回款业绩。整体接通率提升了13.6%,平均回款时长缩短了5.5天,回款率达到原来的1.21倍。

AI技术作为新质生产力的核心因子,将赋能金融机构实现贷后催收业务的数智化升级。

总结·拓展 4-2

第三节　大数据征信机构

我国互联网金融的快速发展催生出多元化、多层次的互联网征信服务需求。大数据征信机构是指依法设立的、专门从事大数据征信业务,即通过数字化手段提供信用信息服务的机构。这些机构通过数据收集和加工处理,利用先进的大数据技术和算法,提供个人或企业的信贷信息查询、咨询和分析服务。

本节将介绍大数据征信机构的分类,并探讨不同征信模式分类下的代表性机构和产品。

一、大数据征信机构的分类

(一)按服务对象分类

1.大数据个人征信机构

自 20 世纪 80 年代末,中国征信行业开始起步,至 1999 年,首个个人征信机构应运而生。《征信业管理条例》于 2013 年出台,至今已过十年。在此过程中,中国征信行业实现了快速发展,逐渐趋于成熟。截至 2022 年 8 月,央行个人征信系统已包含 11.5 亿个自然人的数据。

大数据个人征信机构专注于个人数据的搜集工作。它们不仅从公共信息源(例如法院裁决记录、破产信息或担保物权登记系统等第三方数据库)以及信贷机构获取标准的信用信息,还借助大数据技术,广泛收集网络消费记录、互联网活动轨迹及社交平台行为等非传统信用数据。这种做法极大地扩展了数据来源,使得那些尚未与金融机构建立信贷关系的个人也能被纳入信用评估体系,从而增强了金融服务的普及性和包容性。此外,大数据还能更深入地洞察个人行为模式,一旦发现异常行为,便能迅速发出警报,协助用户防范潜在的欺诈风险。

近年来,个人征信机构的业务领域已不再局限于个人征信。随着微型企业和中小企业信贷业务的蓬勃发展以及信息技术的不断进步,越来越多的个人征信机构开始涉足微型企业和中小企业的信用信息收集,并提供相应的信用报告。在微型企业和中小企业中,企业主的个人财务与企业财务往往相互交织,因此,将企业主的信用信息纳入企业信用评估体系,结合对企业与企业主的综合信用评估,能够更有效地监督股东和企业主的行为,提升信用评估的准确性和全面性。

2.大数据企业征信机构

大数据企业征信机构则专注于企业数据的搜集。其信息覆盖对象广泛,包括个人独资企业、合伙企业及公司制企业,且所收集的信息不涉及个人敏感信息,同时交易规模庞大。传统上,企业征信机构主要依赖公共渠道、直接调查、供应商和贸易债权人提供的交易历史及企业内部数据来获取企业信息。然而,在大数据技术的推动下,现代征信机构能够更高效地获取和处理企业信息,构建出详尽的企业股权和交易的关联图谱。这不仅有助于债权方动态监测与控制信用风险,还能促进上下游企业间的合作潜力挖掘,并为监管机构提供实时的企业经营动态信息。

企业征信机构作为金融市场的重要组成部分,通过收集、整理和分析企业的信用信息,为金融机构、投资者、中小企业等提供全面的信用评估和风险预警服务。按照服务对象的不同,企业征信机构可以分为服务于金融机构的企业征信机构和

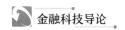

服务于中小企业的企业征信机构。

（二）按征信模式分类

1.政府主导的大数据征信机构

在欧盟及中国,政府力量在征信体系的构建中发挥着举足轻重的作用。在欧盟,中央银行作为核心,构建了信贷登记系统,形成了具有政府背景的征信体系。而在中国,政府则依托商业银行数据,主导建立了大数据征信架构。中国人民银行征信中心多年前就已前瞻性地推动征信系统升级,以适应现代通信技术、大数据技术及征信业务的发展需求。

2.市场主导的大数据征信机构

与欧盟和中国不同,英国、美国等发达国家的大数据征信市场主要由私营征信机构引领。私营征信机构在数据获取方面具有较大优势,通过整合自有业务沉淀的客户数据、互联网技术抓取信息及第三方数据采购,形成多源异构的征信数据库体系。它们涉足征信领域多源于商业信用扩张背景下对自身业务发展的需求。例如,下文提到的 Equifax(艾可飞)、Experian(益博睿)等征信机构,其起源与零售等行业紧密相关,通过长期积累客户信用数据,逐步发展成为具有影响力的征信机构。

3.行业协会推动的大数据征信机构

在日本,行业协会在大数据征信领域发挥着独特的桥梁作用。这些自律性的行业协会通过行业会员制,推动会员组织间的数据共享,为会员提供丰富的数据支撑,从而拓宽了数据源。在大数据征信的背景下,行业协会结合区块链等前沿技术,推动了大数据征信协作模式的发展。这种协作模式在提升信息质量、降低信息收集与验证成本方面展现出显著优势,但同时也存在信用信息覆盖面不够广泛、行业协会发展不平衡等限制。

二、中国人民银行征信中心

中国人民银行征信中心是中国人民银行直属的事业单位,其主要职责是依据国家法律法规和人民银行规章,负责金融信用信息基础数据库(征信系统),动产融资统一登记公示系统,应收账款融资服务平台的建设、运行和管理。

（一）中国人民银行征信中心简介

1997 年,人民银行开始筹建银行信贷登记咨询系统,这可以看作是企业征信系统的前身。2004 年至 2006 年,人民银行组织金融机构建成了全国集中统一的企业和个人征信系统,为金融机构提供了全面、准确、及时的信用信息服务。2006 年 3

月,经中央机构编制委员会办公室批准,中国人民银行设立征信中心,作为直属事业单位专门负责征信系统的建设、运行和维护。2007 年 10 月 1 日,征信中心建成应收账款质押登记系统并对外提供服务,进一步丰富了其服务内容。2008 年 5 月,征信中心正式在上海举行了挂牌仪式,注册地为上海市浦东新区。2010 年,中国人民银行征信中心上海数据中心建成投产,征信系统切换至上海运行并对外提供服务,提高了系统的运行效率和服务质量。2019 年 6 月 19 日,中国已建立全球规模最大的征信系统,征信系统累计收录 9.9 亿个自然人、2591 万户企业和其他组织的有关信息,个人和企业信用报告日均查询量分别达 550 万次和 30 万次。自 2020 年 1 月 19 日起,征信中心面向社会公众和金融机构提供二代格式信用报告查询服务,二代征信系统在信息采集、产品加工、技术架构和安全防护方面进行了优化改进。

(二)我国征信体系建设进展

1.央行征信服务效能提升

中国人民银行征信中心运营的金融信用信息数据库,已成为全球范围内领先且全面的征信工具,为金融机构提供关键的信贷决策和风险防控支持。截至 2023 年 9 月,该数据库已收录超 11 亿个自然人和超过 1.2 亿户企业和其他组织的信用信息,提供高效的查询服务,日均查询频次极高。此外,央行正积极拓展征信服务,助力中小微企业融资,通过创新平台和服务模式,有效促进了金融资源的优化配置。

2.征信市场多元化、多层次发展

中国人民银行积极推动征信市场建设,形成政府引导与市场驱动并行的格局。一方面,审慎发展个人征信机构,推动个人信用信息的广泛共享;另一方面,鼓励企业征信机构提升服务质量,整合多方企业信息,为市场提供丰富多样的信用产品。同时,地方征信平台建设也取得积极进展,为地方企业信贷融资提供了有力支持。

3.信用评级市场国际化步伐加快

评级体系在金融市场中具有重要地位。中国人民银行通过优化市场结构、吸引国际评级机构参与以及推动本土评级机构国际化等策略,不断提升我国信用评级市场的国际竞争力。目前,国内评级机构数量众多,市场格局多元化,同时国际评级机构也积极融入中国市场,本土评级机构在国际合作中取得显著进展。

4.强化征信监管,保障信息主体权益

保护信息主体权益是征信工作的重中之重。中国人民银行已构建完善的征信法规体系,为征信市场健康发展提供坚实的法律保障。这些法规不仅明确了征信机构的权利与义务,还规范了征信信息的采集、使用和管理流程,确保了征信活动的合法性和合规性。同时,加强监管力度,完善监管机制,通过对征信机构的定期检查、风险评估和依法处罚等手段,确保征信市场的规范运行。此外,不断完善投

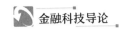

诉处理机制,确保信息主体权益得到充分保障。

三、市场主导的大数据征信机构

（一）Equifax

1.Equifax 公司概述

（1）起源与早期发展

Equifax 的历史可以追溯到 1899 年,其前身是一家零售信用公司。在 20 世纪初,随着美国经济的发展和信贷市场的扩大,信用信息服务逐渐形成一个重要的行业。1913 年,Equifax 依据佐治亚州法律正式成立,其业务逐渐扩展到为消费者和金融机构提供信用报告和信用评分服务。在这一时期,Equifax 通过广泛收集并深入分析消费者的信贷记录、支付历史等信息,为金融机构在进行信贷审批、风险管理等方面提供了至关重要的决策依据。

（2）业务扩展与技术创新

随着技术的不断进步和市场的不断变化,Equifax 不断扩展其业务范围,并引入了一系列技术创新。它将来自不同渠道的信息进行整合和分析,为消费者和金融机构提供更全面、更准确的信用评估服务。随着互联网的发展,Equifax 推出了在线信用报告查询服务,使消费者能够更方便地了解自己的信用状况。除了传统的信用报告和信用评分服务外,Equifax 还将业务逐渐扩展到身份管理、市场营销数据分析等领域,为客户提供更全面的信息服务。

（3）全球化战略与并购

在 21 世纪初,Equifax 开始实施全球化战略,通过并购等方式扩展其国际业务。Equifax 通过并购其他国家的信用信息服务公司,迅速扩大了其国际业务版图。这些并购不仅使 Equifax 能够进入新的市场,还使其能够获取更多的数据源和客户资源。在进入新市场后,Equifax 注重本地化运营,根据当地市场的特点和需求,提供定制化的信息服务。

（4）大数据征信时代的转型

近年来,大数据技术的迅猛进步促使 Equifax 积极迎接大数据征信时代的到来,并据此进行了全面的业务转型与技术革新。Equifax 凭借大数据技术,深入挖掘和分析海量数据,从而能够提供更精确、更及时的信用评估服务。与此同时,该技术还被应用于风险预警和欺诈检测领域,助力客户更有效地管理风险。在数字化转型的道路上,Equifax 不断前行,致力于提升业务效率和客户体验。通过引入先进的数字化技术和工具,公司成功实现了业务流程的自动化与智能化,提高了服务质量和响应速度。在大数据征信的新背景下,Equifax 对合规与监管给予了高度重视。公司密切关注监管政策的变化,持续强化内部合规管理,以确保所有业务操作均符合相关法律法规。此外,Equifax 还积极参与行业自律组织和标准化工作,为推动大数据征信行业的规范与健康发展贡献力量。

(5)数字时代的数据泄露风险

在互联网与数字时代交织的当下,消费者的个人信息日益透明化,这一趋势导致信息安全事件频发。征信机构在处理大量碎片化信息时,通常会采用大数据技术以提升效率。然而,一个不容忽视的问题是,这些机构往往缺乏健全的沉淀数据销毁机制,从而极大地增加了信息泄露的风险。即便是在征信体系相对成熟的国家,数据泄露的问题也时有发生。以美国为例,2017 年,知名征信机构 Equifax 公司遭遇了一次重大的数据泄露事件,该事件波及范围广泛,影响了超过 1.43 亿人的敏感信息,包括社会保障号、出生日期以及地址等,给受害者带来了严重的安全隐患。

2.Equifax 公司的信用评价产品优化

(1)重塑信贷决策辅助工具,定制化信用评估服务升级

Equifax 精心打造了 Inter Connect 信贷决策助手。该助手能够助力贷款机构实现账户管理流程的自动化,显著提升审批效率。通过灵活的策略与规则设置,Inter Connect 能够精确评估消费者的支付能力和信用风险,支持机构根据客户需求和业务特性定制专属决策方案,进而优化业务决策,加速审批流程。Inter Connect 助手既支持独立访问,也支持无缝集成至现有系统,其工作流程涵盖从规则配置到结果优化的全链条。

(2)深化开放银行战略应用,信用评估智能化水平跃升

开放银行模式为贷款审批中的还款能力评估环节带来了革命性的变化。在这一背景下,Equifax 适时推出了开放式银行服务(OBaaS)平台,该平台利用开放银行接口,实现了对账户交易数据的实时获取。这一创新举措革新了传统的银行对账单和工资单收集方式,在数字身份验证、收入核实及审批流程优化等方面实现了效能大幅提升。值得一提的是,OBaaS 平台提供的集成 API 接口具有高度的灵活性和可扩展性,能够轻松地将新数据融入决策引擎,实现自动化处理。

(3)挖掘人工智能技术优势,信用评估效率与精准度双提升

Equifax 研发了全球领先的可解释信用风险 AI 技术——Neuro Decision,该技术为贷款机构提供了更加精准的信用风险决策支持。Neuro Decision 的核心优势在于其透明性。它结合了神经网络的强大性能,能够清晰揭示模型的工作机制。这一特性对于增强消费者信任、满足监管审查要求至关重要。针对每位消费者,Neuro Decision 都能生成个性化的信用得分解析。这种定制化的服务不仅提升了用户体验,还帮助贷款机构更好地理解消费者的信用状况。在实际应用中,Neuro Decision 展现出

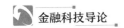

了显著的业务效益。在不增加整体风险水平的前提下,该技术能够扩大客户批准范围,帮助贷款机构吸引更多优质客户。同时,在保持批准率稳定的情况下,Neuro Decision 还能显著降低违约率,提升资产质量。该技术提供的个性化解析机制,能够根据消费者的反馈动态调整得分,已在 Equifax 的英国客户中成功落地。

(4)发布信用风险导航工具,信用评估细节管理再升级

Equifax 推出的 Risk Navigator 信用风险导航工具,是基于消费者信用档案原始数据的深度挖掘与分析,其构建了一套完整的信用特征体系,涵盖了当前信用支付状况等多个维度。Risk Navigator 提供了针对电信、零售、房贷、信用卡及活期账户的专项评分。这些评分基于各自领域的特定风险点和评估标准,能够更准确地反映消费者在不同场景下的信用风险水平,为贷款机构提供更加科学的贷款决策依据。最新版本的 Risk Navigator 5 在预测能力上实现了质的飞跃,即便是对信用记录较少人群的评分准确性也大幅提高。这意味着贷款机构能够更准确地评估这部分人群的信用风险,从而在不增加自身风险承受能力的情况下,向更多有潜力的申请人提供信贷优惠,并通过优化信用等级策略来提高贷款申请的通过率。

(二)Experian

1.Experian 集团概述

Experian 集团总部位于爱尔兰首都都柏林,两个营运总部分别设于美国加州的哥斯达美萨和英国的诺丁汉,该集团已在全球多个国家设立办事处,并拥有大量员工。Experian 通过提供征信服务、决策分析和市场营销等服务,帮助企业管理信贷风险,防止欺诈行为,确定营销目标,以及实现自动化决策。同时,针对个人提供查询服务和身份保护等个人征信服务,帮助个人用户查询自己的信用报告和信用评分,并防止身份盗用。

作为全球规模最大的征信公司之一,其发展历程既丰富又充满变革。

(1)起源与早期发展

Experian 的发展历史可以追溯到 1803 年,一群伦敦裁缝开始互相交换不能偿清债务的客户信息,这种集会和交易方式迅速在伦敦发展,成为 Experian 未来发展的基石。到了 1980 年,英国零售集团 GUS(Great Universal Stores)成立了 CCN Systems(诺丁汉商业信用有限公司),其作为 Experian(益博睿)发展历程中的关键前身机构,从事信用审核服务。仅仅经过 5 年的发展,CCN 便占据了英国几乎三分之二的市场,并开始积极探索海外市场。

(2)美国的发展与合并

Experian 在美国的根源可以追溯到 1953 年成立的专业电子公司 Ramo Wooldridge。该公司不断拓展市场和业务,并最终整合所有业务成立 Thompson

Ramo Wooldridge Inc.(TRW)。TRW 于 1968 年通过收购旧金山的 Credit Data 公司,正式迈入了征信行业的大门。此后,TRW 不断进行业务扩张和资源整合。到了 1986 年,TRW 凭借不懈努力和精准的战略布局,成为美国首个覆盖全部 50 个州的征信机构。这一里程碑式的成就,不仅彰显了 TRW 在征信领域的领先地位,也为其后续发展奠定了坚实的基础。为了进一步拓展征信业务,提升品牌影响力和市场竞争力,TRW 决定不再使用原名,于 1996 年 7 月成立了 Experian,标志着 TRW 在征信领域迈入了一个新的发展阶段。

(3)全球扩张与业务多元化

在征信市场向海外扩张的浪潮下,1996 年 GUS 收购了 Experian,并将其与 CCN 进行合并,共同组建了全新的 Experian。在接下来的十年中,Experian 不断兼并收购美国征信市场的中小机构,扩大其市场份额。同时,Experian 还积极拓展其产品业务线,将服务行业从最初的金融和零售业,逐步扩展到电信、医疗、汽车和政府等多个不同领域。在巩固国内市场的同时,Experian 也加快了海外市场的布局步伐,从英国、美国逐渐拓展到拉丁美洲、亚太和东欧等全球 80 多个国家。由此,Experian 迅速成长为征信行业的佼佼者,2006 年 10 月,Experian 从 GUS 分离,并在伦敦证券交易所(EXPN)上市。

(4)数据泄露风波

2018 年 6 月至 8 月,爱尔兰信用局在进行数据库代码更新时,不幸发生了技术错误。这一失误导致 1.5 万个已关闭账户的记录被错误地更新,并且这些敏感的个人信息被不当地提供给了金融机构及数据主体,引发了广泛的关注和担忧。而在两年后,即 2020 年 5 月,Experian 南非分公司也遭遇了严重的数据泄露事件。这次泄露的规模更为庞大,大约 2500 万名个人和 80 万家实体的个体信息被非法获取和泄露。这些事件再次为我们敲响了警钟,提醒我们数字化时代的信息安全问题不容忽视。企业和机构需要采取有效措施,加强信息安全防护。

2.Experian 的商业模式

从收益结构来看,Experian 的业务模式主要建立在两大支柱之上:面向企业的 B2B 合作和面向个人消费者的服务。进一步细分,B2B 合作又涵盖了数据服务和决策解决方案两大核心组成部分。2021 年,集团总收入达到 53.57 亿美元,其中数据服务、决策解决方案及消费者服务的占比分别为 54%、22%和 24%。

(1)B2B 业务领域

①数据服务:该领域运用尖端的科技与分析能力,将公司长期积累的海量消费者与企业数据,以及持续收集的广泛外部数据源,深度加工转化为高价值的用户画像、标签及深度洞察,助力企业合作伙伴更深入地理解其客户群体特征、行为偏好及需求趋势,从而为信贷审批、产品设计、营销策略制定等关键环节提供坚实的数据支撑。

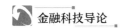
②决策解决方案:该领域基于公司庞大的数据库资源(包括金融与行为数据),结合企业合作伙伴不断更新的数据,提供信用评分等决策辅助工具,并帮助企业构建和优化分析决策平台、软件及系统,通过引入先进的算法与智能技术,实现决策过程的智能化、自动化。同时,确保业务流程的合规性,通过多重验证与监控机制,有效减少欺诈行为与信用风险。该领域的核心目标是优化企业的决策流程,通过提供全面、高效的决策支持,助力企业合作伙伴提升运营效率。

(2)消费者服务领域

该领域致力于为美国、巴西、英国、南非、秘鲁、哥伦比亚及印度的个人消费者提供全面的信用管理服务,包括信用报告、信用评分及在线金融教育。对于特定地区的用户,Experian鼓励其主动分享个人信息,如手机、物业账单、流媒体账号等,以丰富个人信用档案,提升信用评分。此外,公司还向个人用户提供金融产品推荐服务,如房贷、信用卡、个人贷款及汽车保险,通过搭建服务提供方与消费者的桥梁,帮助消费者找到最适合的金融产品。在巴西,公司创新性地推出了 Limpa Nome 一站式还款信息平台,让消费者能够便捷地查看所有逾期记录,并通过平台与贷款机构协商还款计划。

(三)芝麻信用评分

1.芝麻信用评分的数据来源

(1)阿里巴巴集团的电商数据

芝麻信用依托阿里巴巴集团的强大电商生态,能够获取用户在淘宝、天猫等电商平台上的购物行为数据。这些数据包括用户的购买记录、消费习惯、退货率等,能够反映用户的消费能力和信用水平。

(2)蚂蚁金服的互联网金融数据

蚂蚁金服作为阿里巴巴集团旗下的金融科技公司,拥有大量的互联网金融数据。芝麻信用能够获取用户在支付宝、蚂蚁花呗、蚂蚁借呗等金融产品上的使用记录,包括用户的支付行为、借贷行为、还款记录等。这些数据对于评估用户的履约能力和信用状况具有重要意义。

(3)公共机构数据

芝麻信用还与公安网等公共机构合作,获取用户的身份信息、住址搬迁历史等公共数据。这些数据有助于验证用户的身份真实性,提高信用评估的准确性。

(4)合作伙伴数据

芝麻信用还积极与电信运营商、水电煤缴费平台、租车平台等建立合作关系,获取用户在其他平台上的行为数据。通过整合这些合作伙伴的数据,芝麻信用能够更全面地了解用户的信用状况。

2.芝麻信用评分的数据处理

(1)芝麻信用分的数据处理流程

芝麻信用分的诞生,离不开阿里巴巴大数据平台的强大支撑。这一流程由三大部门紧密协作:阿里云业务部负责数据的采集、存储与初步处理;数据平台事业部则专注于数据的清洗与格式化,将原始数据转化为结构清晰、便于分析的形式;最后,商业智能部运用专业建模与分析技术,提炼出对业务有价值的指标,即我们日常所见的芝麻信用分。

(2)芝麻信用分的数据处理技术应用

芝麻信用分的计算模型是阿里巴巴的内部机密,外界难以窥探其全貌。但从公开资料中,我们可以了解到芝麻信用在数据处理上的独特策略。它融合了机器学习方法,对传统信用评估模型进行了优化,并利用云计算技术,显著提升了大数据关联分析的效率。在算法探索上,芝麻信用不断尝试新的方法,如随机森林、决策树、神经网络等,深入挖掘用户的信用特征,以期提高信用评估的精准度和效率。

3.芝麻信用分的用途

(1)信用消费与金融服务

在淘宝天猫、拼多多、快手小店等电商平台以及线下商家,芝麻信用分达到一定要求(如大于等于550分),可享受先用后付的购物体验,即0元下单,确认收货后再付款。芝麻信用分较高(如大于等于600分)的用户有机会开通花呗和借呗功能,享受信用消费和短期借款服务。芝麻信用分也被部分金融机构作为放贷的参考依据,信用分较高的用户更容易获得贷款审批。

(2)免押金服务

芝麻信用分≥600分的用户,在租赁3C数码、生活用品等物品时,可以免押金租赁,租完即还。芝麻信用分达到一定要求(如大于等于550分),在租车时可以享受线上0元预订、免押金、免违章金的福利。芝麻信用分较高的用户,在骑行共享单车时也可以享受免押金服务。

(3)信用住宿与出行

芝麻信用分≥550分的用户,在预订酒店民宿时可以享受0元预订、退房免查房、离店自动结账的便捷服务。芝麻信用分较高的用户,在阿里旅游多间酒店可以享受"信用住"服务,即免押金、先住后付。芝麻信用分≥550分的用户,在乘坐网约车时可以享受先乘车后付费的服务,下车后自动结算。

(4)生活便利服务

芝麻信用分≥550分的用户,在智能货柜购物时,可以扫脸购物,即拿即走,自动结算。芝麻信用分≥550分的用户,在使用充电桩时可以免预存、免办卡,即充即走,自动结算。芝麻信用分≥550分的用户,在寄快递时可以免预存费用,享受0

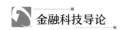

元预约服务,快递员确认后费用自动扣款。

四、行业协会主导的大数据征信机构

(一)全国银行个人信用情报机构(PCIC)简介

PCIC 是日本个人征信业的重要机构之一,代表着行业协会型个人征信机构。作为由日本银行家协会等权威组织组建管理的征信信息中心,PCIC 汇聚了众多银行等金融机构的力量,共同致力于构建一个高效、安全、可靠的征信体系。

在创立初期,PCIC 便以风险防控为核心目标,致力于降低金融市场中的信息不对称风险。通过收集、整合和共享个人信用信息,PCIC 为金融机构提供了一个重要的决策支持工具,帮助它们更好地评估和管理信用风险。这一初衷不仅符合金融机构的利益,也促进了金融市场的稳定和健康发展。

PCIC 经过多年发展,积累了丰富的征信经验和数据资源,在日本征信业占据重要地位,并形成独特竞争优势。与株式会社型个人征信机构不同,PCIC 坚持非盈利型运营模式,对于提供的信息服务仅收取成本费用,确保信息客观准确的同时降低金融机构征信成本,提高金融市场效率。这使得 PCIC 在征信市场中具有较高的独立性、权威性和公信力。日本三大个人征信机构如表 4-2 所示。

表 4-2　日本三大个人征信机构

机构名称	全国银行个人信用情报机构（PCIC）	日本信用情报机构（JICC）	株式会社信用信息中心（CIC）
类型	行业协会型个人征信机构	株式会社型个人征信机构	株式会社型个人征信机构
成立背景	由银行协会等金融机构联合创立,初衷是风险防控	由消费者金融行业信用信息中心等联合创立	在《贷金业法》和《分期付款销售法》框架下得到授权
运营目的	非营利性,为会员提供信用信息服务	商业化运作,以营利为主要目的	商业化运作,以营利为主要目的
会员构成	主要为银行等金融机构	包括消费者金融行业信用信息中心等	向其提供和查询信用信息的企业
信息来源	主要采集于会员银行,占比高达 61.3%	涵盖多个行业,具有全行业的信用信息	覆盖多个行业,分期付款领域具有专业性
信息共享	通过金融信息网络和信用信息网络与其他征信机构共享信息		
服务特点	提供个人信用信息查询、监测等服务,不以营利为目的	提供全面的个人信用信息服务,注重数据安全和隐私保护	提供跨行业的信用信息服务,具有高度的专业性和准确性

（二）主要业务

PCIC 的主要业务是为协会会员提供个人信用信息的收集和共享服务。它通过内部信用信息共享机制，实现信用信息的征集和使用。具体来说，PCIC 会收集会员单位（如银行等金融机构）提供的个人信用信息，包括消费者基本信息、申请信息、交易信息、签订的合同信息、偿还和支付情况（含分期付款的情况）、拖欠情况、拒付信息、担保信息、余额情况、债权回收和转让信息、合同强制解除情况、破产申请信息等。这些信息经过处理和整合后，会提供给有查询需求的会员单位，帮助它们更好地评估和管理信用风险。

（三）发展模式

1.会员制管理

PCIC 采用会员制的管理方式，只有成为会员的单位才能享受其提供的信用信息查询服务。这种管理方式有助于确保信息的准确性和安全性。

（1）会员构成与准入

PCIC 的主要成员包括银行等金融机构，这些机构通过申请并经过严格的审核程序后，成为 PCIC 的会员单位。会员单位的构成确保了 PCIC 能够获取到全面、准确的个人信用信息，为金融机构提供决策支持。

准入审查是 PCIC 会员制管理方式的重要环节。申请成为会员的单位需要满足一定的条件，包括规模、人员配置、安全管理策略以及数据库接入能力等。PCIC 会对申请单位进行严格的审查，确保其具备成为会员的资格和能力。

（2）会员权利与义务

作为 PCIC 的会员单位，享有以下权利。

①信息查询权：会员单位可以通过 PCIC 的系统查询个人信用信息，以支持其信贷决策和风险管理。

②信息更新权：会员单位可以定期向 PCIC 提供更新后的个人信用信息，以确保信息的准确性和时效性。

③参与规则制定权：会员单位有权参与 PCIC 相关规则的制定和修改过程，共同推动征信业的健康发展。

同时，会员单位也承担以下义务。

①遵守规定：会员单位需要遵守 PCIC 制定的各项规定和制度，确保信息的合法合规使用。

②保护信息安全：会员单位需要采取有效的措施保护个人信用信息的安全，防止信息泄露和滥用。

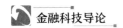

③支付费用:虽然 PCIC 坚持非盈利型的征信运营模式,但会员单位仍然需要支付一定的成本费用以支持 PCIC 的运营和发展。

(3)会员管理与监督

PCIC 对会员单位实行严格的管理和监督,以确保会员制的有效运行和征信业的健康发展。具体方式包括:

①定期回访与监控:PCIC 会定期对会员单位进行回访和监控,检查其信息查询、登记与业务开展情况是否匹配,是否存在信息泄露现象等。

②义务违反处罚:对于违反规定的会员单位,PCIC 会采取相应的处罚措施,如暂停查询权力、解除会员合同等,以维护征信业的秩序和公信力。

③信息共享与协作:PCIC 通过与其他征信机构的合作与交流,推动信息共享和协作,共同提升征信业的服务水平和竞争力。

2.信用信息共享机制

(1)内部信用信息共享机制

PCIC 通过内部信用信息共享机制,实现会员单位之间的信用信息共享。这种内部信用信息共享机制的核心价值在于:

①降低信息不对称风险:PCIC 的会员单位通过共享个人信用信息,能够更全面地了解借款人的信用状况,有效降低了信息不对称导致的信贷风险。

②提升金融市场效率:信息共享加速了信贷审批流程,减少了不必要的调查和核实环节,从而提高了金融市场的整体运作效率。

③增强金融稳定性:通过共享机制,金融机构能够更准确地评估市场风险,及时调整信贷策略,有助于维护金融市场的稳定。

(2)与其他征信机构的合作与创新

随着日本征信业的不断发展,PCIC 也在不断探索和创新。例如,它与其他征信机构(如 JICC、CIC)之间建立了信用信息共享机制,通过金融信息网络(financial information network,FINE)和信用信息网络(credit information network,CRIN)实现跨机构的信息共享。这有助于进一步提高征信服务的覆盖面和准确性。

①FINE:FINE 是一个连接多家金融机构和金融相关机构的网络,旨在提供实时、准确的金融信息服务。通过 FINE,PCIC 能够与其他金融机构实现数据的实时交换,包括账户信息、交易记录等,这些信息对于评估个人信用状况至关重要。FINE 的实时性确保了 PCIC 能够及时获取最新的金融数据,提高了征信服务的时效性和准确性。为了确保不同金融机构之间数据的有效流通与利用,FINE 采用了统一的数据标准和格式。这意味着,无论数据来自哪家金融机构,都能被 FINE 网络以一致的方式处理和存储。PCIC 在接收这些数据时,不用进行复杂的数据转换或清洗工作,就能直接用于个人信用评估。这不仅提高了数据处理效率,还降低了出错的风险。

②CRIN：CRIN是一个专注于信用信息共享的网络，旨在促进征信机构之间的高效、安全的信息流通。各征信机构可通过CRIN以标准化方式上传、接收和处理信用信息，确保信息准确性和一致性，为信用评估提供坚实基础。作为CRIN的重要成员，PCIC通过该网络与其他征信机构共享个人信用信息，包括逾期记录、信用评分等，构成征信数据库核心内容，为金融机构提供全面的借款人信用画像。此外，CRIN采用了先进的数据流通与处理技术，确保信用信息的快速传递和高效处理，提高了征信服务的响应速度和准确性，使金融机构能更及时地获取借款人信用信息，从而做出明智的信贷决策。

(四)行业协会主导型征信机构的利弊

行业协会主导型征信机构作为一种特定的信用体系建设模式，在日本个人征信业的发展历程中占据了重要地位。这类征信机构通常能够针对本行业的会员提供有针对性的服务，专业性较强。在行业协会的协调和管理下，征信机构的运作效率通常较高，能够快速响应会员的信用信息需求。同时，由于行业协会通常具有一定的规模经济效应，因此征信机构的成本相对较低，有利于降低会员的征信成本。此外，行业协会主导型征信机构还有助于推动行业自律，规范行业发展，提高行业的整体信用水平。

然而，行业协会主导型征信机构的信用信息共享范围通常局限于本行业协会的会员，这导致其信用信息的覆盖面相对有限。同时，不同国家和地区行业协会的发展水平参差不齐，进一步制约了这类征信机构的发展空间。此外，市场化运作的不足可能限制了其创新能力和市场竞争力的提升，从而对其长期发展产生不利影响。随着市场化运作趋势的日益增强，部分原本由行业协会主导的征信机构，如JICC、CIC等，已经成功转型为市场化征信机构。

总结·拓展 4-3

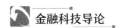

第五章
智能投顾

随着人工智能、大数据、云计算等信息技术的飞速发展,金融行业正经历着前所未有的变革。智能投顾作为这场变革的产物,融合了金融学、计算机科学、心理学等多学科的理论与技术,为投资者提供了更高效、更智能、更具个性化的资产管理服务。这种投顾模式打破了传统财富管理的高门槛,为广大小额投资者带来了前所未有的便利。本章旨在系统阐述这一新兴投资顾问模式,涵盖其发展历程、核心理论与技术体系,并对智能投顾在中国的发展实践进行历史梳理与未来展望。

第一节　智能投顾概述

一、智能投顾的定义

智能投顾,又称机器人投顾(robo-advisor),是一种新兴的投资顾问模式。与传统投资顾问服务不同,智能投顾强调由机器提供咨询意见或决策支持。全球首批智能投顾公司诞生于2007年次贷危机后的美国。2008年,Wealthfront成立;2010年,Betterment成立;2012年,SigFig与FutureAdvisor相继成立。此后,新兴技术公司、互联网公司及传统金融机构纷纷跟进,推出各自的智能投顾服务。随着云计算、大数据和人工智能技术的发展,智能投顾已历经多个阶段,取得了显著进步。

作为一项新兴技术与产业,智能投顾是一个较为宽泛的概念。简而言之,智能投顾用机器替代人工,为客户提供在线投资顾问服务,其服务过程与操作管理基本实现自动化。美国证券交易委员会(SEC)将其定义为"基于网络算法的程序,运用现代科技为客户提供全权委托式账户管理服务的注册投资顾问"。[1] 我国监管机

---

[1]　《智能投顾监管指南》,美国证券交易委员会2017年2月发布。

构则将其精炼表述为"运用人工智能技术开展投顾业务"。①

在实践中,智能投顾有狭义与广义之分。狭义的智能投顾是指利用云计算、智能算法和机器学习等技术,基于现代投资组合理论、资产定价理论和行为金融理论构建应用模型,结合投资者的财务状况、风险偏好、收益目标和投资期限等个性化特征,为其提供理财建议。这也是国内外智能投顾的主流形式。广义的智能投顾则涵盖整个财富管理行业,包括个人账户管理、信贷管理和税务筹划等内容。

二、智能投顾的发展历程

20 世纪 90 年代,计算机技术蓬勃发展,互联网信息技术逐渐应用于金融领域。在证券投资领域,投资者可直接通过网络了解市场行情并参与交易。1990 年代末,部分咨询类经纪业务开始通过网络进行。人工投顾通过调查问卷等方式为客户画像,并准备相应的销售材料。这一阶段可称为人工在线投顾阶段,虽然主要工作仍由人工完成,但已初步具备智能投顾的雏形。

2005 年,美国证券商学会颁布法规,允许证券经纪人借助投资分析工具为客户提供理财服务,智能投顾平台由此诞生。用户通过在平台上回答问卷或选择标签,可排除不合适的投资产品。平台基于投资理论或模型,从剩余产品中计算出适合用户的投资组合。这一阶段被称为标签过滤阶段。在该阶段,平台采用企业对消费者(B2C)模式,主要为客户提供投资组合建议,投资产品包括股票、债券和基金等。

2008 年金融危机后,大量新兴科技公司(如 Betterment 和 Wealthfront)进入金融投顾行业,为用户提供数字化投顾工具。用户可通过问卷测试风险承受能力,平台基于预定义的产品风险系数筛选合适的产品。2015 年前后,传统金融机构也开始布局智能投顾(如 Blackrock 收购 FutureAdvisor,高盛收购 Clarity Money),智能投顾的客户资源进一步丰富。此时的智能投顾平台已能基于大数据构建机器学习模型,提供更智能的量化金融服务,属于半自动化投顾阶段,即机器决策与人工决策相结合。

2015 年至今,随着大数据、AI 大模型和大算力的发展,智能投顾进入人工智能投顾阶段。平台通过用户问卷捕捉风险偏好,自动推荐适配的投资产品。智能算法可根据用户操作记录实时调整偏好,并结合历史数据与市场动态预测产品趋势,自动优化资产组合。2020 年后,随着大语言模型 ChatGPT 的出现,智能投顾迎来新的发展机遇:一方面,ChatGPT 为投顾从业者提供全面准确的专业信息,例

①《关于规范金融机构资产管理业务的指导意见》(银发〔2018〕106 号)。

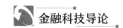

如摩根士丹利财富管理部门(MSWM)正在开发基于 GPT-4 的聊天机器人,帮助投资顾问实现财富管理内容的全面搜索;另一方面,ChatGPT 可通过与客户对话等方式参与投顾环节,提升了平台使用体验。

三、智能投顾的发展现状

自 2008 年首批初创型金融科技公司进入资产投顾行业以来,智能投顾产业步入快速发展轨道。特别是 2017 年后,随着人工智能、大数据和云计算技术的进步与应用,智能投顾行业实现了飞跃式增长。截至 2022 年末全球智能投顾资产管理规模达 2.45 万亿美元,2017 年至 2022 年的年复合增长率达到 66.76%(数据来源 Statista 报告,中国银河证券研究院)。由于智能投顾并非大额投资者的首选,其渗透率相对于全球第三方机构 98 万亿美元的资产管理规模仍处于较低水平,预计保持在 3% 以下。未来,随着更多投资者认可智能投顾的价值,其市场份额和渗透率将逐年提升。

美国作为智能投顾的发源地,其产业发展最为成熟。根据 Statista 报告,截至 2023 年,全球智能投顾资产管理规模回落至 1.37 万亿美元,其中美国占比 81%,达到 1.1 万亿美元。Statista 预测,2028 年美国智能投顾总资产管理规模将达到 1.87 万亿美元,年复合增长率接近 11.2%。

四、智能投顾的优势特点

作为一种创新金融服务,智能投顾从诞生之初便具备传统人工投顾所不具备的优势。

(一)低门槛

与传统人工投顾对客户资产规模的高要求相比,智能投顾的门槛较低。例如,美国先锋集团在推出智能投顾产品前,投资门槛为 50 万美元以上,而推出后降至 5 万美元。目前,部分智能投顾平台已取消投资门槛。

(二)低费率

由于节省了人力成本,智能投顾的费率相对较低。传统投顾的管理费率通常高于 1%,而智能投顾的管理费率仅为 0.1%～0.5%。

(三)便利高效

智能投顾充分利用互联网的便利性,几乎所有投资操作均可在线完成。同时,借助大数据和人工智能技术,智能投顾能够精准高效地匹配客户需求。

(四)客观理性

智能投顾基于算法制定策略,对市场环境变量设置固定阈值及止损、止盈条件。当达到阈值或条件时,系统会自动触发程序化交易,避免人为主观情绪干扰。

(五)投资品种多样

通过智能投顾,投资者可扩大投资范围,并基于人工智能同时管理多个标的。其产品配置范围广、分散度高,有助于实现低波动性,而传统投顾的投资品种相对有限。

第二节　智能投顾的业务流程与业务模式

一、智能投顾的业务流程

智能投顾服务商的业务表现形式可能不尽相同,但一般具有相似的业务流程,如图5-1所示,主要包括:客户分析(用户画像)、资产配置、交易执行、投资组合再平衡、税负管理和投资组合分析,其中税负管理环节为国外特有。

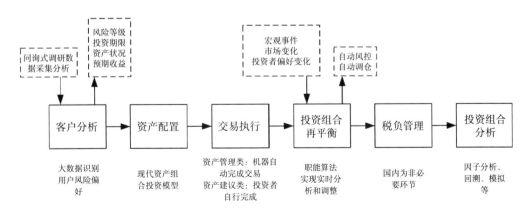

图 5-1　智能投顾的业务流程

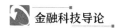

(一)客户分析(用户画像)

智能投顾接触客户的首要任务是了解客户需求。智能投顾平台通过收集客户数据,包括用户填报的基本信息以及外部数据(如社交平台数据、历史交易记录等),为客户生成个性化标签,以便开展后续的资产配置、产品营销等工作。在某些情况下,平台还可获取客户家庭信息(如配偶的财务状况)作为补充。由于合规性限制,国内智能投顾平台的数据源相对有限,通常通过调查问卷了解客户的个人基本信息、财务状况、投资目标和风险偏好。问卷设计需确保收集的信息与业务相关,并对客户回答的不一致性进行分析和解释。表 5-1 为一份典型的问卷调查表示例。

表 5-1　客户问卷调查表

1.以下哪项描述最符合您的投资态度?(　　　)
　　A.风险厌恶,不希望本金损失,希望获得稳定回报
　　B.保守投资,不希望本金损失,愿意承担一定幅度的收益波动
　　C.寻求资金的较高收益和成长性,愿意承担一定幅度的收益波动
　　D.希望赚取高回报,愿意为此承担较大的本金损失

2.您的年龄是(　　　)。
　　A.18 ～ 28 岁
　　B.29 ～ 35 岁
　　C.36 ～ 45 岁
　　D.46 ～ 55 岁
　　E.大于 55 岁

3.您的投资目标是(　　　)。
　　A.不希望本金损失,仅追求资产保值
　　B.能承担适当风险,追求资产稳步增长
　　C.能够承受较大风险,追求资产大幅增长

4.您计划的投资期限是多久?(　　　)
　　A.1 年以下
　　B.1 ～ 3 年
　　C.3 ～ 5 年
　　D.5 年以上

5.您有多少年的投资股票、基金、外汇、金融衍生品等风险投资品的经验?(　　　)
　　A.没有经验
　　B.少于 2 年
　　C.2 ～ 5 年
　　D.5 ～ 8 年
　　E.8 年以上

续表

6.您的综合年收入(单位:元)为(　　　)。
A.5 万以下
B.5 万 ～20 万
C.20 万 ～50 万
D.50 万 ～ 100 万
E.100 万以上

7.您的工作

8.您每年有多少钱用于投资?(　　　)

(二)资产配置

智能投顾通常不直接购买股票或参与商品期货交易,而是通过投资被动型指数基金或机构研发的金融产品间接参与市场。即使参与衍生品交易,也主要以对冲风险为目的。智能投顾的资产配置过程与 FOF 业务(FOF,fund of funds,即基金中的基金,是一种专门投资于其他投资基金的基金)具有相似性。智能投顾在以下两个层次上设定资产配置比例。

第一层次:大类资产配置。在风险可接受的范围内,智能投顾平台与投资者需明确各大类资产(如股票、债券、大宗商品、外汇、衍生品等)的投资比例。资管行业普遍认为,不同大类资产的相关性较低,其组合能有效降低资产价值波动。目前,已有一些关于大类资产配置的实践,例如文艺复兴基金通过"风险平价"方法取得了良好的净值表现。通常,这一比例与宏观环境密切相关。由于国内投资产品相对单一,部分智能投顾平台可能仅专注于特定大类资产。

第二层次:大类内金融产品选择。基于用户画像,智能投顾刻画投资者的预期收益和风险偏好,提供相匹配的资产组合建议。平台通常运用金融产品的长期历史数据进行分析建模,并依据下一节中所提及的投资组合理论构建最优风险收益比组合供客户参考。

(三)交易执行

从交易类型看,智能投顾产品按资产操作方式可分为资产管理类和资产建议类。资产管理类产品的人工操作较少,用户需高度信任机器,并由系统自动完成交

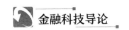

易;而资产建议类产品则需投资者在获得建议后自行判断并执行交易。

从交易成本看,智能投顾产品采用透明化的单一费率模式。以美国为例,传统投顾服务费用包括咨询费、充值提现费、投资组合调整费、隐藏费、零散费等近十类,项目繁杂且不透明,总费率通常超过 1%。而智能投顾产品仅收取 0.15% ~ 0.35% 的咨询管理费。值得注意的是,无论是传统投顾还是智能投顾,交易过程中产生的交易费、持有费等中间费用均由投资者承担。

从交易市场看,智能投顾产品涵盖国内外多种理财产品,涉及股指、债券、商品等多个交易市场。

从交易机制看,智能投顾推荐的理财产品与传统理财产品类别一致,其交易机制与传统资产管理机构相同,包括信号触发机制、交易执行机制和风险监控机制等。

(四)投资组合再平衡

现实中,投资组合的调整通常由两种情形触发。其一是金融市场环境变化,原有资产组合中各类资产的市值比例发生大幅变动,或者资产标的基本属性发生根本改变,导致组合偏离客户的配置目标;其二是投资者目标或偏好发生改变。对于第一种情形,智能投顾可在预设参数阈值下自动调整。例如,当股票市场大幅上涨导致高风险资产比重显著增加时,系统会触发调整,卖出部分股票资产并买入低风险债券资产,使组合恢复到投资者的风险承受范围内。与此类似的手段被称作再平衡策略,常见方式包括买入再平衡、卖出再平衡、组合配比调整再平衡、波动再平衡和观点再平衡。对于第二种情形,调整通常由客户提出,平台随后自动执行相应操作。

(五)税负管理

税负管理是指智能投顾通过一系列策略帮助投资者优化税务效率、减少税收负担。主要手段包括税收亏损收割、避免洗售规则、资产位置优化和分红再投资等。税收亏损收割是指通过出售亏损证券来抵消资本收益,从而降低应纳税额;避免洗售规则是指在运用税收亏损收割时,在卖出亏损资产后的 30 天内避免买入类似产品;资产配置优化则指将税效较低的资产放在税收优惠账户,如退休账户;分红再投资则指将红利再次投资,推迟资产出售,以避免立即纳税。由于我国税收制度与国外有所区别,该环节为国外特有。

(六)投资组合分析

作为智能投顾实践的最后环节,系统会自动生成投资分析报告,供智能投顾平台客户或金融专业投资人士参考。报告内容包括各收益因子的暴露与损益、不同时间段上投资组合的回测结果,涉及累积收益曲线、最大回撤、夏普值等。这样的分析能帮助专家从不同角度看待和分析不同的投资产品以及投资配比,决定如何调整持仓。部分智能投顾产品会对产品的数据和基本面信息进行分析并可视化,辅助专家评估投资组合。利用数据挖掘算法与可视化工具生成报告,涵盖业绩展示、业绩归因、风险因子分析、组合描述性统计分析、回测和模拟等内容。表 5-2 列举了常用的投资组合评价指标。

表 5-2　投资组合评价指标

名称	含义
累积收益	由构建到结束,资产组合的累计损益记录
年化收益	按现有投资期限将投资组合的收益率水平折算为标准一年期的收益率数值
贝塔系数	衡量资产收益率对市场变化率的敏感度,代表资产的系统风险
阿尔法	实际风险回报与预期风险回报的差异
夏普比率	衡量投资组合的收益风险比
索提诺比率	类似于夏普比率,但使用下行波动率作为分母
信息比率	类似于夏普比率,但使用相对基准的超额收益作为分子
最大回撤	投资期内,由任意时刻开始记录最大的损失率,记为回撤;最大回撤为投资期内所有时刻点回撤的最大值
波动率	投资组合损益的标准差,通常统一按年化计

二、智能投顾的业务模式

智能投顾经历了长期发展,其业务内容、服务模式和服务对象在不同时间阶段和国家地域中呈现多样化的特点。以下从多个角度对智能投顾的业务模式进行分类。

根据业务内容,智能投顾可分为大类资产配置、投资策略类以及社交跟踪投资。大类资产配置以现代投资组合理论为基础,通过全球化资产配置策略,将投资组合分散于股票、公司债券、房地产、通胀保值证券及自然资源等多元资产类别。这种配置模式具有显著的被动投资特征,其价值波动相对平缓,收益稳定性突出,因而特别适合养老基金、保险公司等机构投资者以及追求长期稳健收益的个人投资者。投资策略类智能投顾可细分为量化策略型与主题策略型两大类别。前者主要依托数据分析和算法模型,从市场本身发现投资机会;后者则更注重行业发展与宏观经济趋势演变。社交跟踪投资作为近年来兴起的新型投资模式,通过整合社交平台或平台内置的社交属性,实现了投资经验的共享与传播。该模式将专业投资人士或资深投资者的投资组合与业绩表现透明化,为普通投资者提供了有价值的参考依据,降低了投资决策门槛。

根据服务模式,智能投顾可分为独立建议型、混合推荐型和一键理财型。独立建议型智能投顾通过分析客户的年龄、资产状况、投资期限和风险承受能力等参数,为客户提供与其风险收益偏好相匹配的投资组合建议。这类平台仅提供投资建议并代销第三方金融机构的产品,自身并不参与金融产品的开发。混合推荐型智能投顾在服务模式上与独立建议型类似,但其提供的投资组合建议中可能包含平台自主研发的金融产品,实现了外部产品与自有产品的有机结合。一键理财型智能投顾则通过算法分析用户的投资需求和历史行为数据,自动完成资产配置和交易执行,为投资者提供全流程的自动化理财服务。

根据投顾服务过程中自动化程度的不同,投顾平台可分为半自动投顾和全自动投顾两种类型。半自动投顾是指在运作过程中,机器与人力相互配合、互为补充的投顾模式。其具体运作流程可分为四个步骤:首先设定投资目标,其次进行资产管理与资产配置分析,然后对接传统理财师,最后制定个性化投资策略。在这种模式下,传统投顾人员能够借助智能系统更加全面地了解用户偏好与需求。同时,资深投资者也可以参考半自动智能投顾平台提供的投资建议,自主参与交易决策。需要说明的是,前文提到的独立建议型与混合推荐型服务都属于半自动投顾的范畴。全自动智能投顾则是指用户无须过多参与投资决策过程的投顾模式。这类平台的运作流程主要包含三个环节:首先是设定投资目标,其次是生成投资组合策略,最后进行资金投入以获取回报。其中,前文提到的一键理财型服务就是典型的全自动智能投顾模式。

根据服务对象的不同,智能投顾可分为 2B 模式、2C 模式以及 2B2C 模式[①]。2B 模式主要面向资产管理公司等金融机构提供服务。该模式涵盖金融机构中台的投研系统、后台的财富管理系统,以及前中后台一体化的系统解决方案,旨在为金融机构提供全面的技术支持和服务优化。2C 模式则直接面向个人投资者,提供多样化的智能投顾服务。这些服务包括股票智能投顾、公募基金智能投顾,以及涵盖全品类金融产品的资产配置服务,满足个人投资者的多元化投资需求。2B2C 模式是一种间接服务模式,通过赋能机构或投资顾问等渠道方,最终服务于 C 端个人客户。这种模式结合了机构服务和个人服务的优势,既提升了机构的服务能力,也为个人客户提供了更加专业和便捷的投资顾问服务。

---

① 2B 即 to business(面向企业),这里指面向机构投资者;2C 即 to customer(面向客户),这里指面向个人投资者;2B2C 即 to business to customer,指企业通过平台为商户提供所需的服务,帮助商户高效触达消费者,从而实现平台、商户和消费者三方的共赢。

第三节　智能投顾的理论与技术要素

一、智能投顾的理论基础

智能投顾遵循科学投资理论管理资产,本节将逐一介绍核心理论,包括投资组合理论、资产定价模型、套利定价理论、Black-Litterman 模型以及行为金融学。

(一)马科维茨资产组合理论

马科维茨提出的现代投资组合理论(modern portfolio theory,MPT)是金融学领域的里程碑式成果。该理论将资产的预期回报与风险分别量化为资产历史回报的均值与收益率的标准差,并通过资产间收益率的相关性计算不同权重下投资组合的预期回报与风险,从而帮助投资者根据个人风险偏好选择最优投资组合。马科维茨投资组合理论的核心是均值—方差模型(mean-variance Model),其目标是在给定风险水平下最大化预期回报,或在给定预期回报下最小化风险。在实际求解过程中,这一理论可以转化为以下二次优化问题:

$$\text{Min}(\omega^{\text{T}} \sum \omega)$$
$$\text{s.t.} \quad E(r) = r_p^*$$

其中:ω 为资产权重向量,$\sum$ 为资产的方差—协方差矩阵,$E(r)$ 为资产收益率向量的期望,r_p^* 为投资者要求的投资组合收益率。基于均值—方差分析方法,可以计算任意投资权重下投资组合的波动率与预期损益,从而构成可行域;结合最优化算法,能够进一步获得在限定波动率(风险)下的最优收益投资组合。连接所有不同风险水平下的最优组合,即可构成投资组合的有效前沿(efficient frontier)。

图 5-2 是从沪深 300 指数随机抽取的 10 只成分股所绘制的可行域与有效前沿。图例数据来源为华侨城 A、华兰生物、广联达、通化东宝、中国人保、通威股份、中航西飞、长安汽车、华林证券、长江电力,样本时间为 2020—2022 年,无风险利率设定为 2%。

图中坐标的纵轴与横轴分别代表预期收益率与年化波动率。单个点代表由 10 只成分股在某一随机权重下构成的投资组合,所有散点代表了不同权重下的投资组合。黑色弧线为投资组合的有效边界,其左端五角星点为全局获得的最小方差资产组合。有效边界上方倾斜的虚切线称为资本配置线,其切点(方块点)所代

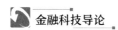

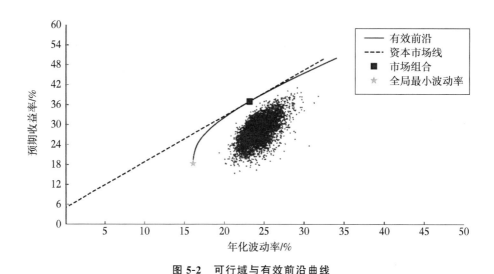

图 5-2 可行域与有效前沿曲线

表的资产组合称为马科维茨均值—方差最优资产组合,该组合实现了全局最大的夏普比率(Sharpe ratio):

$$\text{Sharpe ratio} = \frac{E(r) - r_f}{\sigma}$$

其中,$E(r)$为资产的期望收益率,σ为资产收益的标准差,r_f为无风险收益率。夏普比率综合衡量了单个资产或资产组合的收益与风险比。夏普比率越大,表明承受相同水平风险的情况下,其收益越高。

马科维茨的投资组合理论首次系统地运用数学理论描述投资组合的风险和收益。然而,在实际操作中,该理论存在以下局限性:

(1)模型假设投资者是完全理性的,并且对风险具有一致的厌恶态度。然而,现实中投资者往往难以做到完全理性,且对风险的态度可能存在显著差异。

(2)模型使用标准差或方差衡量风险,将资产的上行波动(价格上涨)和下行波动(价格下跌)均视为风险。这对于多头投资者来说可能并不合适,因为上行波动通常被视为有利因素。此外,模型输入的资产预期收益率和波动率是基于历史数据,故对未来表现仅具有参考意义。

(3)模型对输入参数(如预期收益率)具有很高的敏感性。在某些情况下,预期收益率的微小变动可能导致组合权重发生显著变化。此外,在没有做空限制的情况下,模型可能建议对某些资产进行强烈卖空;而在存在做空限制时,某些资产的配置权重可能为零,导致资产配置过度集中在少数资产上。

(4)模型无法表达投资者的主观判断或观点。例如,投资者对某些资产的特定看法或市场预期无法直接融入模型,限制了模型的灵活性和实用性。

(二)资本资产定价模型

在马科维茨投资组合的理论基础上,以夏普(Sharpe,1964)、林特纳(Lintner,1965)和莫辛(Mossin,1966)为代表的学者们提出了资本资产定价模型(capital asset pricing model,CAPM)。在该模型中,单个证券的期望收益率由无风险利率和风险溢价组成,其中风险溢价即单个资产对整体市场的风险暴露 β,可由单项证券与市场整体收益率的协方差表达:

$$E(r_i) = r_f + \beta_i [E(r_m) - r_f]$$

其中,$E(r_i)$ 为资产 i 的期望收益率,r_f 为无风险利率,β_i 为资产 i 的系统性风险系数,$E(r_m)$ 为市场投资组合的期望收益率。此外,夏普将资产风险进一步分解为"系统性"和"非系统性"风险(后者或称为特异性风险),并指出通过组合分散投资可以消除非系统性风险,但无法消除系统性风险。

CAPM 模型基于以下假设条件:

(1)投资者根据投资组合在单一周期内的预期收益和风险评估投资组合。

(2)所有投资者都是理性的,给定收益水平下追求最小化的投资风险。

(3)投资者永不满足:当面对两种风险相同的投资组合时,投资者选择预期收益较高的组合。

(4)资本市场是不可分割的(有效的),所有投资者都可以免费并持续获得市场信息。

(5)资产可以无限分割,投资者可以购买任何数量的资产。

(6)投资者可以以无风险利率自由借入或借出资金。

(7)不存在税收或交易费用。

(8)投资者人数众多,每个投资者的财富相对于市场整体微不足道,所有投资者都是价格的接受者,其行为不会影响证券价格。

(9)只考虑单周期的投资,即所有投资者在同一持有期内规划投资决策。

(10)投资仅限于在公开市场交易的金融资产,且投资者可以以固定无风险利率借入或借出任意数量的资产。

(11)一致性预期:所有投资者对证券和经济状况看法相同,对证券的预期收益、标准差以及协方差的具有一致看法。

(三)套利定价理论

套利定价理论(arbitrage pricing theory,APT)由美国经济学家罗斯(Ross,1976)提出。该理论认为,套利行为是影响市场均衡价格形成的决定性因素。当市

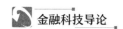

场价格达到均衡状态时,不存在无风险套利机会;证券市场不允许套利机会持续存在,因为一旦市场参与者发现无风险套利机会,就会投入大量资金参与套利交易,从而使得套利机会迅速消失。套利定价理论从无套利角度为资产定价提供了理论依据,其主要基于以下假设:因素模型可以描述资产收益,完善的证券市场不存在套利机会,市场有足够的证券用于分散风险。

APT 模型提出了在理想市场条件下资产定价的表达式。这里的理想市场条件包括:市场不存在交易成本,市场交易者均为风险厌恶型投资者,所有投资者对资产的预期收益具有一致性预期。资产的收益满足表达式:

$$r_i = \alpha_i + \beta_i^{(1)} F_1 + \beta_i^{(2)} F_2 + \cdots + \beta_i^{(k)} F_k + \varepsilon_i$$

其中,F_k 为第 k 个定价因子,$\beta_i^{(k)}$ 为第 i 个资产对第 k 个定价因子的敏感性系数。APT 的多因子模型可以视为 CAPM 的拓展,即将单一市场风险因子模型推广为包含多个因子的模型。时至今日,套利定价理论已成为量化多因子模型的理论基础。例如,早期较为著名的 Fama-French 三因子模型就使用了公司规模、账面价值市值比和市场风险作为定价因子。

(四)Black-Litterman 模型

Black-Litterman 模型由高盛公司的布莱克和利特曼于 1990 年首次提出。该模型是基于马科维茨均值—方差理论的现实应用发展而来的。如前所述,马科维茨均值—方差优化理论在实际投资过程中的主要缺陷在于难以精准预测预期收益率,且其最优解对参数极为敏感,组合权重不稳定。Black-Litterman 模型通过引入贝叶斯方法将市场隐含的均衡收益率(先验收益率)与投资者主观观点相结合,形成较为稳定的后验收益率的估计值,其本质是对先验数据和新信息数据(投资者观点)的线性加权。具体而言:当投资者对市场没有额外观点时,其应持有与市场基准投资组合相同比例的资产;当投资者观点与市场均衡观点(先验)不同时,其观点会导致资产权重偏离基准组合;当投资者对观点的信心增强时,资产权重偏离基准组合的程度也会增大。投资者观点通常不以资产的绝对收益率形式表达,而是以若干资产的相对收益率水平给出,例如"资产 A 的预期收益率较资产 B 高出 2%"。

Black-Litterman 模型的具体运用可以分为以下四个步骤:(1)计算先验收益;(2)设定投资者观点;(3)计算后验收益,即结合前两者的期望收益;(4)获得组合最优权重。在贝叶斯的理论框架下,投资人观点将直接影响到投资组合权重。

(五)行为金融学

行为金融学是一门融合了行为科学、心理学、社会学等学科理论与金融学的交叉学科,旨在从微观个体在金融市场中的行为视角,分析其动因及对市场的影响。根据行为金融学理论,证券的市场价格不仅由其内在价值决定,还在很大程度上受投资者行为的影响。投资者的思维和行为对股票市场的定价和价格演变具有重要影响,这一理论与有效市场假设相契合。行为金融学试图通过微观个体行为及其背后的心理机制,解释金融市场的异动并预测其发展趋势,主要研究视角包括:

(1)解释和研究个体行为及其心理动因;

(2)分析金融市场行为者的行为偏差和反常现象,确定不同情境下行为者的特点,从而建立反映其实际行为的描述性模型。

以下是常见的投资者心理偏差和非理性行为在市场上的典型表现:

(1)过度自信。投资者在决策过程中往往高估自身判断的准确性,导致过度乐观和自信。这种心理随信息量和决策难度的增加而增强,进而容易对其选择标的的回报过度乐观,低估风险,进而导致资产配置难以满足分散风险的要求。

(2)专家幻觉与信息幻觉。专家幻觉指投资者过度相信专家的研究报告和建议,认为其判断优于外行;信息幻觉则指投资者认为信息量越多,决策越准确。这两种幻觉均会导致认知偏差。

(3)过度交易、处置效应与注意力效应。过度交易是过度自信的表现,受自我归功心理和信息幻觉的强化;处置效应指投资者倾向于卖出盈利标的而持有亏损标的,源于对均值回归的非理性信念;注意力效应指投资者倾向于买入引起其注意的标的,是对直观信息的过度反应。

(4)赌徒谬误。投资者错误地将长期均值回归现象应用于短期市场走势,认为连续上涨后下跌概率更大,因而采取买入输家组合、卖出赢家组合的策略。这种谬误源于依赖经验而非统计学原理,导致投资组合无效。

二、智能投顾的技术应用

除上述投资理论外,云计算、大数据、机器学习、人工智能以及量化交易等在内的金融科技技术也是智能投顾得以成功实现的必要条件。相关技术细节已在第二章、第六章作了全面具体介绍,此处不再累述,仅对部分典型应用举例说明。

(一)大数据融合技术

大数据融合技术是将不同来源、不同结构的数据整合到一个统一的数据集或模型中。智能投顾在实践中常涉及多种类型的数据,例如客户个人信息表单、股票时序价格等结构化数据,公司财务报表、社交论坛舆情等非结构化数据,以及通过API接口获取的 XML、HTML 文档等半结构化数据。借助大数据融合技术,智能投

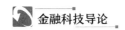

顾系统能够综合不同类型的数据,提取出比单一数据源更丰富、更有价值的信息。

通常,结构化数据的处理最为直接,仅需经过标签化、清洗、脱敏等常规步骤即可使用;对于半结构化数据,常采用频繁挖掘算法提取潜在规律和模式,例如通过分析用户网页访问日志序列挖掘有价值特征;针对非结构化数据,如图像、视频、语音等高维数据,通常使用图像识别、语音识别等算法将其转化为低维特征,以便进一步分析和利用。

(二)自然语言处理技术

作为人工智能领域相对成熟的应用,自然语言处理被广泛应用于人机对话、文本挖掘和情感分析等方面。特别是随着 ChatGPT 等大语言模型的诞生,计算机的语言理解与生成能力取得了显著进步。智能投顾平台可结合自身优势,将这项技术应用于问答系统、智能营销和交易策略开发等领域。以国内金融信息服务企业同花顺为例,其开发的"i 问财"平台能够实时解析用户输入的自然语言问句,如股票标的、指标、时间等条件,并从后台海量金融数据中提取信息,生成回答和表格。"i 问财"知识系统涵盖 A 股、基金、ETF、港股、美股、债券、宏观等 15 个业务矩阵,并提供查询、分析、对比、解读、预测、建议等 50 余类功能。此外,同花顺还将自然语言技术应用于实时财经新闻的解读与分析,帮助投资者快速理解市场动态及新闻事件对投资决策的影响。在智能客服方面,NLP 技术支持同花顺为用户提供 24 小时在线咨询服务。

(三)深度学习技术

深度学习是人工智能的重要分支,在图像识别、自然语言处理等任务上取得了显著成功。深度学习源于简单的神经网络,具有输入层、隐藏层、输出层的分层结构,但其隐藏层级更多。其本质是通过构建多层次的非线性网络,生成有效特征变量,从而获得更好的预测或分类效果。相比人工规则构建的特征,深度学习提取的特征更具内在信息。

金融市场中对资产价格波动的预测极具挑战性,传统机器学习模型对此类问题的解决效果有限,因此人们期待深度学习能够有更积极的表现。事实上,深度学习技术已被广泛应用于量化投资的多个领域,包括预测、组合优化和仓位管理等。国内不少资产管理机构在投资过程中已采用或部分采用深度学习算法,例如:九坤投资 60% 以上的交易由 AI 算法驱动;幻方投资于 2016 年 10 月 21 日上线了首个深度学习交易仓位,并于 2017 年全面应用深度学习技术进行交易。智能投顾平台可利用深度学习技术为投资者提供更准确、可靠的投资建议或策略。

第四节　智能投顾在中国

一、我国智能投顾的发展历程

智能投顾在我国起步较晚,发展至今大致经历了起步阶段、调整探索期与规范发展三个阶段。

(一)起步阶段(2014—2016 年)

我国最早的智能投顾平台大约出现在 2014—2015 年,以钱景理财、蓝海智投等为代表的第三方机构在借鉴海外智能投顾产品的技术经验后,在国内推出了相关产品。彼时,我国改革开放已近 40 年,国民经济快速增长,居民财富显著增加。2014—2015 年,宏观货币政策宽松,市场资金充裕,第三方机构更容易接触到居民的储蓄资金和金融机构的委外资金。这些资金的投资需求是催生智能投顾的重要原因。此外,监管机构对金融创新持开放态度,为智能投顾业务的顺利开展提供了条件。第三方机构得以参与传统金融业务,并发现一些传统金融机构难以覆盖的需求。传统投顾业务资金门槛较高,主要服务于高净值人群,而普通大众等“长尾客户”难以获得一对一服务。智能投顾凭借技术优势和低成本,有效满足了这一需求,受到新兴中产阶级和中低收入人群的青睐。

与此同时,80 后、90 后逐渐成为投资主力军,他们对科技驱动型理财工具的信任度和兴趣更高。居民对线上投资渠道的偏好也为智能投顾的普及提供了有利条件。一些大型互联网科技企业也开始布局智能投顾产品,如京东智投和蚂蚁财富。

2016 年,智能投顾行业迎来第一次热潮。随着金融市场逐步成熟,金融产品层次日益丰富,投资理财的专业化程度显著提高。特别是在经历 2015 年 A 股市场波动后,居民的投资经验和风险意识快速提升,对专业性投资顾问的需求更加迫切。传统金融机构也关注到这一市场需求,部分银行和券商开始涉足该领域,如广发证券贝塔牛、嘉实基金贝塔和招商银行摩羯智投。

至此,我国形成了由传统金融机构、第三方财富管理机构和互联网科技企业共同推动的智能投顾行业,标志着智能投顾在我国正式起步。

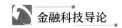

(二)行业调整探索期(2017—2019年)

智能投顾行业在经历初期的快速发展后,进入了调整和探索期。2016年第四季度至2017年末,国内宏观政策开始调整,货币政策转向,监管机构首次提及智能投顾,相关金融牌照发放逐渐收紧,智能投顾业务受到影响。2018年,随着"去杠杆"推进,股票市场进入熊市,P2P互联网借贷频繁暴雷,整个互金行业陷入低谷,智能投顾也受到波及。一些底层资产不规范、风险分散不足的智能投顾机构损失惨重,甚至破产清盘。

2019年10月,证监会发布《关于做好公开募集证券投资基金投资顾问业务试点工作的通知》(以下简称《基金投顾通知》)。易方达基金、南方基金、华夏财富、嘉实财富和中欧财富5家机构获批成为基金投顾试点机构,标志着我国公募基金投顾业务试点正式启动。《基金投顾通知》首次对智能投顾行业提出明确的监管要求,规定金融机构开展智能投顾业务须取得相应投资顾问资质。该通知理顺了智能投顾的商业模式,明确了底层资产配置要求,解释了投资流程,为行业健康发展奠定了基础。智能投顾行业由此进入新的发展阶段。

(三)规范发展期(2020年至今)

在上述《基金投顾通知》出台以后,智能投顾产业进入了规范发展期。证监会对参与主体作出了严格规定,并先后开展了三批业务试点,统一将银行、券商、基金和第三方机构四类参与主体纳入基金投顾的管理范围,合计共有60家机构试点参与智能投顾业务,名单详见表5-3。

表5-3 试点机构名单

批次	时间	公司类型 (数目)	公司名称
第一批	2019-10-25	基金公司(5)	嘉实基金、华夏财富、南方基金、易方达基金、中欧财富
	2019-12-13	基金销售公司(3)	蚂蚁基金、腾安基金、盈米基金
	2020-02-09	银行(3)	工商银行、平安银行、招商银行
		证券公司(7)	国联证券、国泰君安证券、华泰证券、申万宏源、银河证券、中金公司、中信建投

续表

批次	时间	公司类型（数目）	公司名称
第二批	2021-06-25	基金公司（10）	博时基金、工银瑞信基金、广发基金、华安基金、汇添富基金、交银施罗德基金、鹏华基金、兴证全球基金、银华基金、招商基金
		证券公司（7）	安信证券、东方证券、国信证券、兴业证券、招商证券、中信证券、浙商证券
	2021-07-02	基金公司（7）	富国基金、华泰柏瑞基金、建信基金、景顺长城基金、民生加银基金、申万菱信基金、万家基金
		证券公司（11）	财通证券、东方财富证券、东兴证券、光大证券、国金证券、华安证券、南京证券、平安证券、山西证券、中泰证券、中银证券
	2021-07-09	基金公司（2）	国泰基金、国海富兰克林基金
		证券公司（2）	华宝证券、华西证券
补充		基金公司（1）	农银汇理基金
		证券公司（2）	华创证券、渤海证券

2021年11月，广东、上海、北京三地证监局相继向辖区内的基金公司和基金销售机构下发《关于规范基金投资建议活动的通知》（以下简称《规范通知》），明确要求不具备基金投资顾问业务资格的机构不得提供基金投资组合策略建议或具体基金构成比例建议。《规范通知》还规定，对于既存业务，若参与机构无投顾资质，须在2022年6月30日前将投顾业务整改为符合法律关系的基金销售业务。在强监管下，智能投顾行业迎来洗牌式调整。多家未取得投顾资质的商业银行纷纷下线智能投顾产品，如工商银行"AI投"和招商银行"摩羯智投"暂停申购，并最终终止了相关业务。

在经历了起步时的火爆与泡沫破裂后的低迷后，智能投顾逐渐步入理性成熟的发展轨道。目前，智能投顾主要以FOF形式存在，即由基金或券商人工团队依据投资理论或人工智能建模构建投资组合，投资人通过购买该组合产品实现智能投资。这一形式不仅明确了智能投顾过程中的主客体关系，也较好地满足了市场需求。

二、我国智能投顾的发展现状

目前，我国智能投顾行业整体环境较发展初期更为成熟。人工智能等信息技术的进步显著提升了投顾效率，金融市场内合规投资品种更加丰富，监管机构逐步明确了行业规范。智能投顾服务质量显著提高，高质量服务也推动了行业规模的

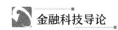
持续发展。尽管业务经历起伏,智能投顾总体规模呈现增长态势。截至 2023 年一季度末,我国投顾服务资产规模达 1464 亿元,服务客户约 524 万个。在 60 家基金投顾试点机构中,56 家已展业,仅 1 家基金公司和 3 家银行未获展业资格。然而,与美国相比,我国智能投顾产业占资产管理总体比例仍较低,行业发展空间广阔。按照"智能投顾市场空间=居民个人金融资产规模×智能投顾渗透率"分析,我国智能投顾行业的渗透率较美国低。以 2022 年为例,我国居民个人金融资产规模为 243 万亿人民币,智能投顾资产管理规模按 C 端金融信息软件服务市场规模 82 亿元计,可得渗透率仅为 0.0034%;同期美国居民个人金融资产规模及智能投顾资产管理规模分别为 106.3 万亿美元与 363.4 亿美元,渗透率水平为 0.0342%,约为我国的 10 倍。图 5-3 比较了 2017 年至 2022 年中美两国智能投顾的渗透率数据。另据麦肯锡《金融业白皮书:2023 年 3 月后疫情时代财富管理重启增长》,2025 年底中国居民个人金融资产规模有望达到 315 万亿,同时预估渗透率可提升至 0.0068%,则行业市场规模有望达 215.21 亿元。此外,国内智能投顾市场与国际市场存在显著差异。国内基金投顾行业未经历"人工投顾"阶段,直接进入"线上投顾",缺乏投顾文化沉淀,市场对投顾的认同感和信赖感不足。

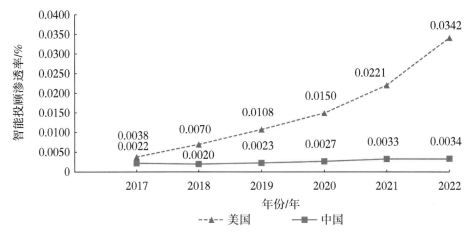

图 5-3 中美智能投顾渗透率比较

数据来源:Statista、国泰君安证券研报。

三、我国智能投顾发展面临的主要挑战

我国智能投顾行业经过近十年的发展,已具备一定的成熟度,但相较于美国的智能投顾,仍处于发展初期。当前,我国智能投顾行业在智能化水平、内在驱动力、外在市场环境、金融科技技术的合规应用以及监管体系完善等方面仍有较大提升空间。

（一）智能化水平有待提高

1.客户画像数据精准度不足

智能投顾平台需收集客户的风险偏好、财务状况和投资需求等信息，以提供投前、投中和投后服务。然而，目前国内多数平台的客户数据来源单一，主要依赖投前阶段的问卷调查，且问卷设计多基于中国证券业协会（SAC）于2023年修订发布的《投资者风险承受能力评估问卷（适用于自然人投资）》。出于风险规避考虑，平台通常不对问卷模板进行大幅调整，导致客户画像信息同质化严重，数据丰富度不足。此外，投资者成熟度较低也是问卷评估出现偏差的重要原因。大部分投资者缺乏专业训练，难以准确评估自身风险承受能力和投资偏好，问卷填写过程中常出现理解错误或敷衍了事的情况，最终导致客户画像失真。

2.服务场景单一，智能化程度不足

我国智能投顾尚处于"有限智能"阶段，智能化水平较低。理想情况下，智能投顾应能运用多种分析策略与工具，结合客户画像与产品标签体系，实时追踪市场动态，在风险可控的前提下优化投资策略，为投资者提供全方位的财富管理服务。然而，国内智能投顾的功能主要集中在投资服务上，场景单一，未能充分发挥"顾"的作用。即便在投资服务领域，智能化程度也显不足，投资规划、组合跟踪和数据分析等环节仍有较大提升空间。

3.客户细分与个性化服务能力不足

自《基金投顾通知》发布以来，我国智能投顾业务正从"基金推介商"向"财富管理师"转型。尽管部分试点机构已开始尝试对客户进行分类并提供差异化服务，但整体市场尚未形成客户细分的共识。如何更好地实现"量体裁衣"式的个性化服务，仍是智能投顾未来发展的重要方向。

（二）内在驱动力不足

1.盈利模式亟待转型

国外智能投顾平台以收取资产管理费或投顾服务费为主要盈利模式，平台通过扩大资产管理规模与客户数量实现盈利，并坚持以客户为中心的服务理念，不断优化产品与服务。相比之下，国内多数平台的收入来源仍以基金销售佣金为主，而非资产管理费或投顾服务费。这种以销售为导向的盈利模式容易导致平台过度关注基金销售额，而非客户利益。例如，平台可能引导投资者在不合适的时机购买与其风险偏好不匹配的产品，或在基金选择上受返点影响，优先推荐高返点基金而非优质基金。这种模式不仅损害投资者利益，也制约了行业的健康发展。

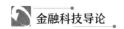

2.行业专业人才匮乏

随着居民财富的快速增长,我国智能投顾行业面临巨大发展机遇,但人才储备严重不足。首先,投资顾问人数远远无法满足市场需求。截至2023年6月10日,中国证券业协会数据显示,中国证券市场的投资顾问群体数量为74570人,而中国证券登记结算公司数据显示A股投资者人数约为2.18亿人。如按此比例计算,平均每位投顾需服务近3000名投资者。投顾人数远远不能满足我国庞大的理财需求。其次,投顾能力参差不齐。尽管智能投顾以机器服务为主,但仍需人工投顾辅助,而现有投顾的专业水平难以满足需求。最后,复合型人才稀缺。智能投顾的开发需要兼具计算机、数学和金融知识的复合型人才,而这类人才的培养周期长、难度大,短期内难以满足行业需求。

(三)外在市场环境有待改善

1.长期资产配置需求不足

个人投资者的行为特点与金融市场发展密不可分。长期以来,国内居民个人的投资行为注重短期利益,而忽视金融资产长期配置的价值。资管机构在业绩排名、申赎压力以及其他制约条件下,其投资行为也常常出现短期特征。市场的特点造成在投顾方面,长期金融投资的服务质量与体量一直处于较低水平。尽管扭转这一局面需要较长时间,但随着市场机制的成熟,以及国内市场逐渐由融资市场到投资市场的转变,全社会对于资产的长期配置需求会得到显著提高。

2.投资者投资理念不成熟

当前,我国多数投资者在投资理念上仍然过于注重短期收益,交易过于频繁,投机心理相对较重,风险控制意识与方法亟待改善、缺乏系统性的投资知识,金融素养有待提高。智能投顾的投资理念多以被动投资、中长期投资为主,注重净值曲线的平稳性,在行情利好时收益不会猛烈增长,在行情走弱时回撤不会陡然增大,注重风险与收益的平衡。这与国内市场投资者的行为偏好很难匹配。若投顾市场一味迎合投资者,智能投顾的专业长处恐难有效发挥,也无法深层次建立与投资者间的信任关系。投资群体的投资偏好并非朝夕间能够改变的,需要长时间的投资者教育,市场也需要为长期主义践行,为智能投顾行业发展创造良性土壤。

3.投资者参与率低

智能投顾在国内发展已近十年,从最初的兴起到彷徨后的回落,再到近年步入规范期,其市场接受度仍然较低。大多数投资者对智能投顾产品感到陌生,持谨慎观望态度。即使对于一些经验丰富的投资者,智能投顾产品也难以引起其足够兴趣。调查显示,国内投资者整体参与比例较低,更多以尝鲜态度对待智能投顾。此外，以"第三方基金销售平台"身份获得基金投顾试点资格的互联网机构也面临投资者留存与转化率低的困境。尽管互联网企业在应用大数据方面具有优势，拥有庞大的 C 端客户流量和丰富的客户场景数据，能够构建精准客户画像，但这些优势在智能投顾的客户留存与转化方面尚未完全体现。

(四)金融科技技术的合规应用

1.信息数据的合规性应用面临挑战

数据是智能化投资咨询服务的基础资料，是智能投顾服务重要的资产与支柱。数据的获取、存储、管理以及应用贯穿着智能投顾整个业务流程。信息数据的合规使用是智能投顾必须遵循的原则。随着我国《中华人民共和国个人信息保护法》的颁布生效，智能投顾对于个人投资者的数据的收集应符合合法、正当、必要的原则。对于涉及客户个人经济情况与个人资产状况等敏感信息更应当注意保护。企业在应用客户过往的留存数据时，也需进行额外说明，明确告知所使用的数据来源、数据范围、使用目的、使用数据的必要性以及使用数据可能带来的不利影响。此外，数据合规性应用也带来相关成本的上升。企业需要投入大量资源建立一整套数据合规体系。

2.人工智能的责任与义务

人工智能是智能投顾的核心技术，也是其与传统金融业务区分的关键要素。科技的赋能不仅推动了金融业务创新，也对传统金融法律体系提出了新挑战。在传统投资顾问模式下，投资顾问与金融机构作为受托人，需承担信义义务，并履行许可注册、保持专业胜任能力及管理投资者适当性等合规责任。此外，法律通过机构内部的组织要求，构建了监督投资顾问的科层结构。然而，智能投顾的出现使金融行为成为一种混合过程：既包含人类的设计与设置，也依赖机器基于算法的决策。这种人与机器的混合模式，使得传统监管规则在识别行为主体和判定责任时面临困境。

在穿透责任框架下，智能化程序可被视为投顾平台向投资者提供服务的"工具"，因此平台需建立相应的内部控制流程与监督机制。若因智能化程序（工具）的缺陷导致投资者损失，责任应由平台经营者承担。此外，智能化程序作为投顾角色，其专业资质需经过严格检测。传统投顾需通过考试获得从业资格，而目前对程序或算法的系统性认证尚属空白。若将智能化程序视为专业工具，投顾平台应对其算法与程序负全责，并自行确定其资质。换言之，平台有义务在智能产品上线前进行充分测试，以避免程序漏洞引发投资者损失。

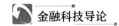

(五)监管体系尚需完善

1.技术监管体系尚不完善

科技的运用为投顾行业带来了诸多优势,但也对监管提出了新的挑战。如何有效监管技术本身,成为确保市场健康发展的关键。技术的进步可能对金融市场产生负面影响,监管部门需要进一步明确原则与范围,为市场的健康发展保驾护航。一是算法的同质化可能加剧市场波动。智能投顾的投资模型主要基于量化投资逻辑,其底层指标和数据信息集高度一致,导致不同机构的算法可能基于相似的逻辑(如动量指标)做出相同的投资决策。这种同质化可能放大市场波动,引发"羊群效应"。尽管资管新规要求金融机构向监管部门报备模型参数和资产配置逻辑,但对如何避免算法同质化尚无明确规定。二是算法代码错误可能损害投资者利益。根据美国智能投顾监管经验,算法编程设计问题可能导致功能失效或策略失误,进而给用户造成损失。此类代码错误可视为金融机构的操作风险,但我国对此类新型风险的监管规程尚不完善。目前,我国针对金融机构的信息技术管理主要遵循证监会2021年修订的《证券基金经营机构信息技术管理办法》和2023年颁发的《证券期货业网络和信息安全管理办法》。其中,对于金融机构的信息技术治理、合规与风险管理等方面提出了预防性要求,但这些措施多属事前防御,对事后责任认定缺乏明确规定。综上所述,监管部门在应对算法同质化、编程错误、模型缺陷及系统异常引发的市场波动或投资者损失等方面,仍有较大提升空间。我国智能投顾技术监管体系尚未成熟,亟待进一步完善。

2.信息披露水平有待提升

完整、全面、及时的信息披露体系是金融市场持续稳健运行的关键要素之一。对于智能投顾这一新兴模式而言,信息披露更是其立足之本。然而,当前我国智能投顾行业的信息披露尚未形成标准化的强制规定,披露的细节内容、披露的时间等仍由各家机构自我决定,导致信息披露水平参差不齐。具体而言,我国智能投顾平台的信息披露存在以下三点不足:一是披露的内容与形式不统一。各智能投顾机构在算法逻辑、投资标的、实盘业绩、持仓明细等方面的信息披露程度差异较大,披露的时间点、内容详略及形式也各不相同。这种不统一的信息披露使得投资者难以辨别平台真实情况,无法深入了解投资建议的内在逻辑,进而加剧信息不对称,损害投资者利益。二是披露内容的通俗性不足。对于金融素养较低的投资者而言,若信息披露中频繁出现超出其认知范围的专业术语,将大大降低其对智能投顾的信任度,影响平台的客户获取与留存。因此,信息披露内容需更加通俗易懂,以便普通投资者理解。三是利益冲突披露不充分。例如,在推行试点资格前,部分智能投顾平台存在收取销售返费的现象。尽管这在卖方投顾模式下无可厚非,但对于以"客户为中心"的买方投顾模式而言,这种做法可能损害行业良性发展。收取销售返费本身并不违法,但前提是投资者需享有充分的知情权。解决这一问题的关键在于建立标准化的信息披露制度,明确要求平台披露可能存在的利益冲突。因此,智能投顾在信息披露环节,无论是监管部门还是各平台,均有较大的提升空间。

四、我国智能投顾发展面临的主要风险

经过多年发展,目前我国的智能投顾行业已经较为规范,但发展水平与规模相较于美国等西方国家还十分有限。既有的金融风险已经被规范性制度大幅度地抑制,但在实际业务开展或行业发展过程中,智能投顾行业仍然会面临诸如法律与道德、算法与模型、信息安全等方面的风险。

（一）法律与道德风险

随着监管层在 2019 年发布的《基金投顾通知》与 2021 年下发的《规范通知》,智能投顾行业持牌经营成为必要条件。原有的业务界定模糊、经营许可不清、自动化交易委托的责任归属不明等合规问题得到了系统解决。但是在未来行业发展中,特别是拓展创新业务时,智能投顾行业仍有可能产生新型的法律风险问题。此外,避免道德风险仍然是投顾行业能够持续健康发展并获得投资者认可的重要前提。智能投顾平台是否会在各类新式技术的加持下产生新型的道德风险亟待人们作出评判,例如:人工智能产生的交易信号是否存在人为干预或操纵的可能。

（二）算法与模型风险

广义上,算法与模型风险是一类技术风险,其在智能投顾的各环节都有可能发生。例如,推荐产品时算法未能与客户需求匹配;调仓时因算法或模型问题未能按计划完整实施而造成不必要的损失。算法与模型自身可能存在缺陷,无法对市场进行精准的预判。模型构建使用过程中可能出现错误以至于引发更为严重的损失。此外,算法还存在同质化等风险,如果大量投资者都依赖于同一个平台和算法模型来投资,那么相同或类似的算法会带来信息的趋同性和数据决策的同质性,非常容易导致"羊群效应"的发生。投资者都采用同样的投资组合,会加剧投资行为的顺周期性,使市场变得更加不稳定。为了避免算法同质化,需要智能投顾平台披露其算法和主要逻辑,根据不同产品研发不同的算法逻辑和不同的程序化交易程序。

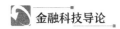

(三)信息安全风险

智能投顾平台在为用户提供个性化推荐配置前,需了解用户的财务状况、投资目标和风险承受能力等。通常,平台通过问卷形式要求用户输入相关信息,以获取其基本信息和财务状况等数据。未来,智能投顾平台还将尝试接入外部数据,如用户的历史投资记录和信用记录等信息。然而,在智能投顾平台掌握了大量的用户隐私数据的情况下,如果平台的服务系统遭到病毒入侵或黑客攻击,导致数据被不法分子获取并利用,将给用户和平台带来巨大损失。

总结·拓展 5-1

第六章

量化投资

随着金融市场日益复杂和全球化发展,量化投资已成为现代金融领域中不可忽视的重要力量。它依托数学、统计学和计算机科学,通过对大量历史数据的分析,制定科学和系统的投资策略。量化投资的核心在于使用算法和模型代替传统的主观判断,减少情绪对投资决策的干扰,并通过自动化的流程提升投资效率。本章将概述量化投资的发展、特点及其核心技术与工具,深入剖析其基本原理与策略,介绍风险管理的关键要素,并通过案例展示其在不同市场中的实践。

第一节 量化投资概述

一、量化投资的基本定义

量化投资是指利用数学模型、统计方法以及算法来进行金融投资决策。与传统的投资相比,量化投资者通过数据分析和计算机模型系统化地识别市场机会,减少主观性和情绪干扰,自动化执行交易,提高效率。量化投资的主要特点如下:

(1)数据驱动:量化投资依托多源数据,包括历史数据、实时市场数据、宏观经济指标、公司财务信息等结构化数据,同时辅以舆情数据等非结构化信息,以全面理解市场动态,精细捕捉投资机会。

(2)模型驱动:使用均值—方差优化、多因子模型和机器学习等数学模型,发现市场规律,优化投资组合和风险管理。其中,模型的准确性、稳健性及适应性至关重要。

(3)自动化交易:通过计算机算法执行交易,减少人为偏差,实现高频、大规模市场参与,在极端市场条件下迅速调整策略。

(4)策略优化与回测:量化投资通过参数调优和历史回测不断优化策略,评估

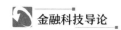

潜在收益和风险,避免过拟合问题。

(5)应对市场变化的能力:量化策略须具备适应性,考虑不同市场和不同周期中的情况(如牛市、熊市等),以确保在各种市场条件下保持稳健。

(6)风险与收益的平衡:模型风险、数据质量、市场流动性及极端市场情况可能影响策略表现,须采用止损、动态持仓调整及风险预算等措施控制风险。

(7)前沿技术的应用:利用人工智能、机器学习和自然语言处理技术处理复杂数据,提升预测能力,但需确保算法决策的解释性和透明度。

二、量化投资的演化

(一)传统投资方法

1.基本面分析

基本面分析通过分析宏观经济指标、行业状况、公司财务报表和管理团队等多方面信息来评估公司价值。以下是主要依赖基本面分析的投资流派:

(1)价值投资

该流派的代表是本杰明·格雷厄姆和沃伦·巴菲特,他们寻找被市场低估的股票并长期持有,强调企业财务健康、盈利能力、现金流和治理等因素。格雷厄姆的《聪明的投资者》提出了"安全边际"的概念,以降低风险。此外,沃伦·巴菲特在《巴菲特致股东的信》(*The Essays of Warren Buffett：Lessons for Corporate America*)中也展示了他如何通过长期持有优质公司股票,受益于价格向内在价值的逐渐收敛。

(2)成长投资

该流派以彼得·林奇为代表,专注于挖掘具有较大增长潜力的公司。他们认为,此类公司当前的盈利能力可能尚未完全释放,但是市场会基于其未来较好的成长空间,给予一个较高的估值。在这一过程中,随着投资者预期的不断强化和估值水平的进一步上调,股价往往出现显著的上涨,投资回报也随之兑现。因此,成长投资的核心不在于等待业绩落地,而在于前瞻性地识别成长空间,并在市场预期升温阶段及时布局。该流派的重要著作如《战胜华尔街》《彼得·林奇的成功投资》,强调通过深入研究公司基本面和行业趋势,发现具备持续扩张能力的优质企业。

2.技术分析

技术分析通过研究历史价格、交易量和技术指标来预测未来走势。以下是主要依赖技术分析的投资流派。

（1）趋势交易

该流派专注于识别中长期趋势,核心是"顺势而为、止损至上"。该流派通过技术分析工具[如移动平均线指标(MA)、指数平滑异同移动平均指标(MACD)]确认趋势,并设置止损点来限制最大亏损。艾德·斯佩尔和迈克尔·卡弗尔的著作《趋势跟踪》强调趋势交易的有效性和纪律的重要性,称这是趋势交易成功的关键之一。

（2）波动交易

利用短期价格波动,通过支撑位和阻力位之间的买卖获利。约翰·博林格的《布林线》介绍了布林带工具,帮助识别市场超买和超卖区域,从而捕捉市场反转信号。

（二）从传统到量化

1.数据和技术的进步

计算机技术和数据处理能力的飞速发展推动了量化投资的崛起。大数据、云计算和机器学习等技术的应用,使得复杂模型能够在短时间内运行,提高了决策的精确性。

2.统计和金融理论的发展

现代投资组合理论和CAPM等金融理论为量化投资提供了理论支持。多因子模型和套利定价理论进一步丰富了量化策略,强调最小化风险和最大化收益。

3.风险管理需求

通过风险价值(VaR)[①]、条件风险价值(CVaR)[②]等方法进行系统化风险管理,分散投资降低个别资产风险,通过回测和压力测试验证策略稳健性。

三、量化投资在金融市场中的历史和重要性

量化投资起源于20世纪70年代,最初依赖于套利和统计模型,通过识别市场无效性获利。20世纪80年代,詹姆斯·西蒙斯的文艺复兴科技公司推动了量化投资在对冲基金中的广泛应用,发展出多因子模型和时间序列分析。

近年来,人工智能和机器学习的应用进一步提升了量化策略的预测能力。自然语言处理技术能够分析新闻和社交媒体情绪,捕捉市场变化信号,增强应对现代

---

① 风险价值(value at risk,VaR):是金融领域广泛使用的风险度量指标,用于量化在特定时间和置信水平下,某一投资组合可能遭受的最大潜在损失。

② 条件风险价值(conditional value at risk,CVaR):在损失超过VaR阈值的极端情况下,损失的平均水平。CVaR是对极端风险的进一步刻画,更保守。

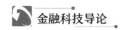

金融市场的能力。

　　量化投资有助于提高市场效率,通过多样化的策略优化投资组合,分散风险并应对市场波动。然而,大量量化交易有时也会加剧短期波动,如 2010 年"闪电崩盘"事件。随着量化策略的广泛采用,市场拥挤效应导致的流动性紧张也成为不可忽视的问题。

总结·拓展 6-1

第二节　量化投资基本原理和策略

一、量化投资基本原理

　　量化投资的核心在于通过严谨的统计学和数学模型来深入分析和预测市场走势,以实现数据驱动的投资决策。投资者通过构建模型,系统性地识别市场中的潜在模式、规律和套利机会,并基于这些模型的输出来执行投资策略。相较于传统的主观判断,量化投资强调以数据为基础,确保决策过程的科学性、精确性和可重复性。

二、量化投资常用策略

　　(一)统计套利(statistical arbitrage)

　　统计套利是一种利用资产间短期价格偏差获利的策略,依赖于资产价格之间的统计关系,捕捉价格暂时偏离长期均衡的机会。

　　1.基本概念:简单理解统计套利

　　统计套利是一种"买低卖高"的策略,针对一组价格相关的资产,而非单一资产。假设两个资产过去价格高度相关,但某一天价格差异较大,投资者可买入被低估的资产,同时卖出被高估的资产,待价格回归后获利。

示例:假设股票 A 和股票 B 是两家大型银行的股票,平时价格走势高度相关。如果今天 A 的价格上涨5%,而 B 保持不变,可以认为 B 被低估,买入 B 卖出 A,待价格回归后平仓获利。

2.基本流程:如何操作统计套利?

统计套利的运作可以简化为以下步骤。

(1)资产选择与配对:识别并选择具有历史价格关联性的资产(如来自相同行业的股票),确保其价格行为具有长期的相关性。

(2)价格关系监测:利用统计分析工具,持续监控所选资产的价格走势,评估其是否偏离正常的历史均衡状态。

(3)差异化交易执行:当两个资产之间的价格差异超出其历史均值范围时,实施套利交易,即买入低估的资产,卖出高估的资产。

(4)价差收敛与平仓:一旦价格回归到预期的均衡状态,及时平仓锁定收益,从价差修复中获取利润。

3.深入理解:统计套利的核心假设

从专业角度来看,统计套利依赖于以下两个关键假设。

(1)均值回归假设

均值回归(mean reversion)是统计套利背后的基本假设之一。该假说认为,资产价格之间的偏离是暂时的,最终会回归到某个"合理"的均值。

如图 6-1 所示,股票 A 和股票 B 之间的价差可能会在某一个时刻突然扩大(灰色阴影区域),此时理性的投资者会认为这个价差在未来会逐步收敛并回归到历史平均水平。因此,通过同时买入被低估的股票 B 和卖出被高估的股票 A,就可以从价差的恢复过程中获利。

(2)协整关系

协整分析(cointegration analysis)是统计套利中常用的工具。它不仅关注价格之间的短期相关性,还关注它们的长期稳定关系。如果两个资产的价格虽然波动剧烈,它们之间的差异从长期来看是稳定的,这样的资产对就被认为是协整的。协整关系允许投资者在资产价格短期偏离时进行套利交易,期待它们回到长期稳定的关系。

4.风险与挑战

尽管统计套利看起来是低风险策略,但它仍然面临一些挑战:

(1)市场条件变化:历史上有效的价格关系可能随时间发生变化,导致模型失效。这种变化可能源自政策、行业结构或市场环境的改变。

(2)模型风险:统计套利高度依赖于数学模型。如果模型假设与实际市场情况

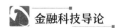

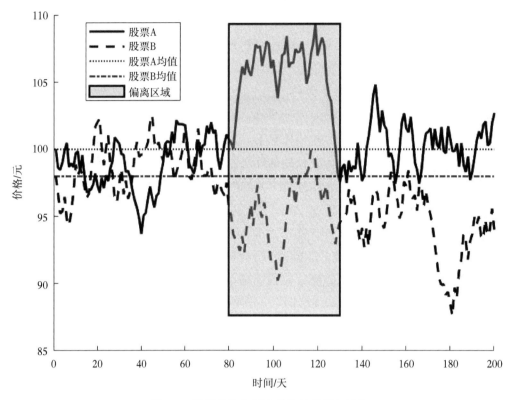

图 6-1　股票价格与历史均值的偏离与回归

不匹配,可能会产生亏损。

(3)执行速度和成本:由于套利机会通常是短暂的,交易需要迅速执行。这要求有良好的技术设施和低交易成本,尤其是高频交易。

5.常用的统计套利方法

(1)配对交易(pairs trading)

假设我们选取两只高度相关的股票 A 和 B,通常情况下它们的价格走势是相似的。如果某一天,A 的股价突然上涨,而 B 的股价没有跟上,我们就可以进行配对交易:买入股票 B 的同时,卖出股票 A,进行套利交易。

表 6-1 展示了两只股票的价格随时间的变化情况,可以清楚地看到某一时刻两者价格差异变大,随后又逐渐变小。当价差显著增大时,市场上便出现了套利机会:此时,投资者可买入 B 股票,卖出 A 股票;在两者价格逐步回归后,进行反方向操作,卖出 B 股票,买入 A 股票,从而获利。

表 6-1　配对交易数据示例

日期	股票 A 的价格/元	股票 B 的价格/元	差值(A－B)/元
1 月 1 日	100	98	2
1 月 2 日	102	99	3
1 月 3 日	104	100	4
1 月 4 日	110	101	9
1 月 5 日	107	103	4

（2）协整分析（cointegration analysis）

协整分析与配对交易类似，但关注的是长期稳定关系。即使两只股票在短期内的价格会出现波动，但在长期中，它们的价格比值或价差保持相对稳定。如果短期内价格偏离了这个长期关系，那么就有机会通过买入和卖出这些资产来获利（见表 6-2）。

表 6-2　协整分析数据示例

日期	股票 A 价格/元	股票 B 价格/元	价格比值 （A/B）	差值(A-B)/元
1 月 1 日	100	97	1.03	3
1 月 10 日	102	98	1.04	4
1 月 20 日	105	101	1.04	4
2 月 1 日	107	103	1.04	4
2 月 10 日	110	104	1.06	6
2 月 20 日	112	106	1.06	6
3 月 1 日	109	107	1.02	2
3 月 10 日	115	108	1.06	7
3 月 20 日	110	109	1.01	1
4 月 1 日	122	110	1.11	12
4 月 10 日	117	111	1.05	6
4 月 20 日	114	112	1.02	2
5 月 1 日	113	111	1.02	2
5 月 10 日	118	113	1.04	5
5 月 20 日	119	115	1.03	4

图 6-2 同样展示了股票 A 和股票 B 的价格随时间的变化。其中，你会看到在 4 月 1 日，股票 A 的价格明显高于股票 B，价格差突然增加到 12 元；与此同时，股票 A 和股票 B 的价格比值大部分时间都稳定在 1.01 到 1.06 之间，即存在着一个长期稳定的关系，但 4 月 1 日比值升高至 1.11。因此，在 4 月 1 日当天，两者就出

现了一个套利机会,即投资者可买入 B 股票,卖出 A 股票;在两者价格逐步回归后,进行反方向操作,卖出 B 股票,买入 A 股票,从而获利。

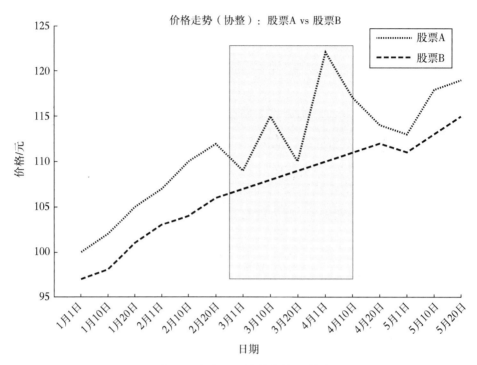

图 6-2　股票 A 和股票 B 价格走势图(协整分析)

(二)多因子模型(multi-factor models)

1.基本概念:简单理解多因子模型

多因子模型是一种基于多个因子的投资策略,通过结合不同因子(如动量、价值、规模等)来解释和预测资产的回报和风险。相比单一因子模型,多因子模型提供了对资产价格驱动因素的全面理解,帮助投资者调整投资组合以获取超额收益。

常见因子如下:

(1)市场风险因子(market risk)。该因子衡量市场整体的风险溢价,即市场组合回报与无风险利率之间的差异,反映了投资者因承担市场波动而获得的补偿。因此,投资者通常可以通过持有与市场指数密切相关的资产,如股票指数基金,来构建一个基于市场风险的投资组合,来获取与市场同步的超额回报。

(2)价值因子(value)。价值因子关注那些估值较低的资产。基于价值投资的理念,被低估的资产未来可能获得较高回报,因为市场会纠正这些资产的价格。价值因子通常通过市盈率(P/E)或市净率(P/B)等指标衡量。具体而言,投资者可以买入那些市盈率较低或市净率较低的股票,卖出市盈率或市净率较高的股票,这样的组合策略能从市场对低估值股票的重新定价中获利,同时规避高估值股票可能带来的下行风险。

(3)规模因子(size)。规模因子指小市值公司可能在未来表现优于大市值公司,小公司因其成长潜力,在特定的市场环境中可能带来更高的回报,尽管这伴随较大的波动风险。因此,通过规模因子构建投资组合时,投资者可以采用买入小市值股票、卖出大市值股票的投资策略,利用小市值股票潜在的高成长性,同时通过卖出大市值股票对冲掉部分市场系统性风险,旨在获取规模因子带来的超额收益。

(4)动量因子(momentum)。动量因子基于这样一种假设:过去表现良好的资产未来也可能继续表现良好,而表现较差的资产可能会继续表现不佳。市场中资产价格的趋势性变化使得动量因子具有较强的前瞻性。动量策略通过捕捉价格趋势的延续来获取超额回报,即通过买入表现优异的资产、卖出表现不佳的资产,获取动量因子带来的超额收益。

(5)盈利因子(profitability)。盈利因子反映了公司盈利能力的强弱,盈利能力强的公司通常在经济波动中表现得更具韧性,能为投资者提供稳定的长期回报,股本回报率等财务指标常用于衡量公司盈利能力。投资者通过买入盈利能力强的公司股票、卖出盈利能力弱的公司股票,有助于在不确定的市场环境中获取稳定的超额回报,同时规避那些财务状况不佳的公司的潜在风险。

(6)投资因子(investment)。投资因子用于衡量企业的资本支出水平,通常与公司的增长策略和资源配置相关,资本支出较少的公司往往采取更为稳健的增长策略,从而其长期表现优于资本支出过大的公司。基于该因子所构建的策略通常是买入资本支出较少的公司的股票,卖出资本支出较高的公司的股票,优先选择那些财务管理更为稳健、资源分配更为有效的公司,获得长期回报的稳定性。

2.基本流程:如何运作多因子模型?

多因子模型的运作依赖于选择适当的市场因子,并根据这些因子调整投资组合的配置。以下是运作多因子模型的主要操作步骤。

(1)因子选择:根据研究和市场经验,选择多个关键因子,如价值、规模、动量等。这些因子分别代表资产价格的不同驱动因素。

(2)数据采集与因子模型构建:收集相关资产的历史数据,通过回归分析或其他统计工具,构建每个因子对资产回报的影响模型。每个因子在模型中会有不同的权重。

(3)基于因子的资产筛选:根据模型的结果,选择符合特定因子标准的资产。例如,选择在动量因子中得分较高的股票,或选择在价值因子中被低估的股票。

(4)组合动态调整:根据因子的表现,定期调整投资组合的权重。当某些因子表现良好时,可以增加对相关资产的配置;当因子表现不佳时,可以减少其权重或

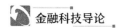

选择新的因子。

3.深入理解：多因子模型的核心假设

(1)因子的有效性。每个市场因子都代表着某种投资逻辑,比如动量因子代表了资产价格的趋势效应,价值因子代表了资产被低估的可能性。多因子模型假设这些因子在长期内能够有效预测资产的回报。

(2)因子间的互补性。不同因子之间的表现往往是不相关的,甚至可能相互对冲。例如,动量因子和价值因子在某些市场环境下可能表现相反。因此,组合多个因子可以降低组合的整体风险,并提高长期收益。

4.风险与挑战

虽然多因子模型是一种有效的投资策略,但它也面临一些潜在的风险和挑战。

(1)因子失效。历史上表现良好的因子可能在未来失效,或者其效果可能变得不显著。比如,某些因子在特定市场环境下失效,导致投资组合表现不如预期。

(2)数据依赖性。多因子模型高度依赖于过去的市场数据。市场环境的变化可能使得过去的因子失效,而模型无法适应这些变化,导致组合配置失效。

(3)模型复杂性。构建和维护多因子模型需要复杂的数据分析和计算。模型的复杂性也意味着存在更高的应用风险,如果模型假设与市场实际不符,可能会导致显著的损失。

(4)成本和执行速度。多因子模型通常需要频繁地调整组合,这可能会带来高额的交易成本和操作难度。在高频市场中,执行速度也会对最终收益产生重要影响。

5.与量化投资策略相结合的因子模型

(1)Fama-French 三因子模型在量化策略中的应用

三因子模型由 Fama 和 French 在 1992 年提出,包括市场风险因子(MKT)、规模因子(SMB)和价值因子(HML)。这个模型通过解释这些因子对股票回报的贡献(见表 6-3),帮助投资者构建量化投资策略。

表 6-3　Fama-French 三因子模型因子解析

因子	计算方法	因子值/%
市场风险因子(MKT)	市场组合回报(R_m)—无风险利率(R_f)	8
规模因子(SMB)	小盘股公司组合回报—大盘股公司组合回报	4
价值因子(HML)	高账面市值比公司组合回报—低账面市值比公司组合回报	5

三因子模型的回归方程：

$$R_{i,t} - R_{f,t} = \alpha_i + \beta_{i,\text{MKT}} \times \text{MKT}_t + \beta_{i,\text{SMB}} \times \text{SMB}_t + \beta_{i,\text{HML}} \times \text{HML}_t + \varepsilon_{i,t}$$

其中，$R_{i,t}$ 是股票 i 在 t 时刻的回报率，$R_{f,t}$ 是市场在 t 时刻的无风险利率；同理，MKT_t、SMB_t、HML_t 则代表了在 t 时刻各个因子的值。

现在假设有 10 只股票的回归系数和因子值如表 6-4 所示。

表 6-4 基于三因子模型的股票预期收益表

	β_{MKT}	β_{SMB}	β_{HML}	MKT/%(8%)	SMB/%(4%)	HML/%(5%)	$[E(R_{i,t})-R_{f,t}]$/%
股票 A	1.2	0.9	1.1	9.60	3.60	5.50	18.70
股票 B	1.1	0.8	1.0	8.80	3.20	5.00	17.00
股票 C	1.0	0.6	0.9	8.00	2.40	4.50	14.90
股票 D	0.9	0.7	0.7	7.20	2.80	3.50	13.50
股票 E	0.8	0.5	0.6	6.40	2.00	3.00	11.40
股票 F	0.7	0.4	0.5	5.60	1.60	2.50	9.70
股票 G	−0.5	−0.2	−0.4	−4.00	−0.80	−2.00	−6.80
股票 H	−0.6	−0.3	−0.5	−4.80	−1.20	−2.50	−8.50
股票 I	−0.8	−0.4	−0.7	−6.40	−1.60	−3.50	−11.50
股票 J	−1.0	−0.5	−0.9	−8.00	−2.00	−4.50	−14.50

我们进一步地根据期望回报对股票进行排序，并根据排名进行策略分组（见表 6-5）。

表 6-5 基于三因子模型的交易策略分析

	期望回报/%	策略建议
股票 A	18.70	买入
股票 B	17.00	
股票 C	14.90	
股票 D	13.50	
股票 G	−6.80	卖空
股票 H	−8.50	
股票 I	−11.50	
股票 J	−14.50	

根据表 6-5 的结果，最终我们选择买入预期回报较高的股票（A、B、C、D），同时卖空预期回报较低的股票（G、H、I、J），以此构建出一个投资组合。

（2）Carhart 四因子模型在量化策略中的应用

Carhart 四因子模型是对 Fama-French 三因子模型的改进，在三因子模型基础上增加了动量因子（momentum，MOM），该因子反映了资产收益的延续性，即过

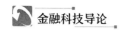

去表现良好的股票往往在未来一段时间内仍具有较强的上涨动能。

四因子模型的回归方程:

$$R_{i,t} - R_{f,t} = \alpha_i + \beta_{i,\text{MKT}} \times \text{MKT}_t + \beta_{i,\text{SMB}} \times \text{SMB}_t + \beta_{i,\text{HML}} \times \text{HML}_t +$$
$$\beta_{i,\text{MOM}} \times \text{MOM}_t + \varepsilon_{i,t}$$

其中,$R_{i,t}$ 是股票 i 在 t 时刻的回报率,$R_{f,t}$ 是市场在 t 时刻的无风险利率;同理,MKT_t、SMB_t、HML_t、MOM_t 则代表了在 t 时刻各个因子的值。

同理,Carhart 四因子模型在量化投资中的应用方法与 Fama-French 三因子模型类似,这里就不赘述了。

(3)Fama-French 五因子模型在量化策略中的应用

Fama-French 五因子模型是由 Fama 和 French 在 1992 年的三因子模型的基础上,经过进一步研究,于 2015 年正式提出的,他们在三因子模型的基础上增加了盈利能力因子(RMW)和投资风格因子(CMA),用于解释公司盈利能力和投资风格对回报的影响。

五因子模型的回归方程:

$$R_{i,t} - R_{f,t} = \alpha_i + \beta_{i,\text{MKT}} \times \text{MKT}_t + \beta_{i,\text{SMB}} \times \text{SMB}_t + \beta_{i,\text{HML}} \times \text{HML}_t + \beta_{i,\text{RMW}} \times \text{RMW}_t +$$
$$\beta_{i,\text{CMA}} \times \text{CMA}_t + \varepsilon_{i,t}$$

其中,$R_{i,t}$ 是股票 i 在 t 时刻的回报率,$R_{f,t}$ 是市场在 t 时刻的无风险利率;同理,MKT_t、SMB_t、HML_t、RMW_t、CMA_t 则代表了在 t 时刻各个因子的值。

同样,Fama-French 五因子模型在量化投资中的应用方法与三因子模型类似,这里不再赘述。

(三)动量策略(momentum strategy)

动量策略可以进一步细分为以下两种主要类型。

1.动量趋势策略(momentum trend strategy)

(1)基本概念:什么是动量趋势策略?

动量趋势策略基于价格延续性假设,即过去表现良好的资产在未来会继续表现良好,过去表现不佳的资产在未来会继续表现不佳。该策略通常通过过去一段时间的价格变化来选择投资标的,买入表现最好的资产,卖出表现最差的资产。

(2)基本流程:如何操作动量趋势策略?

①选定观察窗口:选择一段时间窗口(例如过去 6 个月或 12 个月)作为观察期,来衡量资产的历史表现。

②计算资产的动量:计算每个资产在观察期内的累计回报率,作为它们的动量值。

③排序与分组：将所有资产按照动量值从高到低排序。

④构建投资组合：买入动量最高的资产（即过去表现最好的资产），卖出动量最低的资产（即过去表现最差的资产）。

⑤定期再平衡：通常每隔一个月或一个季度再根据最新的动量表现调整组合。

（3）深入理解：动量趋势策略的核心逻辑

动量趋势策略的核心逻辑基于动量效应，即价格延续性假设。其背后有多个金融学理论支持。

①惯性效应（inertia effect）。在市场中，资产价格往往存在惯性，即过去的价格趋势会在短期内延续。这种延续性可以归因于投资者的逐步反应、趋势跟随者（trend-followers）和追涨杀跌行为等。在这种环境下，价格的上涨或下跌趋势会继续。

②投资者行为偏差。行为金融学认为，投资者经常表现出过度自信或信息迟钝，这在一定程度上强化惯性效应。一方面，若投资者对自己所掌握的信息或判断过于信赖，他们将低估潜在的风险或市场的不确定性，倾向于继续投资于那些表现良好的资产，认为趋势将延续，从而推动价格进一步上涨；另一方面，若投资者在面对新的市场信息时反应较慢，或者在接受新的信息时倾向于保持已有的观点，在这种情况下，投资者可能会缓慢地调整他们的投资组合，而不是立即对新信息作出充分的反应，这种迟钝导致了市场对新信息的吸收过程变慢，进而导致价格趋势在短期内延续。

③市场的非完全有效性。价格反映市场信息的速度并不总是瞬时的。由于市场参与者反应的延迟，价格信息会在一段时间内逐渐被市场吸收。这种缓慢的信息吸收为动量趋势策略提供了套利机会，即通过跟随价格趋势，投资者可以在信息被完全反映之前获利。

因此，动量趋势策略的有效性依赖于市场的非完全有效性和投资者的行为偏差，这也是该策略能够在某些时间段内持续盈利的原因。

（4）数据示例

假设股票池有 10 只股票，根据这 10 只股票过去 12 个月的回报率，构建动量趋势策略（见表 6-6）。

表 6-6 基于动量趋势的交易策略分析

	过去 12 个月的回报/%	动量排序
股票 A	30	1（最高）
股票 B	28	2
股票 C	24	3
股票 D	17	4
股票 E	9	5
股票 F	6	6

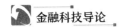

续表

	过去 12 个月的回报/%	动量排序
股票 G	−2	7
股票 H	−5	8
股票 I	−8	9
股票 J	−13	10(最低)

通过观察这 10 只股票的动量排序,我们最终可以构建一个投资组合——买入股票 A、B、C、D,卖空股票 G、H、I、J。每隔一个月或一个季度重新计算股票的动量情况,再根据最新的动量表现调整组合。

(5)风险与挑战

尽管动量策略在历史表现中较为优秀,但与任何量化投资策略一样,动量策略也伴随着一系列潜在的风险和挑战。投资者在使用动量趋势策略时,必须充分理解并应对这些风险,以便在市场波动中能够获取稳健的回报。以下是动量策略中常见的几类风险。

①市场条件变化。在市场出现重大转折时(如市场崩盘),动量趋势策略可能在价格突然反转时导致投资者遭受重大损失。

②资金管理。动量趋势策略通常是顺应市场走势,容易在市场单边行情中快速积累收益,但如果持仓过于集中,反转时可能面临较大损失。

③过度交易成本。动量趋势策略依赖频繁调整持仓来捕捉市场的动量变化。由于需要定期对投资组合进行再平衡,交易频率较高,可能会带来较高的交易成本,尤其是在市场波动较大的情况下。

2.动量反转策略(momentum reversal strategy)

(1)基本概念:什么是动量反转策略?

动量反转策略与动量趋势策略正好相反,它基于价格反转假设,这种策略通常认为价格有一定的均值回归倾向,在极端涨跌后,价格会回到合理区间。

(2)基本流程:如何操作动量反转策略?

①选定观察窗口:选择一定的观察期(如 6 个月),用来判断资产的历史表现。

②计算资产的动量:通过观察期内的累计回报率,识别出表现最差和表现最好的资产。

③排序与分组:按照动量值从高到低排序。

④构建投资组合:买入动量最低的资产(即过去表现最差的资产,预期其反转上涨),卖出动量最高的资产(即过去表现最好的资产,预期其反转下跌)。

⑤定期再平衡:定期(如每月或每季度)重新评估资产的动量表现,并调整持仓。

（3）深入理解：动量反转策略的核心逻辑

动量反转策略的核心逻辑在于资产价格在经历短期极端涨跌后，往往呈现向长期均值回归的趋势。这种现象可由多种金融理论加以解释，主要包括以下三类机制。

①过度反应假设该理论假设认为市场参与者在面对正面或负面消息时往往会出现过度反应。根据该假设，市场投资者心理偏差（如过度自信或过度悲观）将在消息发布后导致价格大幅偏离资产的内在价值。但是随着市场信息逐步被消化，资产价格也会回归其长期均衡水平。因此，投资者可以通过逆势操作（在价格被推高时卖出，在价格被压低时买入）来捕捉交易机会，获取收益。

②投资者情绪波动。投资者情绪波动是动量反转策略的另一个重要基础，特别是在市场经历剧烈波动或面对重大不确定性时，投资者情绪往往会推动资产价格脱离其基本面，尤其在新闻或外部冲击致使市场恐慌或乐观时。当投资者情绪达到极端状态（如过度悲观或乐观），市场价格往往会显著偏离合理估值，随着情绪逐渐回归理性，市场价格会相应修正。

③流动性效应。在流动性紧张的环境下，资产价格易受供需失衡影响而出现短期波动，随着流动性水平的恢复，价格会回归合理水平。

因此，动量反转策略之所以有效，是因为当市场投资者情绪剧烈波动并产生过度反应时，常会引发资产价格的短期失衡与流动性紧张。此时，反向建仓（在价格高位卖出或低位买入）可捕捉由情绪回归理性所带来的价格修复，从而实现套利收益。

（4）数据示例

假设仍然基于上述的 10 只股票的过去 12 个月回报率，构建动量反转策略（见表 6-7）。

表 6-7　基于动量反转的交易策略分析

	过去 12 个月的回报率/%	动量排序
股票 A	30	1（最高）
股票 B	28	2
股票 C	24	3
股票 D	17	4
股票 E	9	5
股票 F	6	6
股票 G	-2	7
股票 H	-5	8
股票 I	-8	9
股票 J	-13	10（最低）

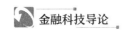

同样,通过观察表 6-7 中 10 只股票的动量排序,最终可以构建一个投资组合——买入股票 G、H、I、J,预期其反转上涨;卖空股票 A、B、C、D,预期其反转下跌。每隔一个月或一个季度重新计算股票的动量情况,再根据最新的动量表现调整组合。

(5)风险与挑战

同动量趋势策略一样,动量反转策略虽然有机会捕捉市场价格的回归现象,但它也面临一系列独特的风险和挑战。特别是在市场趋势持续或发生重大转折时,动量反转策略可能会表现不佳。投资者在使用该策略时需要特别关注以下几个方面的潜在风险。

①市场条件变化。如果市场中的动量趋势持续,动量反转策略可能会遭受损失。例如,表现最差的资产可能会继续下跌,而表现最好的资产可能会继续上涨。

②资金管理。由于动量反转策略可能逆势操作,资金管理尤为重要,以避免趋势持续造成的亏损。

③过度交易成本。动量反转策略也依赖频繁调整持仓来捕捉市场的动量变化,需要定期对投资组合进行再平衡,交易频率较高,从而带来较高的交易成本,尤其是在市场波动较大的情况下。

(四)事件驱动策略(event-driven strategy)

1.基本概念:什么是事件驱动策略?

事件驱动的量化投资策略,其核心目标是捕捉公司特定事件引发的市场价格波动。这些事件通常包括并购、破产、资产剥离、管理层变动、重组、股息政策调整等,投资者通过分析这些事件对公司股价的影响,进行做多或做空操作,从价格波动中获利。

表 6-8 总结了常见的事件类型以及这些事件对股票价格可能产生的影响(正面或负面)。

表 6-8 公司事件类型及其潜在影响分析

事件类型	描述	潜在影响
并购 (M&A)	公司之间的并购或收购行为,目标公司被另一家公司购买	对目标公司的影响通常是正面的,对收购公司可能是负面的(因为收购方通常会付出一定的收购费用,会对其本身的财务状况施加压力)
公司重组 (restructuring)	公司为了提高效率或偿债而重组,包括资产剥离、合并、业务调整等	通常是正面影响,尤其是当重组旨在削减成本或聚焦核心业务时

续表

事件类型	描述	潜在影响
破产 （bankruptcy）	公司因财务困难而申请破产保护,可能会清算资产或进行债务重组	存在负面影响,股价通常会大幅下跌,股东可能面临巨大的损失
管理层变动 （management change）	公司高层管理人员的变动,如CEO的离职或任命新CEO	视具体情况而定,若新管理层被市场看好,则属于正面影响,反之则可能是负面影响
监管变化 （regulatory changes）	政府或监管机构出台新的法律或政策,影响特定行业或公司	视具体情况而定,可能会是正面影响(若是有利政策),也可能是负面影响(若是限制性政策)
财报发布 （earnings reports）	公司发布季度或年度财报,展示其业绩表现,包括营收、利润等	视业绩情况而定,若公司业绩超过了市场的预期,则为正面影响;若低于预期,则是负面影响

2.基本流程:如何操作事件驱动策略?

(1)识别潜在事件:通过使用 NLP 等技术新闻、公告、市场传闻等手段,识别可能影响公司股价的事件,包括并购、重组、管理层变动、资产剥离等。

(2)分析事件影响:评估该事件对目标公司的影响,分析股价可能的变化方向和幅度,比如,在并购事件中,并购方股价通常会上涨,而被并购方的股价则取决于收购价是否有溢价。

(3)构建投资组合:基于事件分析结果,构建相应的投资组合,选择买入受益公司的股票,同时卖出受负面影响的公司的股票。

(4)监控事件进展与调整头寸:定期监控事件的进展,例如并购是否成功,重组计划是否按预期推进,根据事件变化动态调整投资组合。

(5)事件结束后平仓:事件结束时或事件对股价的影响达到预期时,平仓获利。

3.深入理解:事件驱动策略的核心逻辑

事件驱动策略的核心逻辑是市场对重大事件的反应并非完全理性,导致股价出现显著波动。投资者通过识别这些事件,并分析市场的反应,能够获取收益。

事件驱动策略依赖以下两个关键假设:

(1)事件引发价格变化的可预测性。事件驱动策略的首要假设是公司特定事件(如并购、破产、重组等)会导致资产价格出现显著且可预测的波动。因其直接影响公司的基本面,进而会导致其估值发生系统性变化。例如,并购可能提升目标公司的股东价值,而破产可能会引发股价的快速下跌。

(2)市场反应偏差。基于行为金融学的理论,市场在面对公司重大事件时,通常表现出某种程度的非效率性。根据有限理性假说和信息不对称理论,市场参与者在事件发生的初期,可能因信息不对称或有限的信息处理能力,未能立即作出充

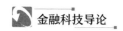

分反应,导致价格出现过度反应或反应不足。这种价格偏离合理价值的情况通常也会为投资者提供机会。

4.风险与挑战

虽然事件驱动策略在捕捉市场短期波动方面有很大潜力,但也伴随着一系列风险和挑战。

(1)不确定性风险。事件的最终结果并不总是确定的。例如,并购可能因监管问题、资金问题或市场条件变化而失败。这样的不确定性会导致股价的预期波动失效,投资者可能遭遇亏损。

(2)时间窗口风险。事件驱动策略的成功依赖于事件的时间窗口。如果投资者无法及时识别并建仓,可能错过最佳的交易机会。此外,若事件出现延迟或最终取消,可能导致市场预期落空,进而影响交易策略的盈利性。

(3)流动性风险。在一些重大事件发生时,市场的流动性可能会受到影响,导致投资者难以以理想的价格执行交易。例如,在公司破产或并购消息公布后,股价可能迅速波动,导致流动性枯竭。

(4)市场情绪风险。事件驱动策略依赖市场情绪的波动,但市场有时会对事件过度反应或反应不足,这可能导致短期内股价波动方向与预期相反。

5.数据示例:并购事件驱动策略

(1)故事背景

假设公司A宣布将以每股120元的价格收购公司B,并购消息公布后,市场对两家公司的股票价格作出了不同的反应。我们通过分析事件的影响,构建一个市场中性组合,做多在并购活动中受益的资产,做空可能表现较差的资产。

如表6-9所示,公司A是并购方,市场预期其收购资金压力较大,因此股价可能在短期内回调。公司B是被收购方,市场预计其股价将向120元收敛,带来20%的溢价。

表6-9 并购消息对公司股票价格的影响

	当前股价/元	收购价/元	收购溢价/%	预期股价变动方向
公司A(并购方)	150	—	—	下跌
公司B(目标公司)	100	120	20	上涨

(2)构建组合

①策略步骤。做多公司B:买入公司B的股票,预期股价会上涨,最终接近收购价120元。做空公司A:卖空公司A的股票,预期股价因收购资金压力可能回调。

②投资组合数据。公司A:当前股价150元,预计股价可能下跌至140元(下跌6.67%)。公司B:当前股价100元,收购价为120元,预期上涨20%。

③初始投资组合见表6-10。

表 6-10 并购事件的交易策略与预期回报

	策略建议	数量/只	当前价格/元	目标价格/元	预期收益/元
公司A	卖空	100	150	140	1000
公司B	买入	100	100	120	2000

（3）事件后期表现

经过一段时间后，假设并购交易如预期进行，公司B的股价逐步上涨，接近120元，而公司A由于收购资金压力，股价回调至140元。此时，投资者可以选择平仓获利（见表6-11）。

表 6-11 投资组合表现——并购事件后的策略收益

	策略建议	数量/只	购买价格/元	当前价格/元	总收益/元
公司A	卖空	100	150	140	1000
公司B	买入	100	100	120	2000

总结·拓展 6-2

第三节 量化投资的核心技术与工具

一、编程语言与软件工具

（一）编程语言

1.Python

（1）Python已成为量化投资领域的主流编程语言，不仅可用于策略开发，还广泛应用于数据工程、机器学习模型部署、API调用、自动化交易执行等环节。

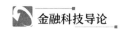

Python 的高效性和广泛的库支持(如 Pandas、NumPy、TensorFlow)使其成为贯穿整个量化投资流程的核心语言。

(2)尽管 Python 的执行速度在高频交易中不如 C++,但通过使用 Cython、Numba 等工具加以优化,可显著提升运行效率。此外,Python 还可通过与 C++的混合编程进一步增强性能,常用的桥接工具包括 Boost.Python 和 SWIG,它们能够在保留开发灵活性的同时实现性能的最大化。

2.C++

(1)C++在构建低延迟交易系统方面表现突出,它高性能及对内存管理的精细控制使其成为高频交易系统的首选语言。它支持细粒度并行处理、对象调度和高效内存访问,适用于对速度要求极高的交易引擎开发。

(2)C++提供强大的多线程编程能力(如 POSIX 线程、C++11 线程库),可高效处理海量数据流和复杂订单执行任务。

3.R 语言

(1)R 语言(以下简称 R)在时间序列分析、协整模型、GARCH 模型、贝叶斯推断等领域具有显著优势。R 的向量化操作和矩阵运算能力,使其在处理复杂金融模型时表现出色,特别是在高维数据分析和多元统计建模方面。

(2)为了提升 R 的性能,可以通过 Rcpp 包将 C++代码嵌入到 R 中,这种整合可以在不牺牲 R 的灵活性和简洁性的情况下显著提高计算效率,特别是在大规模数据处理和复杂金融计算中。

(二)软件工具与平台

1.Matlab 与数值分析

(1)Matlab 因其强大的矩阵运算和符号计算能力,成为复杂金融模型(如期权定价模型、利率模型)的主要工具。借助 Matlab 的工具箱,如金融工具箱、优化工具箱,可以快速进行金融衍生品定价、组合优化和风险管理。

(2)Matlab 在蒙特卡罗模拟中的应用尤为广泛,能够处理高维随机过程的数值解及路径依赖期权的定价问题。此外,Matlab 与其建模仿真平台 Simulink 的结合,也为金融产品的动态建模与过程仿真提供了强有力的支持。

2.QuantConnect 与算法交易

(1)QuantConnect 提供了一个集成的云计算平台,用户可以使用 Python 或 C♯编写复杂的量化策略并用历史数据进行回测。该平台的 Alpha Streams(超额收益流)市场允许用户直接将策略部署到真实交易环境中,并与对冲基金合作以获取收益分成。

(2)QuantConnect 支持跨资产类别的策略开发,包括股票、期货、外汇、加密货币等。通过其 LEAN 引擎,可以实现高效的策略回测和多策略组合优化。

3.NinjaTrader 与高频交易

(1)NinjaTrader 专注于提供高频交易所需的实时市场数据流和低延迟交易执行环境。其 NinjaScript 脚本语言(基于 C♯)允许用户编写高度定制化的交易策略,并结合 API 进行自动化交易。

(2)NinjaTrader 为高频交易者提供了强大的订单流分析工具,通过分析市场深度和订单流数据,用户可以识别短期市场动态并优化交易执行策略。

二、数据处理与分析技术

在量化投资中,数据处理与分析是构建有效策略的基础,而 Python 作为量化投资的主流编程语言,提供了全面的工具和库,支持从数据获取、清洗、分析到建模和部署的全过程。本节将详细探讨 Python 在这些环节中的应用。

示例代码 6-1

(一)数据获取与预处理

1.数据清洗与预处理

Pandas 是 Python 中处理金融时间序列数据的核心库之一,具备强大的数据清洗、转换和标准化功能。在本案例中,通过 Pandas 对股票交易数据进行了清洗和预处理,具体包括删除缺失值、移除异常值以及生成技术指标,如 5 日移动平均线。

(1)数据清洗。在原始数据中,出现了一些极端的异常值,例如异常高达15000 元和低至 -200 元的价格,这些数据远远超出了合理的股票价格范围。此时,可以通过数据清洗的步骤将这些异常值移除,以确保数据的可靠性和合理性。

(2)技术指标生成。以生成 5 日移动平均线为例,通过计算前 5 个交易日的平均价格可以得到 5 日移动平均线,帮助平滑短期波动,呈现更稳定的趋势。

图 6-3 中展示了经过数据清洗后的股票价格走势及其 5 日移动平均线,通过

移除异常值并计算 5 日移动平均线价格,数据得到了更好的平滑处理,有助于更清晰地观察股票价格的趋势。

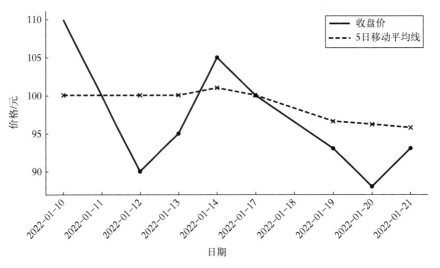

图 6-3　股票收盘价与 5 日移动平均线走势

2.高效的数据分析与计算

NumPy 是 Python 生态系统中用于科学计算的核心库,特别擅长处理大规模数据集。通过高效的数组操作和线性代数计算,能快速处理金融数据中的矩阵运算,特别是在计算金融指标或进行数值优化时。对于多资产组合的分析,NumPy提供了非常便捷的工具来计算协方差矩阵,这是资产配置和风险管理中的重要步骤。

(1)矩阵构建。在金融数据处理中,首先构建资产的收益率矩阵。每一列代表不同资产的历史收益率数据,每一行则对应每个时间点的收益。

(2)协方差矩阵计算。通过 NumPy 提供的线性代数计算函数,可以快速计算资产组合的协方差矩阵。协方差矩阵展示了不同资产之间的相互关系,通过这些关系,投资者可以判断资产组合中的相关性。

如图 6-4 所示,在计算协方差矩阵后,投资者可以直观地了解各个资产之间的关系。例如,正协方差意味着两个资产的收益往往同向变化,而负协方差则表示它们通常呈现相反的趋势。通过这些信息,投资者可以优化资产组合的配置,最大限度地分散风险,实现更优的投资策略。

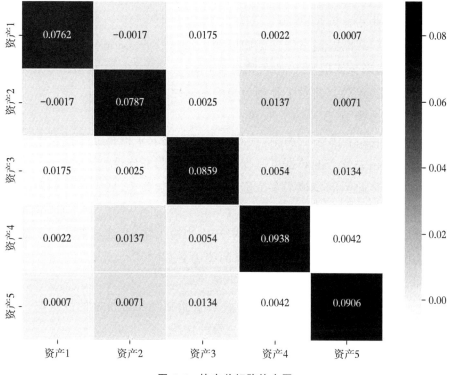

图 6-4　协方差矩阵热力图

（二）数据分析与建模

1.机器学习模型构建

scikit-learn 提供了简洁易用的接口，支持从数据预处理到模型训练及模型验证的完整工作流。在金融数据分析中，它能够帮助快速建立和评估机器学习模型，如回归、分类和聚类等算法。本示例使用 scikit-learn 来对股票收益率数据进行线性回归建模，并评估模型的预测效果。

（1）数据结构与用途

①自变量（特征）选择：在此示例中，选择了股票 A 和股票 B 的收益率作为自变量（特征）来预测股票 C 的价格。这模拟了一个常见的情景，即使用多个相关资产的特征来预测另一个资产的表现。使用过去的收益率进行预测是一种常用的时间序列预测方法，期望通过其他资产的表现来预测目标资产的未来价格。

②因变量（目标变量）：股票 C 的价格是我们希望在研究中进行预测的核心对象，因此将其作为因变量。具体而言，我们旨在基于股票 A 与股票 B 的历史表现，推测股票 C 未来的价格变化趋势。

（2）数据集的划分和模型的构建

①划分训练集和测试集：使用 train_test_split 函数将数据集划分为训练集和

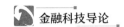

测试集,目的是验证模型的泛化能力,即它在未见过的数据上表现如何。test_size ＝0.2 表示测试集占总数据的 20％。

②模型建立与评估:通过线性回归模型(linear regression model)进行训练,并利用测试集数据来预测股票 C 的价格。使用均方误差(mean squared error)评估模型的预测性能,该误差衡量了预测值与实际值之间的差距。

(3)为什么选择 A、B、C 三只股票?

①多变量预测:在实际应用中,预测一个资产的未来价格通常涉及多个相关的变量,利用其他相关资产的数据可以提高模型的预测准确性。

②数据模拟:此示例模拟了多个资产之间的复杂关系,展示如何利用机器学习算法处理多变量数据。

③灵活性和扩展性:通过选择多种资产作为输入特征,此示例展示了量化投资中灵活使用不同数据源来优化预测结果的能力。

(4)可视化结果

图 6-5 展示了线性回归模型预测的股票 C 价格与实际价格的散点图。虚线表示完美拟合线,即预测值与实际值完全一致的情况。

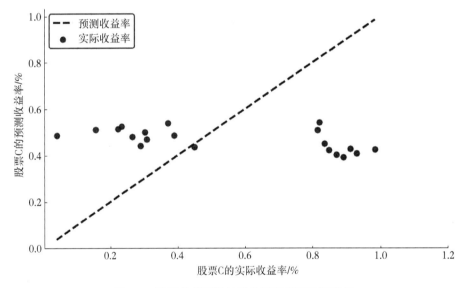

图 6-5　股票收益预测的线性回归模型验证结果

很显然在这里单凭简单的线性回归模型,并不能很好地预测股价,可能还需要进一步使用其他模型。

①决策树和随机森林(decision trees& random forests):捕捉复杂的非线性关系,适合处理大规模数据。

②支持向量机(SVM):用于分类和回归任务,能够处理高维数据。

③神经网络(neural network):尤其是深度学习技术,能够捕捉更复杂的非线性关系,适用于大数据量和复杂特征提取。

2.时间序列分析

Stats models 是一个专门用于统计模型构建和分析的库,特别擅长处理时间序列数据。在金融分析中,时间序列模型能够帮助我们捕捉股票价格中的趋势和波动性,例如 ARIMA 模型和 GARCH 模型,可以有效识别数据中的长期趋势和短期波动。本例使用 Stats models 库构建 ARIMA 模型,对股票价格进行时间序列预测。

(1)获取了股票的历史价格数据,并观察到数据中存在明显的上升趋势和周期性波动。这些特征使得 ARIMA 模型成为合适的选择,用于捕捉这种趋势并预测未来的价格变化。

(2)ARIMA 模型是时间序列分析中常用的一种方法,它通过自回归(AR)、差分(I)和移动平均(MA)的结合,能够对趋势和周期性波动进行有效建模。在本例中,模型的阶数(p,d,q)即自回归阶数、差分阶数与滑动平均阶数,经过调整,以确保模型能够准确拟合历史数据,并预测未来的价格走势。

如图 6-6 所示,历史数据展示了一个具有明显上升趋势和周期性波动的股票价格走势。价格从 100 元逐渐上升至接近 200 元,伴随着规律性的波动,这符合许多真实市场中的长期上涨和短期波动现象。ARIMA 模型成功捕捉了这种趋势和周期性波动,虚线部分展示了未来 30 天的价格预测,结果显示价格预计将继续沿着现有的趋势上升,且短期波动将保持与历史一致的周期性。这表明模型对未来走势的预测相对合理,能较好地反映股票的潜在波动。

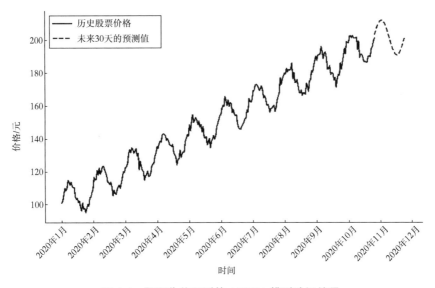

图 6-6　股票收益预测的 ARIMA 模型验证结果

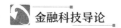

（三）实时数据处理与自动化交易

1.API 调用与实时数据抓取

Requests 是 Python 中常用的 HTTP 请求库,用于通过 API 获取外部数据。金融数据提供商(如 Quandl、Alpha Vantage 等)通过 API 提供实时市场数据,Requests 库可以实现这些调用,自动化获取实时数据并应用于交易策略中。例如,使用 Requests 库从 Alpha Vantage API 获取苹果(AAPL)股票的 1 分钟价格数据,并进行可视化。

（1）通过 Alpha Vantage 的 API 获取苹果(AAPL)股票的 1 分钟间隔的价格数据。每次 API 调用返回最新的价格、成交量和其他相关的财务数据。API 的灵活性使得用户可以自定义数据的时间间隔和返回的字段信息,这样能够满足不同的分析需求。

（2）获取到的数据经过处理后,将苹果(AAPL)股票在不同时间点的收盘价绘制为折线图。通过这种方式,投资者可以直观地看到短期内价格的波动趋势。这一分析对高频交易者尤其重要,因为他们依赖于实时数据来作出快速的买入和卖出决策。

图 6-7 展示了苹果(AAPL)股票在 1 分钟间隔内的收盘价走势,反映了股票价格在短期内的波动情况。通过观察折线的走势,可以看出股票价格随着时间的变化呈现上升或下降的趋势。这种可视化可以帮助投资者和交易员迅速判断股票在短时间内的价格变动,识别出可能的买入或卖出时机,尤其适用于高频交易或日内交易的决策过程。图中的时间与价格的同步变化提供了关于市场情绪和趋势的即时反馈。

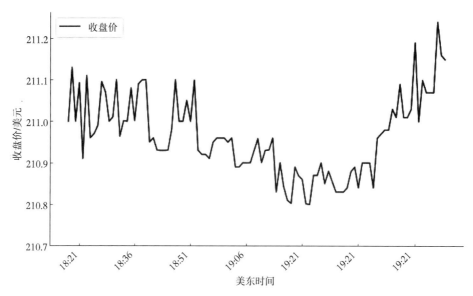

图 6-7　苹果公司股票日内收盘价走势(1 分钟间隔)

因此,通过使用 Requests 库调用 Alpha Vantage API,可以实时获取金融市场的最新数据,并将其用于股票价格的可视化和交易策略优化。API 的调用为自动化交易提供了灵活高效的数据支持,帮助投资者快速应对市场变化,制定更为精准的决策。

2.自动化交易与执行

这一部分将通过模拟市场数据、策略执行和订单生成,展示一个简单的自动化交易系统。

(1)在实际市场中,交易系统需要实时获取价格数据。但本例通过模拟价格波动来生成市场数据,模拟交易的环境。市场数据将持续变化,模拟出股票的价格波动,以测试交易策略的执行效果。

(2)设计一个简单的策略:当股票价格下降超过 1% 时触发买入订单,策略会根据市场数据的波动自动生成订单,并进行交易决策。

(3)一旦满足设定条件,系统将自动生成买入订单并执行交易,从而在价格波动中实现对市场变化的快速响应。

图 6-8 模拟展示了一个简单的自动化交易策略在价格波动过程中的运行机制:当价格相较前一时刻下跌超过 1% 时,即触发买入信号并生成交易指令。该策略以简洁的规则为基础,体现了自动化系统对市场变动的响应能力。表 6-12 进一步列示了该策略在不同时间点的实际执行情况,包括信号触发时间、订单生成时间及交易完成时间,从而反映系统在实时数据处理、策略执行与订单调度方面的运作效率。

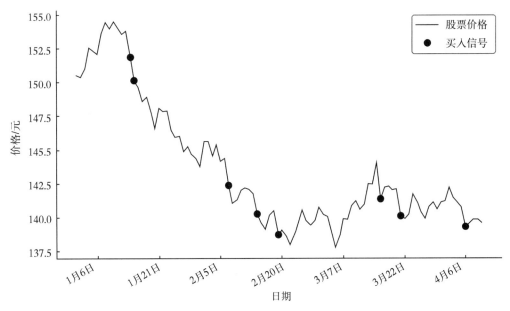

图 6-8　交易策略执行结果

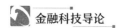

表 6-12　自动化交易系统生成的买入信号

买入信号	日　期	买入价格/元
1	2023-01-14 0:00	151.88
2	2023-01-15 0:00	150.16
3	2023-02-07 0:00	142.39
4	2023-02-14 0:00	140.27
5	2023-02-19 0:00	138.73
6	2023-03-16 0:00	141.38
7	2023-03-21 0:00	140.09
8	2023-04-06 0:00	139.29

　　这一节的讨论,展示了 Python 如何在自动化交易系统中发挥核心作用。Python 丰富的库和工具链使得数据获取、预处理、分析、建模和自动化交易能够无缝衔接,形成一个高效的工作流。通过模拟市场数据和策略执行,读者可以理解自动化交易的核心概念,并应用这些技能来优化投资策略。

总结·拓展 6-3

第四节　量化投资风险管理

　　量化投资面临着多种风险,这些风险是需要通过有效的风险管理策略来进行控制和缓解的。

一、风险类型解析

主要的风险类型包括市场风险、操作风险和模型风险。

(一)市场风险

1.定义与特征
市场风险是指市场价格波动引起投资组合价值下降的风险,涵盖股票、利率、汇率和商品价格的波动。它源于宏观经济因素,难以通过分散化完全消除。

2.复杂性分析
市场风险主要包括两类:一是资产之间的联动效应,尤其在金融危机期间,资产相关性增强导致分散化策略失效;二是流动性风险,即市场剧烈波动时,资产可能无法迅速成交。

3.高级管理方法
(1)对冲策略:利用衍生工具(如期权、期货、互换等)对冲市场风险。期权策略如保护性看跌期权(protective put)可以在市场下跌时限制损失,而期货合约可以用来锁定未来的买入或卖出价格,从而减少不确定性。

(2)动态对冲与资产配置:通过动态对冲策略,如使用对冲基金中的市场中性策略(market neutral strategy),投资者可以在不依赖市场整体方向的情况下,获得稳定的收益。此外,基于目标风险水平的动态资产配置方法,如风险平价策略(risk parity),通过定期调整投资组合的杠杆比例,平衡各类资产的风险贡献。

(3)风险价值与预期短缺测量:通过使用 VaR 和 ES 等统计方法,投资者可以量化投资组合在极端市场条件下的潜在损失,从而制定相应的风险管理策略。

(二)操作风险

1.定义与特征
操作风险源于内部流程、人员、系统或外部事件导致的损失,涵盖交易执行、系统维护等方面。

2.复杂性分析
自动化系统故障、算法失效、数据传输延迟等可能引发经济损失,这些问题既可能源于人为错误,也可能由外部事件(如网络攻击)造成。

3.高级管理方法
(1)内部控制与自动化系统建设。通过建立严格的内部控制流程和自动化系统,减少人工干预的机会,降低人为错误的风险。自动化工具如订单管理系统

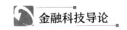

(order management system,OMS)和交易管理系统(trading management system, TMS)可以有效监控交易流程,实时检测异常并进行纠正。

(2)灾备与冗余系统。为了应对系统故障和外部突发事件,金融机构需要构建全面的灾备机制,并设计多层次的冗余系统架构,包括网络、数据中心和关键交易系统的冗余部署。定期开展灾难恢复演练(disaster recovery drills),确保系统在最短时间内恢复运行。

(3)高级审计与合规。定期审计和合规检查对于识别潜在的操作风险至关重要。利用大数据分析和人工智能技术,审计团队可以更快、更准确地识别和追踪不合规操作和潜在的操作风险。

(三)模型风险

1.定义与特征

模型风险是指模型假设错误、数据不准确或模型选择不当引起的风险。在量化投资中,投资决策高度依赖于数学模型和算法,因此模型风险显得尤为重要。模型风险不仅可能导致投资策略的失效,还可能导致对市场风险的错误评估,从而加剧投资损失。

2.复杂性分析

模型风险的来源广泛,包括模型的假设、输入数据的质量、模型的复杂度以及模型的适用性。在实际应用中,模型风险的识别和量化较为复杂,需要深入的专业知识和丰富的经验。例如,模型的过拟合问题(即模型在历史数据上表现良好,但在实际应用中表现不佳)是量化投资中的常见问题。此外,市场环境的变化可能导致模型假设失效,特别是在极端市场条件下,历史数据可能无法准确反映未来的风险。

3.高级管理方法

(1)模型验证与压力测试。模型验证旨在评估模型结构、假设和参数设定的合理性,确保其在多种市场环境下的稳健性和适用性。压力测试则通过模拟极端但可能发生的市场情形,检验模型在非常规状态下的表现能力,是辅助模型风险识别的重要工具。两者共同构成模型风险管理的核心手段。

(2)多模型交叉验证。为了降低单一模型的风险,投资者可以使用多种模型进行交叉验证。不同模型可能对同一市场现象有不同的解释,通过比较和验证这些模型的预测结果,可以提高决策的准确性。

(3)动态调整与模型更新。市场环境和数据特征是动态变化的,因此,需要不断更新和调整模型,以保持其有效性。定期回顾模型的表现,结合新数据进行重新训练或调整参数,是降低模型风险的重要手段。

通过对市场风险、操作风险和模型风险的深入分析,可以看出每种风险都有其独特的来源和表现形式。在量化投资中,风险管理不仅需要对各类风险有深入的理解,还需要结合具体的投资策略和市场环境,采用科学的风险管理工具和方法,以实现稳健的投资回报。

二、风险管理策略

量化投资中,风险管理是关键环节。以下是几种主要的风险管理策略及示例代码。

示例代码 6-2

(一)风险限额管理

通过设置不同风险类型的限额,如市场风险限额、信用风险限额和流动性风险限额,以确保单一风险暴露在可控范围内。实施方法:通过 VaR、CVaR 等指标设置限额,实时监控并调整投资组合。

示例:模拟投资组合的日收益率,计算 95% 置信水平下的 VaR,并绘制收益率分布图。

图 6-9 展示了模拟的收益率分布情况,横轴为收益率,纵轴为频数。虚线表示 VaR 的位置,VaR 是指在给定置信水平下,投资组合可能遭受的最大损失。通过观察 VaR 的位置,投资者可以直观地理解在特定市场条件下,投资组合可能面临的最坏情况。

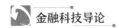

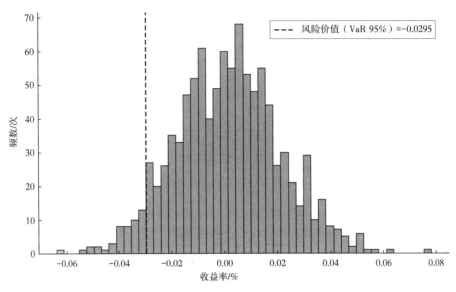

图 6-9　收益率分布与风险价值(VaR)分析

(二)对冲策略

通过持有风险对冲头寸,如期货、期权和互换等衍生工具,以抵消或减少市场波动带来的损失。具体方法包括根据投资组合的风险暴露选择合适的工具和比例,并动态调整策略。

这里展示在股票市场上常用的 Alpha 风险对冲策略,通过模拟现货和期货的价格变动,计算未对冲和对冲后的收益率,并生成对比图。

在金融市场中,投资者通常关注股票收益的两个关键部分:Beta(系统性风险)和 Alpha(超额收益)。Beta 指股票跟随市场整体波动的部分(市场上涨,股票通常也会上涨;反之,股票也会跟随下跌),故 Beta 表现了股票对市场系统性风险的敏感度。Alpha 指股票相对于市场表现的超额收益,通常是由公司特定因素或投资者选股能力带来的回报,Alpha 是衡量投资者能否"打败市场"的指标。Alpha 风险对冲策略是专注于从股票中获得超越市场基准的额外回报。为此,需要剔除市场带来的 Beta,只保留股票自身的 Alpha。这可以通过使用"期现对冲策略"来实现。

Alpha 风险对冲策略的工作原理如下。

(1)市场和股票收益分解

股票的总收益由两部分组成:

$$股票总收益 = Beta \times 市场收益 + Alpha$$

其中,Beta(β)系数反映资产对市场波动的敏感程度,越大,表明其对市场变化反应越强;Alpha(α)系数则代表超额收益,是无法被市场因素解释的部分,通常反映投资者通过主动管理所获取的附加回报。

(2)对冲 Beta

为了专注于 Alpha,投资者使用期货或其他衍生品来对冲 Beta 风险。这样做的效果是当市场波动时,对冲策略能抵消市场带来的收益或损失,最终我们只看到股票相对于市场的独立表现,即 Alpha。

图 6-10 展示了对冲前后的收益变化。虚线[未对冲的总收益率(Beta＋Alpha)]展示了股票的总收益,既包含了市场波动带来的 Beta 部分,也包含了股票本身的 Alpha 部分。可以看到,随着市场的波动,收益率也大幅度波动。实线(对冲后的 Alpha 收益率)展示了剔除市场波动后的收益,表明股票的 Alpha 部分。通过对冲 Beta,消除了市场带来的大波动,只保留了股票相对市场的超额收益。实线相较于虚线波动性更小,显得更加平稳,因为市场的大幅波动已被对冲掉。通过这个策略,投资者能够有效管理市场波动带来的风险(Beta),从而更好地专注于自己的选股能力,即获取 Alpha。这个策略不仅能在市场下跌时提供保护,还能帮助我们在市场涨跌中寻找相对稳定的收益。

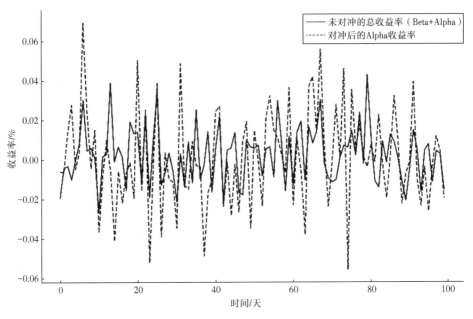

图 6-10 Alpha 策略对冲效果

(三)投资组合优化

利用现代投资组合理论(MPT)和均值—方差优化方法,通过分散投资降低总风险。实施方法:构建有效前沿(efficient frontier),选择风险收益比最佳的投资组

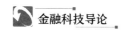
合,定期再平衡组合以维持优化状态。

示例:使用 Python 进行均值—方差优化,并标注优化后的投资组合位置。

如图 6-11 所示,虚线(有效前沿)表示在给定波动率下提供最高预期收益率的最佳投资组合集合,体现了风险与回报的最优平衡。实线(资本市场线,CML)连接无风险资产与市场组合,展示通过两者组合实现的不同风险水平下的最优收益率。相比有效前沿,CML 更优,因为资本市场线通过引入无风险资产降低风险并提升收益。黑色五角星(市场组合)是资本市场线与有效前沿的切点,代表所有风险资产的最佳组合,是现代投资组合理论中唯一的最优风险投资组合。投资者通过调整无风险资产与市场组合比例,可有效管理风险并优化收益。

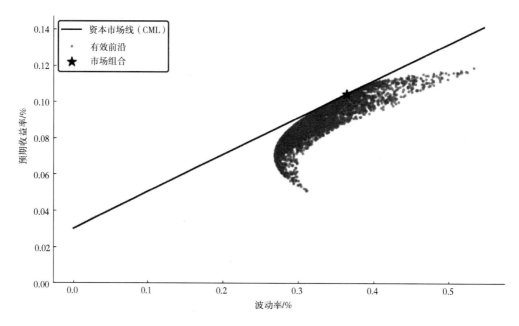

图 6-11   有效前沿与资本市场线分析

(四)情景分析和压力测试

通过模拟极端市场情景和假设市场剧烈波动,评估投资组合的潜在损失和风险暴露。实施方法:设计多种情景,如金融危机、市场崩盘,计算不同情景下的投资组合表现,识别薄弱环节并制定应对策略。

示例:通过模拟极端市场情景(如金融危机),分析投资组合在这些情景下的表现。

1.场景概述

(1)情景分析:通过设计一系列极端市场情景,如金融危机、市场崩盘等,来评估投资组合在这些条件下的表现。

（2）压力测试：通过假设市场剧烈波动，评估投资组合在极端波动下的最大潜在损失，识别组合中的薄弱环节，并制定应对策略。

2.具体步骤

（1）构建投资组合：假设一个包含多个资产的投资组合，并假定这些资产有不同的预期收益率和波动率。

（2）设计极端情景：模拟几种市场情景，包括正常市场（市场保持稳定增长）、金融危机（大幅下跌的情景）、市场崩盘（极端情况下的大幅波动）。

（3）评估情景中的投资组合表现：在每个情景下评估投资组合的表现，计算潜在的收益或损失。

如图 6-12 所示，在正常市场的情景下，投资组合的收益率为 11％ 左右，表现良好；在金融危机的情景下，投资组合的预期收益显著下降到 6％，但仍为正值，表明组合具有一定的抗风险能力；在市场崩盘的情景下，投资组合的收益率变为 −3％，这反映了在极端市场情况下，组合的脆弱性和潜在的风险暴露。

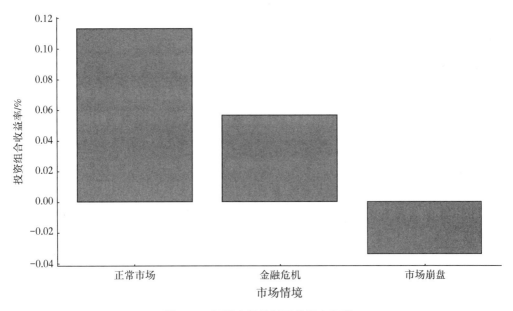

图 6-12　不同市场情景下的组合表现

通过情景分析和压力测试，可以提前预估投资组合在不同市场情景下的表现，并识别其在极端市场环境下的薄弱环节。压力测试为投资者提供了制定风险应对策略的基础，使得投资者可以根据风险暴露的情况，及时进行调整，例如增加对冲工具或减少高风险资产的配置。这种策略有助于投资者在面对市场剧烈波动时，保持组合的稳定性并减少潜在损失。

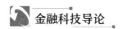

（五）模型验证和监控

定期验证和监控量化模型的表现，确保模型的假设和参数适用于当前市场环境。主要的实施方法是使用历史数据和新的市场数据进行回测和验证，调整模型参数，监控模型的预测误差和表现。

总结·拓展 6-4

第五节 量化投资案例研究

一、案例研究一：文艺复兴科技公司的 Medallion 基金

文艺复兴科技公司（Renaissance Technologies）是量化投资领域的顶尖机构，其旗下的 Medallion 基金自 20 世纪 90 年代起，凭借卓越的风险调整收益和长期稳定的表现，在全球金融界声名鹊起。该基金依托高度复杂的数学建模、深度学习算法及先进的市场微观结构分析，构建了一个封闭而高度保密的投资体系，其背后的运作机制至今仍为外界所津津乐道。

（一）策略构建

1.数据收集与处理

Medallion 基金依赖海量数据来建立它的策略。除了常规的市场数据（如股票价格、交易量），它还使用"另类数据"（alternative data），比如用卫星图像分析了解仓库的货物量、用天气数据预测农作物产量、用社交媒体上的情绪分析来预测市场情绪，甚至通过分析公司高管讲话时的情感来判断公司的未来表现。

由于数据种类多、维度高，基金使用复杂的数学技术，如主成分分析（PCA）和奇异值分解（SVD），将数据降维，提取出真正有用的信息。同时，它们使用稀疏表示（sparse representation）技术，从嘈杂的数据中找出关键特征。简单来说，就是用技术方法过滤掉无用的信息,留下对投资决策至关重要的信号。

2.模型开发

Medallion基金的模型不仅仅是一些简单的数学公式,而是涉及了非常复杂的统计学和机器学习技术。它的核心策略之一是基于隐马尔可夫模型(Hidden Markov model,HMM),这种模型可以帮助识别市场隐藏的状态(比如市场是否处于上涨趋势)以及这些状态之间的转换机制。

另一重要工具是因果推断模型,它试图通过分析过去市场的行为来预测未来可能的反应。例如,某个政策的出台是否会影响股市? 这种模型可以回答这样的因果关系问题。

此外,该基金还采用了强化学习(reinforcement learning)算法,这是一种能够通过不断试验和错误迭代优化决策的人工智能技术。它可以让系统在虚拟市场中反复模拟买卖行为,最终找到最佳的策略。

3.多策略组合

为了分散风险并确保收益的稳定性,Medallion基金不会依赖单一策略,而是结合多种不同的策略来构建一个动态优化的组合。其中,包括利用市场中定价错误的机会获利的统计套利(statistical arbitrage)、根据市场趋势(上涨或下跌)买卖资产的趋势跟踪(trend following)以及专注于利用市场订单簿中的价格微小差异进行高频交易的市场微结构套利。

该基金的动态风险预算技术则会根据市场条件的变化,实时调整各个策略的权重。这样即使市场环境变化很大,基金也能快速适应,保持高效运行。

(二)测试过程

1.回测

在将策略应用到真实市场之前,Medallion基金会进行严格的回测(backtesting)。它们会用几十年的市场数据,模拟策略在历史中的表现,从而判断它在不同市场环境下的稳定性。回测不仅评估收益和波动,还特别关注在极端市场事件(比如金融危机)中策略的表现,这可以通过结合蒙特卡罗模拟和极值理论来完成。通过这样的测试,基金能够识别潜在的风险敞口,提前做好防护。

2.模拟交易

真实交易前,该基金还会进行模拟交易,测试模型在市场中的执行效果。通过基于代理的模型(agent-based models),它们可以模拟市场中不同交易者的行为,测试策略在复杂多变的环境中的表现。这些模拟可以帮助基金优化交易细节,减少滑点(slippage)和市场冲击。滑点指的是由于市场条件变化,实际交易价格偏离预期的现象。

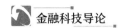

（三）策略实施

1.自动化交易系统

Medallion 基金的策略实现依赖高度自动化的交易系统。该系统可以在毫秒级别内完成复杂的买卖指令执行。高频交易模块通过智能订单路由,在全球范围内寻找最佳交易机会,快速完成交易。与此同时,市场微结构分析模块会实时监控市场的流动性和波动性,帮助基金快速调整策略。另外,基金还配备了实时的风险管理系统,时刻监控市场中可能的风险因子,确保策略不会因市场变化而遭受重大损失。

2.风控机制

风险控制对 Medallion 基金的成功至关重要。基金不仅采用传统的风险管理方法,还使用动态对冲策略,实时调整对冲仓位,以在市场波动时降低风险。它们还采用了自适应风险预算技术,根据每个策略的表现和市场状况,动态调整每种策略的资金配额,确保在最不利的市场条件下,基金仍然能保持稳定。

（四）策略维护

1.模型更新

市场在不断变化,Medallion 基金也会定期更新它们的模型。每次更新不仅引入新的数据,还会分析市场结构的变化。为确保模型的稳健性,该基金采用集成学习技术,将多个子模型融合以提升预测准确性;同时利用无监督学习方法从数据中识别潜在市场模式,并将其整合进现有模型框架,从而增强策略的前瞻性与市场适应能力。

2.持续监控

基金的持续监控体系涵盖策略执行的方方面面,包括市场动态、模型表现、交易对手风险等。通过实时大数据分析,基金能够捕捉到市场中的异常波动,并结合贝叶斯更新技术,动态调整模型和策略配置。另外,基金还建立了一个风险预警系统,使用人工智能来识别潜在的市场风险,确保基金在任何市场条件下都能表现优异。

二、案例研究二:AQR 资本管理的多因子模型

AQR 资本管理(AQR capital management)是全球领先的量化对冲基金之一,其多因子模型广泛应用于全球股票市场,并以其系统性和深度的学术研究基础而著称。AQR 的多因子模型不仅仅是简单的因子投资,而是通过严谨的统计分析和高级的优化算法,构建出一个高度复杂的投资框架。

（一）策略构建

1.因子选择

AQR 的多因子模型通过选择多个能够解释股票市场风险溢价的因子来构建投资策略，这些因子包括以下几种。

（1）价值因子：例如市盈率、市净率等，衡量股票的相对便宜程度。

（2）动量因子：例如过去 12 个月的累计回报，反映股票的趋势。

（3）盈利因子：如 ROE（净资产收益率），评估公司的财务健康。

此外，AQR 还引入了低波动率因子和高投资回报因子，用以捕捉股票波动性和资本回报之间的关系。

2.因子模型开发

AQR 通过贝叶斯模型平均（Bayesian model averaging）来结合多个因子的预测能力，增强模型的稳健性。它们还使用 LASSO 回归和弹性网络等技术，选择最有预测性的因子，并移除冗余。为了提高模型的准确性，AQR 还结合了非线性算法（如支持向量回归和梯度提升树）来捕捉因子间复杂的非线性关系。

（二）测试过程

1.因子有效性验证

AQR 对每个因子进行了严格的历史回测，以确保其在不同市场和经济周期下具有预测能力。通过频谱分析和小波变换，AQR 确保因子在不同时期和市场中的表现具有一致性。此外，AQR 使用双重排序和三重排序等方法，验证因子的多维度表现。

2.组合优化

AQR 使用了基于随机矩阵理论的均值—方差优化方法，通过提取重要的风险因子来优化投资组合。此外，AQR 还使用极大似然估计和贝叶斯优化技术，进一步优化组合的风险和回报。同时，它们也进行了尾部风险分析，使用 CVaR 优化和蒙特卡罗模拟，确保组合在极端市场条件下的稳健性。

（三）策略实施

1.分散投资

AQR 的多因子策略分散于全球多个市场，包括股票、债券、商品和外汇市场。通过这种全球分散，AQR 有效地降低了单一市场的风险，并通过不同资产类别的轮动策略（asset rotation）在不同经济周期中调整资产配置，最大化风险调整后的回报。

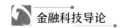

2.动态调整

AQR 也会根据市场变化进行因子权重的动态调整。例如,在市场波动增加时,AQR 会降低波动性因子的权重。它们使用动态均值—方差模型来调整投资组合,通常每月或每季度进行调整,具体取决于市场的波动程度。

(四)策略维护

1.因子监控与更新

AQR 对每个因子进行实时监控,通过数据流监控系统,确保因子的持续有效性。当因子表现异常或市场环境发生重大变化时,系统会自动触发更新。此外,AQR 会引入新因子,如宏观经济因子和行为金融因子,以适应市场的变化。

2.市场适应

为了适应全球经济变化,AQR 通过宏观经济模型分析不同市场的经济周期、政策变化等因素对因子模型的影响,并根据这些分析动态调整模型参数,确保全球市场的稳健性。

三、案例研究三：Two Sigma 的机器学习策略

Two Sigma 是量化对冲基金领域的领先者,以其在大数据分析和机器学习技术应用上的卓越表现而著称。Two Sigma 通过深入挖掘全球金融市场和宏观经济中的大规模数据,结合先进的机器学习模型,开发出了一套具有高度适应性和自我学习能力的量化交易策略。

(一)策略构建

1.大数据分析

Two Sigma 利用大量数据进行投资决策,它们的数据来源同样不仅包括常规的市场数据(如股票价格、交易量),还包括非结构化数据,例如卫星图像、新闻报道、社交媒体帖子、公司财报等。为了处理这些不同类型的数据,Two Sigma 使用分布式计算平台(如 Hadoop 和 Spark)来高效处理海量数据。在此过程中,它们应用 NLP 技术,从文本中提取有用信息,比如分析新闻情绪或者公司财报中的关键词。

2.机器学习模型

Two Sigma 通过多种机器学习模型来挖掘市场规律和交易机会。这些模型既包括随机森林和支持向量机(SVM)等传统方法,也广泛采用卷积神经网络(CNN)和循环神经网络(RNN)等深度学习模型,能够从高维、非线性的数据中提

取潜在的交易信号。在此基础上，Two Sigma进一步引入强化学习技术，利用智能代理在模拟市场环境中不断试错与学习，从而优化交易策略并提升决策的自适应能力。

（二）测试过程

1.特征工程

特征工程是机器学习模型开发中的重要步骤。Two Sigma从大量数据中提取出有用的特征，例如，通过主成分分析（PCA）和因子分解机来降维并去除冗余信息。它们还利用自编码器（autoencoder）提取数据中的潜在特征，这些技术能让模型更准确地做出预测。

2.交叉验证

Two Sigma采用了多种交叉验证方法，如滚动窗口交叉验证和时间序列交叉验证，这些方法考虑到了金融数据的时间依赖性。这些验证方法确保模型在不同的市场条件下都能稳定表现，避免模型过度拟合历史数据。

（三）策略实施

1.实时交易系统

Two Sigma使用高度先进的实时交易系统，能够在亚秒级内处理大量数据并生成交易信号。这个系统采用了智能订单路由，确保在全球市场中找到最优的交易路径，减少交易成本。区块链技术也被用来确保交易的透明度和安全性。

2.风控体系

Two Sigma的风险管理体系非常复杂，除了传统的风险工具（如VaR和CVaR），它们还使用了贝叶斯网络和马尔科夫决策过程（MDP）来模拟和预测市场风险。同时，Two Sigma会通过压力测试和极端事件模拟，确保策略在极端市场条件下的稳健性。

（四）策略维护

1.模型再训练

金融市场不断变化，Two Sigma定期对其机器学习模型进行再训练。它们使用了迁移学习和元学习技术，帮助模型更快适应新的市场数据。迁移学习让模型能够利用之前训练的经验，加速对新数据的学习，而元学习则通过自动调整超参数来优化模型性能。

2.模型监控

Two Sigma对其模型进行实时监控，确保模型始终保持最佳状态。一旦检测到模型性能下降或市场发生变化,系统会自动触发再训练流程,或者调整策略。此外,在线学习技术使模型能够在实时数据中持续更新,提高对市场的适应性。

总结·拓展 6-5

第七章
保险科技的应用与创新

第一节　保险科技概述

作为金融科技领域的一个重要分支,保险科技(InsurTech)正在以前沿的技术手段颠覆传统的保险业务模式,为行业注入新的活力。在此背景下,保险科技不仅仅是技术层面的革新,更是一场深刻的行业变革。它通过引入大数据分析、人工智能、区块链、物联网等现代信息技术,优化了保险产品的设计、定价、销售及理赔等多个环节,极大地提高了业务效率和服务质量。同时,保险科技也为消费者提供了更加个性化、便捷的保险产品和服务,满足了现代社会多样化的保障需求。

本节将介绍保险科技的内涵与发展历程。

一、保险科技的内涵

保险科技的内涵目前尚未形成统一定义,但可以从技术维度、价值创造维度、行业转型维度、融合与创新维度以及政策与战略维度进行综合理解。

(一)技术维度

在技术维度,保险科技通过集成前沿技术,为保险领域带来深刻变革。这不仅是对单个环节的优化,更是全方位重塑保险行业的运作逻辑与服务模式,推动行业向更智能、高效和个性化方向发展。

大数据技术为保险业提供了对海量数据的处理与分析能力,帮助企业挖掘数据价值,实现精细化市场细分和产品定价优化。通过对历史赔付数据、用户行为特征等深度分析,保险公司能更精准评估风险等级,为不同风险偏好的客户制定公平合理的保费标准。

人工智能的应用覆盖智能客服、风险预测模型构建和个性化产品推荐等多个领域,显著提升客户交互效率与满意度,同时赋能保险公司精准识别潜在风险,快速生成定制化保险方案。

区块链技术通过确保交易记录的不可篡改性,增强了保险合同的透明度与安全性,有效降低欺诈风险并提升理赔处理效率。在跨境保险、再保险等复杂场景中,该技术能够有效简化流程,加速资金流转。

云计算技术为保险行业提供了灵活高效的IT基础设施,使企业能够快速响应市场变化,按需扩展计算资源支撑大规模数据处理,同时显著降低运维成本。云平台还推动保险业务系统的高度集成,加速产品迭代与创新进程。

物联网(IoT)技术通过连接各类传感器与设备实时采集数据,为保险业开辟了车联网保险、健康监测保险等新领域。这些基于实际行为数据的保险模式通过精确评估风险,引导用户形成更安全健康的行为习惯,推动保险服务从被动赔付向主动风险管理转型。

(二)价值创造维度

在价值创造维度,保险科技通过深度融合技术创新与行业洞察,突破传统保险业务边界,构建数字化价值链条。其价值不仅体现在效率提升与成本优化层面,更通过持续技术革新推动行业结构性转型,开启个性化、智能化与普惠化发展新阶段,为社会可持续发展注入动能。

业务流程优化方面,智能自动化工具的大规模应用显著降低人工操作与纸质流程比例,在提升处理效率与准确性的同时有效控制运营成本。这不仅释放出更多资源用于产品研发与服务升级,还通过降低运营成本使保险产品定价更具市场竞争力。

产品创新层面,基于用户行为数据与风险特征的深度学习,保险公司利用大数据分析与AI算法开发出高度定制化的保险方案。例如与可穿戴设备关联的健康保险,通过动态监测用户活动量、睡眠质量等指标调整保费与保障范围,在引导健康生活方式的同时实现保费与保障的动态匹配。这种用户导向的创新策略显著提升了客户黏性,拓展了保险服务的市场吸引力。

新兴市场开拓方面,保险科技通过创新业务模式突破服务覆盖瓶颈。移动互联网与微型保险产品的结合,使偏远地区及低收入群体获得可负担的保障服务。普惠保险覆盖范围的持续扩展,既增强了社会安全网效应,也彰显了保险科技对社会经济的实质性价值贡献。

（三）行业转型维度

在行业转型维度,保险科技作为数字化转型的核心驱动力,其影响力已超越技术范畴,全面重塑行业生态。它不仅驱动技术创新,更推动保险企业实现从思维模式到业务模式的全方位升级,以适应数字化时代的发展需求。

在经营理念层面,保险科技推动企业从传统风险转移模式转向价值创造与服务导向模式。保险公司不再局限于"事后赔偿"角色,而是通过物联网设备监控风险源头、基于健康数据提供预防建议等方式,实现从被动应对到主动预防的转变。这种转型要求企业更加关注长期价值与社会责任,而非单纯追求短期财务收益。

在组织架构层面,保险科技驱动企业构建灵活敏捷的运营体系。为适应快速变化的市场环境,保险公司通过设立数字创新实验室、推行扁平化管理机制,促进跨部门协作与信息共享。这种组织结构加速了新技术应用的测试与迭代周期,确保企业能快速响应市场需求。

在市场策略层面,保险科技赋能企业通过大数据精准定位目标客户,结合社交媒体与移动应用实现个性化营销。众筹保险、按需保险等新型业务模式的探索,不仅强化了客户关系管理,更开辟了多元化盈利渠道,精准满足细分市场需求。

在供给侧结构性改革方面,保险科技通过强化数据分析能力与智能风控体系,显著提升运营效率与成本控制水平,使产品设计更科学、服务交付更高效。在需求侧则聚焦技术驱动的用户洞察,借助个性化推荐与即时反馈机制提升用户体验,确保产品服务与市场需求精准对接。

（四）融合与创新维度

在融合与创新维度,保险科技正驱动一场基于深度协同的产业变革。科技与保险的融合不再停留于功能叠加,而是追求基因级融合,实现从底层逻辑到顶层应用的全面重构。

这种融合首先体现在业务流程的智能化改造。通过将人工智能等技术嵌入产品设计等核心环节,企业实现业务流程自动化升级,既提升服务效率又增强需求匹配度。例如智能核保系统通过算法实现风险快速评估,进行大数据风险模型支撑动态定价优化,显著改善传统流程的效能瓶颈。其次,保险科技推动跨界生态体系构建。保险公司与科技企业、医疗机构等多元主体开展开放合作,形成以用户为中心的保险服务网络。通过数据共享与业务协同,"保险＋健康管理""保险＋智能家居"等融合业态持续涌现,满足消费者对风险管理与生活品质提升的复合需求。更深层的变革体现在商业模式创新层面。区块链技术构建的分布式账本实现合同透

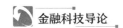

明化执行,物联网技术支持的参数化保险实现自动触发赔付,这些突破性模式打破传统服务边界,开创了保险服务新范式。

驱动这些变革的核心在于持续协作与创新。保险公司通过产学研协同研发加速技术落地,同时构建鼓励试错、快速迭代的组织文化,形成推动行业持续进化的创新生态。

(五)政策与战略维度

政策与战略维度展现了政府对保险科技发展的战略引导。如《保险科技"十四五"发展规划》明确行业发展方向与重点任务,确立其在金融体系转型中的核心地位。政府通过政策推动保险业与科技深度融合,加速数字化进程,构建稳健开放的保险科技生态。

在创新驱动层面,政府鼓励企业加大研发投入,通过税收优惠等政策支持技术创新项目,重点扶持区块链、人工智能等关键技术应用,以创新驱动行业高质量发展;在监管科技层面,政府倡导运用监管科技提升监管效率,构建智能灵活的监管体系,强化风险监测与防控能力,保障创新与合规的平衡;在生态建设层面,政府推动跨行业资源整合,促进保险与医疗健康、养老等领域的业务协同,支持建设产业园区等创新载体,形成协同发展效应;在人才战略层面,政府着力构建复合型人才培养体系,通过校企联动与国际合作吸引高端人才,为行业发展提供智力支撑;在消费者保护层面,在鼓励创新的同时强化消费者权益保障,提升公众金融素养,确保保险科技普惠价值有效释放。

综上,本章对保险科技的定义如下。保险科技是金融科技在保险领域的分支,是有益科技与保险行业深层次的创新融合。在理念上是保险行业顺应现代科技的发展趋势、保持市场活力与竞争力的关键路径;在技术层面上是综合运用人工智能、区块链、大数据、物联网等创新技术,克服行业痛点,提升保险行业相关生态主体价值的系统性解决方案;在业务层面上是保险行业全产业链条的模式创新与行业重塑,变革着保险的商业模式并打造出新的生态。

二、保险科技的发展历程

从技术变革的角度看,保险科技的发展主要经历了四个时期,如图 7-1 所示。

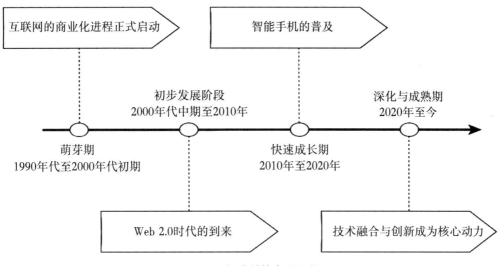

图 7-1 保险科技发展历程

(一)萌芽期(1990 年代至 2000 年代初期)

互联网商业化进程的启动彻底改变了信息交互方式。随着 TCP/IP 协议普及与浏览器技术突破,企业开始重视互联网的市场渠道价值。保险行业积极跟进技术浪潮,尝试将互联网融入营销服务体系,同步推进内部信息化建设,为数字化转型奠定基础。

此阶段的保险科技应用处于初级阶段,主要聚焦内部管理现代化与基础服务数字化。保险公司采用数据库管理系统(DBMS)提升客户信息管理效率,通过企业网站实现产品展示与基础保单查询功能。在线咨询服务与电子邮件系统的初步应用,标志着服务模式开始向线上迁移,降低了对纸质文件的依赖。

尽管发展进程较慢,但此阶段为行业数字化打下重要基础。技术应用提升了服务效率与便捷性,中科软、新致软件等科技公司通过开发核心业务系统、客户关系管理系统助力保险企业实现业务流程电子化,显著提升行业信息化水平。这些探索不仅积累了技术经验,更激发了行业对科技潜力的关注,为后续发展埋下创新种子。

(二)初步发展阶段(2000 年代中期至 2010 年)

21 世纪初,Web 2.0 时代的到来推动互联网向互动化平台转型,博客、社交媒体等用户生成内容(UGC)平台重塑了信息交互模式。技术层面,Ajax 和 JavaScript 等框架的应用提升了网页交互性,云计算与大数据技术为处理海量信息提供了基础支撑。保险行业在此背景下加速布局线上服务生态。

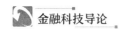
这一时期,保险公司重点投入建设功能完善的在线投保平台,整合产品浏览、比价、在线购买等全流程服务,并嵌入电子签名与在线支付功能,大幅提升交易效率,平安保险、中国人寿等头部企业相继推出专属在线商城,精准对接互联网用户需求。社交媒体成为重要运营阵地,保险公司通过微博、微信平台开展品牌推广与客户维护,结合内容营销及社群运营强化用户互动。成熟的客户关系管理系统助力精准管理客户数据,推动个性化服务升级,在线客服系统依托聊天机器人及人工服务实现全天候响应,自助服务平台则支持保单查询、信息修改、线上理赔等自主操作,显著提升服务便捷性。

消费者对在线服务的接受度快速提升,年轻群体尤为青睐互联网投保模式。保险购买方式从传统线下咨询转向线上比价决策,既增强市场透明度与竞争活力,也驱动产品向多样化、定制化方向演进。保险公司同步加大科技投入,通过设立数字化部门或与科技企业合作,探索更深层次的保险科技融合路径。这一系列变革不仅加速行业数字化转型进程,更构建起保险科技新生态,为可持续发展夯实市场认知基础。

(三)快速成长期(2010 年至 2020 年)

这一时期,移动互联网的快速普及推动智能终端渗透率持续攀升,用户实现全天候网络接入。保险行业加速布局移动端生态,创新型 App 不仅提供产品比价、在线投保等基础功能,更整合健康监测、运动追踪、紧急救援等增值服务,构建全场景服务生态,覆盖用户风险预防与保障的全周期需求。

与此同时,大数据、人工智能等技术实现规模化应用,成为行业革新关键驱动。保险公司依托大数据分析用户行为、消费记录等多维度数据,精准构建用户画像,支撑个性化产品推荐与精准营销。智能客服机器人实现 7×24 小时响应,自动核保系统通过算法加速决策流程,显著提升服务效率。区块链技术则在数据存证、智能合约等领域深化应用,通过构建不可篡改的保单记录提升业务透明度,同时优化理赔流程并降低欺诈风险。

在这一时期,保险市场的格局发生了深刻变化。传统险企持续加码数字化转型,通过技术投入与系统升级应对新兴保险科技企业的挑战。后者凭借灵活模式与技术创新能力快速抢占细分市场,推动行业竞争格局向多元化发展。日益激烈的市场竞争催生出跨界合作与新型服务模式,加速了保险行业整体变革进程。图7-2 展示了 2013—2022 年我国保险科技融资规模变化。

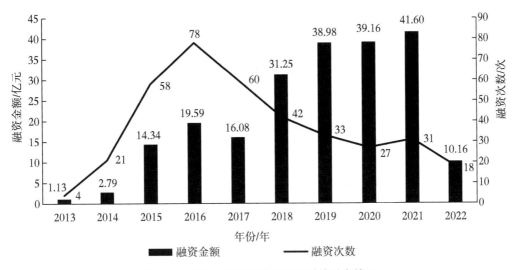

图 7-2 2013—2022 年我国保险科技融资情况

数据来源：《保险科技洞察报告》。

(四)深化与成熟期(2020 年至今)

2020 年以来，技术融合创新持续驱动保险科技发展。物联网技术与 5G 网络的高速传输特性相结合，显著提升数据采集的实时性。通过可穿戴设备、智能车联传感器等终端，保险公司得以实时获取用户数据并动态评估风险。例如健康险领域可根据实时生理指标调整保费并提供健康管理建议，车险领域则能基于驾驶行为实现差异化的精准定价。

在这一时期，人工智能领域深度学习算法的持续优化，推动保险决策智能化水平提升。依托大数据与 AI 技术，保险公司可深度分析客户需求与行为特征，输出个性化保险方案，如基于驾驶习惯的车险定价模型或匹配生活习惯的健康险计划，有效增强客户黏性。区块链技术通过智能合约实现自动化理赔执行，在提升业务透明度的同时降低运营成本，并为互助保险等去中心化模式创造技术基础。

与此同时，保险行业加速与汽车、健康管理等领域的场景融合，形成跨界协作生态。例如与车企合作开发 UBI(usage-based insurance，基于使用的保险)产品，对接健康平台提供综合保障方案，结合智能家居设备优化居住安全类保险服务，推动保险产品与生活场景深度绑定。

面对保险科技的飞速发展，监管机构同步完善法规框架，在鼓励技术创新的同时强化数据安全与隐私保护。保险科技已全面渗透销售、核保、理赔等环节，催生出保险即服务(insurance as a service，IaaS)等新型商业模式。未来行业将朝着智能化、定制化方向持续演进，通过技术手段提升服务普惠性。随着环境、社会责

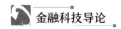

任和治理(ESG)理念深化,绿色保险、社会责任保险等创新产品将成为重要发展方向。

总结·拓展 7-1

第二节 大数据在保险领域的应用

大数据技术凭借其高效数据处理与深度分析能力,已成为现代保险行业的重要技术支撑。在互联网、物联网及社交媒体等技术持续渗透的背景下,保险领域正实时产生覆盖健康状态、消费偏好、位置轨迹等多维度的海量数据。这类动态数据集合已超越传统信息载体价值,转化为保险公司洞察客户需求、优化产品服务、提升运营效能的战略资源。大数据技术应用已全面覆盖保险业务全流程,涉及包括产品设计、营销、承保、理赔、风险管理等关键环节。本节将介绍大数据在保险业务流程各阶段的具体应用。

一、产品设计

大数据分析在保险行业的产品设计与定价过程中,通过深度挖掘和整合多源信息,实现风险的精准量化与前瞻性预测,为保险公司提供了强有力的数据支撑,助力其在复杂多变的市场环境中做出更加明智的战略决策。

(一)市场分析

市场分析在保险行业的产品设计与定价中发挥着至关重要的作用。大数据的应用深化了保险行业市场分析,使其变得更加精准和高效,助力保险产品创新与定价策略的完善。

1.洞察市场趋势

从消费者行为分析的角度,大数据技术允许保险公司收集和分析海量的消费者数据,包括在线行为、社交媒体互动、购物记录等,从而深入了解消费者的偏好、需求和期望。这种洞察力有助于保险公司设计出更加贴近消费者实际需求的保险产品。从行业趋势追踪,通过大数据分析,保险公司能够实时监测行业动态,包括竞争对手的产品创新、市场接受度以及新兴的保险科技趋势,进而及时调整产品策略,保持市场竞争力。

2.客户细分与个性化

利用大数据的高级分析工具,保险公司能够实现精准的市场细分,将市场划分为更为细致的小众群体,每个群体都具有独特的风险特征和需求。这使得保险公司能够开发出更加个性化的产品,以满足特定群体的保险需求。同时,基于客户的风险状况、健康历史、生活方式等多维度数据,大数据分析能够构建差异化的定价模型。这种模型不仅使保险公司能够提供更加公平的保费报价,真实反映客户的风险水平,还显著提升了产品的市场竞争力。

(二)风险评估与预测

1.多维度整合数据与分析

(1)多元数据源融合

大数据分析技术能够整合来自公共数据库、物联网设备、社交媒体、第三方供应商等多种渠道的数据,形成一个全面且细致的风险评估基础。例如:通过分析社交媒体上的用户评论和情绪,可以捕捉到公众对某一区域安全性的直观感知;物联网设备如智能家居系统则能提供有关居住环境安全性的实时数据。

(2)实现精算模型升级

传统的精算方法依赖于历史数据和统计学原理,而在大数据时代,保险公司可以结合机器学习和人工智能技术,构建更加复杂和精确的模型。这些模型不仅考虑到历史索赔数据,还能结合天气预报、地理信息系统(GIS)数据、经济指标等实时信息,对风险进行动态评估。

(3)生成个性化风险评分

大数据分析使保险公司能够根据个体或小团体的具体情况,生成个性化的风险评分。这意味着即使是同一类型的产品,不同客户也可能因其所处环境、生活方式、遗传疾病史等因素而面临不同的风险等级,从而获得差异化的保费报价。

2.前瞻性的市场洞察与策略调整

(1)风险趋势预测

通过分析历史数据模式和外部环境变化,大数据分析能够预测特定风险的未来发展趋势。例如,在健康保险领域,分析人口老龄化、环境污染、生活方式改变等长期趋势,可以预测慢性疾病发病率的可能变化,为产品设计和定价提供重要参考。

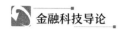

（2）市场变化预判

大数据应用不仅限于内部风险评估，还可以帮助保险公司洞察外部市场环境的变化。例如，通过监测宏观经济指标、政策变动、竞争对手动态等，预测保险需求的潜在增长点或衰退区域，提前调整产品组合和营销策略。

（3）创新产品开发

基于对未来风险趋势的预测，保险公司能够开发出创新的保险产品，以满足新兴或未被充分满足的市场需求。例如，随着气候变化导致极端天气事件的增加，保险公司可能会推出针对特定灾害的专项保险产品，或是在健康保险中加入针对新型疾病的保障条款。

二、营销与分销

大数据在保险行业营销与分销环节中的应用不仅推动了个性化营销的发展，使保险公司能够提供更加贴合客户需求的产品和服务，同时也促进了分销渠道的优化，提高了营销效率。通过精准营销和渠道优化的双轮驱动，保险公司能够在竞争激烈的市场环境中脱颖而出，赢得更多客户的信任。

（一）精准营销

在当今竞争激烈的保险市场中，精准营销已成为吸引和保留客户的关键策略。通过深度挖掘和分析客户数据，保险公司能够构建详尽的客户画像，从而提供高度个性化的服务和产品推荐，显著提升客户体验，引领保险行业向着更加智能、高效和人性化的方向发展。人群分类表如表 7-1 所示。

表 7-1　保险核心客户群体细分分析表

人群特征	保险需求来源	保险决策依赖性
年龄：70 后、80 后为主 婚育：已婚已育 资产水平：四类人群中收入最高	购买保险最独立的一群人； 保险预算最高； 朋友保险意见输出者	购买重要的保险产品需要慎重决策
年龄：70 后、80 后为主 婚育：已婚已育 资产水平：中低收入	保险规划少； 需求产生主要来源于恶性事件	需要他人肯定其决策，从众，依赖熟人口碑，容易被推销打动
年龄：70 后、80 后为主，60 后占比在四类最高 婚育：已婚已育 资产水平：收入偏高	需求的产生来源于业务员的推销； 完全接受互联网保险的占比最小	非常容易被打动

续表

人群特征	保险需求来源	保险决策依赖性
年龄：90后为主 婚育：已婚为主 资产水平：收入偏低	保险规划多，家庭保费低； 高性价比的产品更吸引他们； 急需给父母购买保险	购买重要的保险产品需要慎重 决策，细致对比； 依赖熟人口碑

1.客户画像构建

客户画像是基于大数据分析形成的，它整合了客户的个人信息、在线行为模式、购买历史纪录以及社交网络互动等多个维度的数据。这些信息的综合分析使保险公司能够深入理解每位客户的独特需求、消费偏好以及风险承受能力。例如，一位经常参与户外探险活动的客户可能更需要一份全面的意外伤害保险，而一位关注子女教育的家长则可能对教育储蓄保险感兴趣。通过构建精确的客户画像，保险公司能够为不同类型的客户提供量身定制的服务，增强客户黏性和满意度。

2.个性化产品推荐

基于客户画像的深度洞察，保险公司可以实施精准营销策略，向客户推荐最适合其需求的保险产品。这种一对一的定制化推荐不仅提高了销售效率，也极大地提升了客户满意度。比如：对于热爱旅行的客户，保险公司可以主动推荐包含全球紧急医疗援助和行李丢失赔偿的旅行保险；对于新晋父母，推荐结合儿童教育基金和家庭健康保障的综合保险套餐。这样的个性化服务让客户感受到被重视和理解，从而建立长期的信任关系。

泰康在线"泰健康"

泰康在线是国内领先的互联网保险公司之一，也是传统保险集团向数字化转型的成功案例。该公司充分利用大数据技术，开创性地推出了"泰健康"体系，将大数据应用于保险行业的多个方面，特别是在健康管理和个性化服务上取得了显著成效。

"泰健康"体系通过五个维度综合评估用户的健康状况：资料完整度、健康指数、健康保障、健康活跃度和人际健康度。这些维度涵盖了从基本个人信息到健康行为习惯、社交网络等多个层面的数据。通过分析这些数据，泰康在线能够为用户提供更加精准和个性化的健康管理方案和服务。

在用户行为挖掘方面，泰康在线利用大数据技术分析用户的理赔记录、健康测试结果、在线行为轨迹以及来自智能设备的数据，以深入了解用户的偏好和需求。基于这些信息，泰康在线可以为用户在不同的生活情境中提供适时的产品和服务

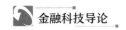

推荐,实施场景式营销策略。

特别值得一提的是,"一键闪购"功能是"泰健康"体系的一个亮点。该功能依靠大数据支持,整合用户信息,建立风控模型,并结合保费定价策略,实现对不同用户级别的精准营销。当用户显示出对特定保险产品的兴趣时,泰康在线会在促销活动期间优先向其推送相关产品和服务。由于用户已在"泰健康"体系中提交过个人信息,因此在选择一键投保时,无须再次填写同样的资料,从而简化了投保流程,改善了用户体验。

通过这一系列创新性的应用,泰康在线不仅优化了业务流程,提高了工作效率,还增强了与客户之间的互动,提升了客户的满意度和忠诚度。泰康在线的成功实践展示了大数据在保险行业的巨大潜力,为行业内的其他公司提供了宝贵的实践经验。

(二)渠道优化

在数字化时代,渠道优化已成为企业提高运营效率、增强市场竞争力的重要手段。对于保险公司而言,借助大数据技术实现智能化分销策略,不仅能精简成本,还能显著提升客户满意度和业务成效。

1.全渠道分析

大数据技术的应用为全渠道分析提供了强大支持,能够全方位追踪并深入分析客户在各类销售渠道上的互动轨迹,包括官方网站、移动应用、社交媒体、实体门店以及合作伙伴平台等多元场景。通过对客户参与度、转化率和成本效益等关键指标的量化比较,保险公司能够清晰识别哪些渠道表现优异,哪些渠道尚需优化,从而做出更加精准的决策。

2.智能渠道分配

根据全渠道分析结果,大数据算法能够智能优化资源分配策略,确保营销预算与人力资源高效集中于那些最具潜力的渠道。例如,数据分析揭示年轻消费者偏好社交媒体作为信息获取途径,保险公司便可以顺势而为,增加在这一渠道上的广告投放与内容创作,同时减少对低效渠道的投入,实现资源利用的最大化。

3.个性化渠道体验

大数据的价值远不止于渠道选择的优化,它还能驱动个性化渠道体验的创新升级。通过深入分析客户在不同触点的行为偏好与反馈意见,保险公司能够精细化调整渠道布局、内容展示风格及交互设计,旨在打造连贯一致且高度定制化的客户体验。无论是优化移动应用的用户界面,还是提升社交媒体的互动频率,每一步都旨在增强客户黏性,促进转化,最终形成品牌忠诚度的正向循环。

4.动态优化与持续迭代

智能化分销策略并不是一成不变的,而是需要根据市场动态和客户需求的演变不断调整与优化。保险公司应建立一套灵活的监测与反馈机制,定期评估各渠道的绩效表现,并利用最新大数据指导策略迭代。此外,引入机器学习模型进行预测性分析,可帮助企业在市场变化中抢占先机,提前布局高潜力渠道,实现业务的持续增长。

三、承保

在保险行业,承保历来是核心业务的关键环节,直接影响到企业的运营效率与风险管理。随着大数据技术的迅猛发展,这一传统流程正经历着巨大的革新。大数据的应用不仅极大地提升了承保的自动化水平,还显著增强了对欺诈行为的识别能力,为保险公司带来了机遇。

(一)欺诈检测

在保险行业中,欺诈行为一直是令企业头疼的问题,它不仅侵蚀了公司的利润,还损害了保险行业的整体效率。基于大数据提供的客户信用记录、历史理赔情况、社会行为等多维度数据,建立客户信用评分模型,根据客户的整体风险状况,对其进行分级,可以帮助保险公司区分高风险客户和低风险客户。利用实时分析引擎识别客户提交的承保申请中的异常情况,例如:针对客户在不同保险公司的投保记录,检测是否存在重复投保同一险种的情况;通过比较不同保单之间的覆盖范围和赔偿限额,识别是否存在故意购买高额重复保险以获得不当利益的行为。依托实时数据分析,保险公司可即时完成核保决策:对信用评分偏低或存在欺诈风险的客户,采取拒保或差异化定价策略,实现风险收益平衡。

(二)实时数据监测

大数据利用物联网设备(如车载传感器、可穿戴设备等)、社交媒体、移动应用程序等多种渠道实时收集客户的相关数据。这些数据主要包括客户的基本信息、历史保险记录、健康状况、驾驶行为等。采集到的数据再经过实时处理和清洗,包括去除无效数据、填充缺失值、修正异常值等步骤,以确保数据的准确性和一致性。最后,运用实时分析引擎(如 Apache Kafka、ApacheFlink 等)处理实时数据流,并结合机器学习算法(如决策树、神经网络等)对数据进行分类、聚类、预测等分析。

大数据技术为保险承保的自动化决策提供了实时、全面的信息支撑。尤为重要的是,基于实时数据的自动化决策机制能够动态调整承保策略,这不仅增强了保

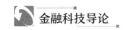

险公司应对市场变化的灵活性,还显著提升了业务开展的敏捷性,从而有效提升了保险公司的市场竞争力。

（三）动态定价

在传统保险行业中,定价策略长期依赖于历史数据的静态分析,这种方法虽然稳定,但缺乏对市场动态变化的实时反应能力,容易造成定价的滞后性与不精确性。

基于大数据的分析结果,保险公司可以根据客户的实际情况调整保费费率,实现动态定价。通过收集和分析客户的驾驶行为、车辆使用频率、健康检查报告、生活习惯等多维度信息,保险公司能够更精准地评估每个客户的风险水平,并据此调整保费费率,实现个性化定价。例如,在车险领域,通过安装车载诊断设备或使用移动应用跟踪驾驶行为,保险公司可以了解到驾驶员的实际行驶里程、驾驶速度、急刹车次数等数据,从而对那些驾驶习惯良好、风险较低的驾驶员给予更大的保费折扣;反之,对于那些驾驶行为存在较高风险的客户,则可能会提供更高的保费报价。

又如在健康保险领域,保险公司可以通过智能穿戴设备获取客户的日常活动量、睡眠质量、心率变化等健康指标,并结合客户的年龄、性别、病史等信息,综合评估健康风险。基于这些实时数据,保险公司不仅能够动态调整保费,还可以根据个人健康状况的变化适时调整保障范围和费用,为客户提供更加贴合实际需求的保障计划。例如,如果监测到客户增加了日常锻炼量且体重减轻,可能会被视为健康状况的改善,进而提供更优惠的保费政策。

四、理赔

在保险行业,大数据与人工智能的融合正以一种高效与自动化的方式重塑着业务模式和服务标准。通过深度融合 AI 与机器学习技术,不仅能自动识别和审核理赔申请,快速准确地评估损失范围,还能依据预设的算法模型进行赔付计算,大幅度缩短了理赔周期,提升了处理的精度,实现了理赔流程的全面自动化与智能化。

（一）案件快速分类与分配

通过大数据技术,保险公司可以根据历史数据和客户信息,自动对理赔案件进行快速分类与分发。当新的理赔案件提交后,系统会自动调用相应的算法,根据案件的具体情况进行初步分类。例如:某些简单的案件,如小额财产损失,可以直接通过自动化流程处理;而对于复杂的医疗索赔或重大事故,则需要分配给专门的理赔专员进行进一步的调查和处理。此外,大数据技术还能够根据案件的紧急程度、预计处理难度等因素,自动将案件分发给最合适的专业团队或个人。这样不仅可以确保每起案件都能得到及时有效的处理,还能合理调配公司内部资源,避免某些部门工作负荷过重,而其他部门则处于闲置状态的情况。

通过这种方式,保险公司不仅能够加快案件的处理速度,还能提高处理的质量,减少人为因素导致的错误和延误,从而使理赔流程更加高效。

(二)优化服务流程

应用大数据,通过对理赔历史数据的深入分析,保险公司能够精准捕捉到客户在理赔过程中遇到的各种问题,如处理时间过长、信息反馈不及时等,进而对症下药,优化服务流程,例如简化理赔手续,引入多渠道沟通机制,以及实时更新理赔进度,使整个理赔过程更加透明化、人性化。

(三)欺诈检测

在理赔环节中,通过大数据分析,保险公司可以识别出理赔请求中的异常行为,如理赔次数过于频繁、金额明显不合理等。例如,利用机器学习算法,系统可以学习并识别出正常理赔请求的模式,当某一理赔请求偏离正常模式时,系统便会标记该请求为可疑,并利用风险场景技术,构建风险场景,分析对比其中可能发生的欺诈行为。这种基于模式识别的方法能够大大提高欺诈检测的准确性和效率。同时,大数据技术允许保险公司实时监控理赔请求,并设置预警机制。一旦检测到可能的欺诈行为,系统可以立即发出警报,并采取相应的措施,如暂停理赔流程、进行人工审核等。这种实时监控有助于在欺诈行为发生之初就予以制止,避免造成更大损失。

总结·拓展 7-2

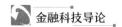

第三节 人工智能在保险领域的应用

AI技术的应用不仅为保险公司带来机遇,也在很大程度上改变了保险业的传统运作模式。从客户服务到风险管理,从产品创新到流程优化,AI技术正重塑保险行业的每个环节,使其变得更加高效、智能和个性化。人工智能在保险领域的应用既包含机器学习等技术基础,也涵盖智能客服、个性化产品设计、智能定损、动态风险评估等业务场景。这些应用不仅能帮助保险公司降低成本提升效率,还能为客户提供更便捷、个性化的服务体验。本节将详细解析人工智能如何在保险业各环节发挥作用。

一、产品设计与定价

在传统的保险行业,产品设计往往遵循"一刀切"的原则,试图用一套标准方案覆盖所有潜在客户,这种模式虽然简化了操作流程,但在很大程度上忽略了不同客户群体之间的差异性和特殊需求,导致许多消费者难以找到完全符合自身情况的保险产品。然而,随着人工智能技术的飞速发展,这一固有的局限性正在被逐步打破,AI正以其独特的优势重新定义保险产品的设计与创新。

(一)客户画像构建

AI通过深度学习算法,能够从海量的客户数据中挖掘出有价值的信息,包括年龄、性别、职业背景、健康状况、过往的保险购买记录、消费习惯等多元维度。这些数据不是冷冰冰的数字,而是每个客户独一无二的"数字指纹"。基于上述数据,AI能够构建出精细化的客户画像,并不仅限于基础的人口统计学特征,更能深入理解客户的潜在需求、风险偏好及行为模式,为后续的产品设计提供科学依据。

(二)需求预测与细分

基于客户画像,借助 AI 的预测能力,保险公司可以更加精准地进行市场细分,针对不同年龄层、职业类型、生活阶段的客户群体,开发出高度定制化的保险产品,从而满足多样化的保障需求,提升客户满意度和市场竞争力。例如,年轻人可能更关注健康保险和意外伤害保险,而中老年人群可能对养老保险和重大疾病保险有更高的需求。AI能够捕捉这些细微差别,为产品设计团队提供前瞻性的洞察。

(三)个性化产品定制

通过集成 NLP 和对话机器人技术,AI 能够模拟人类交流,与客户进行高效、自然的互动。无论是在线聊天窗口还是语音助手,AI 都能理解客户的具体需求,提供即时反馈和建议。在与客户的互动过程中,AI 能够实时收集客户的反馈和偏好,比如对保额、免赔额、保险期限、附加条款等方面的个性化要求,进而快速调整产品细节,实现真正的"按需定制"。这种灵活性不仅提升了客户体验,也提高了产品迭代速度,使保险公司能够更快响应市场变化。

二、营销与分销

(一)精准营销

在传统营销时代,寻找潜在客户如同大海捞针,营销策略往往基于模糊的市场直觉或有限的数据样本,导致资源浪费严重,客户触达效率低下。AI,尤其是深度学习算法,正以空前的精确度和效率,重塑保险行业的营销版图,从混沌大海转向精准导航。

1.深度学习模型构建

AI 通过深度学习模型,能够从海量的客户数据中抽丝剥茧,分析客户的历史交易记录、社交媒体上的行为轨迹、搜索引擎上的查询习惯等多维度信息,构建起一幅幅生动细致的客户画像。这一过程远超传统统计方法所能达到的深度和广度,能够捕捉到客户行为背后的微妙差异和潜在需求。深度学习算法擅长从复杂的数据集中识别隐藏的模式和趋势,预测客户未来的行为倾向。例如,它能识别出哪些客户更有可能对特定类型的保险产品感兴趣,或者在何时何地更愿意接受营销信息,为个性化推荐奠定坚实的基础。

2.个性化推荐系统

基于深度学习模型构建的客户画像,AI 能够实现高度个性化的推荐,为每一位客户送上量身定制的保险产品和服务。无论是通过电子邮件的温馨提醒,还是社交媒体上的定向广告,抑或是移动应用内的个性化界面,AI 能确保每一次接触都与客户的实际需求紧密契合,大大提升了营销信息的吸引力和转化率。AI 不仅关注客户的基本属性,还能结合实时情境,如客户当前的地理位置、天气状况以及心情状态,动态调整推荐策略,使营销信息在最合适的时机以最恰当的方式呈现给客户,创造出"恰逢其时"的惊喜体验。

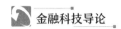

3.实时反馈与优化

AI系统能够实时追踪营销活动的各项关键指标,如点击率、转化率、客户反馈等,结合大数据分析快速识别哪些策略有效,哪些需要调整,为营销决策提供实时的数据支撑。基于实时反馈,AI能够自动调整推荐算法和营销策略,比如优化广告文案、调整投放时间或更改目标受众,实现营销活动的持续优化,确保每一次营销投入都能获得最大化的回报。

AI技术的引入,让保险行业营销摆脱了过去粗放式、低效的困境。从深度学习模型的构建到个性化推荐系统的实现,再到实时反馈与优化的闭环机制,AI正在重塑保险营销的未来。然而,数据安全、隐私保护等伦理问题也日益凸显,这要求保险行业在追求营销效率的同时,必须兼顾社会责任,确保技术的健康发展,为消费者创造更加安全、透明、值得信赖的营销环境。

(二)智能分销

在传统分销模式下,产品如何抵达消费者手中往往依赖于经验主义的直觉判断和广泛但盲目的市场铺货,这种做法不仅成本高昂,而且效率低下,容易错失市场机遇。然而,随着AI技术的广泛应用,智能分销正逐渐成为保险行业乃至整个商业领域的革新力量,从混沌散布转变为智慧布局的艺术。

1.分销渠道优化

AI通过对历史销售数据的深度挖掘、市场趋势的敏锐洞察以及客户分布的精准定位,能够智能优化分销渠道的选择与布局。它能够识别哪些渠道最有效触及目标客户群体,无论是线上平台的精准推送,还是线下实体的精心选址,都能确保保险产品和服务的信息精准无误地送达到潜在客户面前,最大限度地提高营销投资回报率。基于实时数据的分析,AI能够动态调整分销策略,比如根据季节变化、节假日效应或经济波动,灵活调配资源,避免无效或过剩的市场覆盖,实现成本节约与效率提升的双重目标。

2.销售时机预测

AI利用时间序列分析技术,能够识别出销售周期中的高峰与低谷,预测市场的最佳进入时机。在节假日、特定季节(如开学季、旅游旺季)、经济周期的关键节点等,消费者购买意愿往往显著提升,这是推动销售增长的黄金时期。基于对未来销售趋势的精准预测,AI能够帮助保险公司制定更加精细的销售策略,比如提前准备促销活动、调整库存水平、优化客户服务流程,确保在市场机遇来临时能够迅速响应,抓住销售良机。

3.地点智能选择

结合GIS和详尽的人口统计数据,AI能够识别出最具销售潜力的地理位置,无论是线上虚拟空间还是线下实体世界，都能实现资源的最优配置。它能揭示哪些区域的客户密度最高、购买力最强、对保险产品的需求最为迫切，从而指导保险公司在这些"热点"区域集中发力，显著提升销售业绩。AI不仅能够指出"在哪里卖"，还能进一步分析"怎么卖"。根据不同地区的文化习俗、消费习惯和政策法规，AI能够生成地域化的营销方案，比如定制化的产品设计、本地化的营销语言、针对特定人群的推广策略，使保险产品更加贴近当地市场需求，增强客户黏性和品牌影响力。

AI在保险行业营销与分销环节的应用，不仅实现了从大海捞针式的广泛撒网到靶向推送的精准营销转变，还从盲目铺货的传统分销模式进化到了智慧布局的智能分销阶段。这一系列变革不仅显著提升了营销效率和分销效果，更深刻改变了保险行业的市场格局和客户体验。

三、承保

在保险行业中，承保流程是连接保险公司与客户的关键环节，其效率和准确性直接影响着客户体验和公司运营成本。传统的人工审核方式不仅耗时费力，还可能因主观判断导致决策偏差。随着人工智能与大数据技术的深度融合，自动化决策正成为加速承保流程的智能引擎。

（一）大数据驱动的 AI 算法模型

AI系统通过整合投保人基本信息、财务数据、健康档案及信用记录等多源信息，构建多维客户画像以提升承保决策的支撑维度。基于大数据训练的预测模型不仅实现保险申请的自动化审核，还能通过实时数据流动态调整承保策略，形成持续优化的决策闭环。

实时风险评估机制结合健康指标、驾驶行为与信用评分等动态数据，实现风险水平与保费定价的精准匹配。例如，对保持健康生活方式或安全驾驶习惯的客户实施保费减免，而对风险升高的投保人进行费率调整，既强化客户风险管理意识，又保障保险公司稳健经营。

该风险评估与定价联动机制通过可视化风险反馈显著提升客户参与度。当客户认识到自身行为与保费挂钩时，主动改善健康管理和驾驶安全的意愿增强。凭借智能穿戴设备所记录的规律运动数据可降低健康险保费，车载传感器捕捉的安全驾驶行为则对应车险优惠，这种双向激励机制在降低赔付率的同时，有效提高客户黏性与产品满意度。

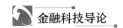

（二）客户风险分级管理

AI系统能够为每个客户或每笔交易分配一个风险评分,根据评分结果设定不同的风险等级,如高风险、中风险、低风险等。对于低风险客户,保险公司可以提供标准化的投保流程和服务,简化验证流程,提高投保效率,优化低风险客户的用户体验。而对于高风险客户,则需在承保环节进行更为严格的审核和验证,如增加身份验证步骤、财务状况审核等。通过对不同风险的客户进行分级管理,保险公司可以投入更多的资源和精力,实现对高风险客户的重点关注,确保公司的风险敞口得到有效控制。

四、理赔

理赔环节是客户最直接感受服务质量的地方。近年来,随着人工智能技术的迅猛发展,保险公司开始探索并应用这些先进技术来优化理赔流程,提升理赔效率,改善客户体验。

（一）AI驱动的智能定损

智能定损技术以保险公司庞大的历史理赔数据库为基础,通过整合过往有效理赔案例,运用深度学习算法构建了动态的损失评估与计算模型。当客户提交索赔请求或进行损失评估时,系统能够基于内置算法模型自动生成损失评估结果与赔偿方案,大幅简化了传统理赔流程中烦琐的人工操作环节。这一创新不仅实现了多数理赔案件的自动化处理,显著提升了理赔效率和服务质量,还有效降低了运营成本。以图像识别技术的应用为例,该技术能够自动解析理赔申请中的复杂文档,通过对医疗报告、事故现场照片、警方报告等材料进行智能比对,精准提取关键信息并验证其真实性。这一智能化处理流程不仅大幅缩短了人工审核时间,还降低了人为错误导致的决策偏差,确保了理赔决策的准确性和公平性。目前,图像识别技术已在车险定损领域取得显著成效,通过智能比对案件照片,系统能够准确识别车辆损失程度,为定损工作提供了可靠的技术支持。

中国太平洋保险"太·AI"智能车辆定损

中国太平洋保险推出的"太·AI"智能车辆定损工具是一款结合了百度领先的AI技术与中国太平洋保险产险丰富的大数据和专业理赔经验的产品。这款工具被誉为"AI定损专家",旨在通过AI技术提升车险理赔处理的效率,并大幅改善客户体验。

"太·AI"具备完整的车险理赔能力,包括车型识别、配件识别、损伤识别、换修逻辑、价格评估等。它能够模拟人工定损流程,根据车辆的静态照片或动态视频自动检测损伤位置、识别损伤部件、判断损伤类型、评估损伤程度,并精准输出维修方案及金额。这一过程不仅提高了定损的准确性,也大大缩短了理赔时间,从传统的1天到数天缩短至分钟级。

该技术在中国太平洋产险的应用已覆盖2.3万个车型,覆盖了97%的乘用车品牌。它能够精准识别32个车辆主要部位,部件识别准确率超过98%,损伤识别准确率超过90%,并支持不同损伤类型的量化输出。

"太·AI"的使用非常便捷,客户只需通过中国太平洋保险App或"太贴心"小程序的"太·AI"入口上传车辆损伤的照片或视频,系统就能迅速生成定损方案和赔付金额。此外,基于太保的"互信赔"额度,客户可以自助获取赔付,无须拨打保险公司电话,进一步提升了理赔服务的时效性。

此外,"太·AI"还能提供车辆风险管理,包括行驶、停放、灾害等风险规避建议,并将保险反欺诈从被动的事后调查升级为全程的自动控制,从而大幅挤压理赔中的"水分",更好地保障客户的需求。

随着物联网、5G技术的应用以及AI硬件和算力的提升,"太·AI"预计将进一步重构车险理赔流程,推动保险行业向智能化、数字化转型,实现客户体验、企业效能和行业发展的三赢局面。

(二)智能识别技术

在智能识别技术领域,人脸识别、语音识别等生物特征识别技术正发挥着重要作用,特别是在保险理赔流程中的身份验证环节。通过人脸识别和语音识别技术,系统能够精准核验投保人的面部特征和声纹信息,确保身份的真实性。传统理赔流程中的人工审核环节,如理赔申请和文件审查,现已可通过光学字符识别(OCR)技术实现自动化处理,该技术能够快速、准确地从各类证件中提取关键信息,显著提升了处理效率和准确率。这些智能技术的应用不仅优化了理赔流程,也为保险业务的数字化转型提供了有力支持。客户无须前往实体营业网点,即可在家中便捷地完成保单管理、信息更新、退保等各类业务操作,真正实现了"数据多跑路,群众少跑腿"的服务理念。

1.人脸识别认证

生物识别技术,尤其是人脸识别技术,已经成为保险业提高业务处理效率和降

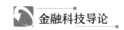

低欺诈风险的关键工具。通过人脸识别,保险公司可以在投保、理赔和保全等多个业务场景中快速验证客户的身份,确保操作的真实性与合法性。例如,在客户在线投保时,通过实时拍摄的照片与数据库中储存的客户面部信息进行比对,可以迅速确认客户身份,从而简化投保流程。在理赔环节中,人脸识别技术同样可以用于验证申请人是否为保单持有人,防止非授权人员进行理赔操作。此外,在保全服务中,通过生物识别技术确认客户身份,可以有效防止非法修改保单信息的情况发生。

生物识别技术的应用不仅提升了保险业务的处理效率,还有效降低了"非本人操作"的风险。传统的身份验证方式,如用户名和密码,容易被遗忘或盗用,相比之下,生物特征因其唯一性和难以复制的特点,使得身份验证更为可靠。此外,生物识别技术还可以与其他安全措施相结合,如多因素认证,从而进一步提升系统的安全性。

2.情绪识别智能判断

保险公司通过多种渠道收集客户在理赔过程中的反馈意见,包括电话回访、在线调查、社交媒体评论等,利用 AI 技术快速分析反馈中的关键词和情感倾向,识别服务中的不足之处。AI 能够识别负面评价的模式和频率,帮助公司确定哪些问题是客户最关心的,哪些环节最容易引发不满,从而便于公司优先处理这些问题,不断优化服务流程,提升客户满意度。例如,水滴保开发的 AI 智能对话机器人"帮帮",可以优化保险的理赔服务。该机器人通过高效的意图识别和情感交互能力,提高了信息回复的精准度和用户体验。

(三)智能反欺诈

人工智能技术,特别是机器学习和自然语言处理技术,显著增强了保险公司的欺诈监测能力。AI 技术已成为守护保险生态安全的重要防线,通过分析异常模式和行为,有效识别和防范欺诈行为,避免潜在的经济损失。

1.异常模式识别

AI 系统运用深度学习算法,从历史数据中学习和提取正常行为模式,构建起一个庞大的知识库。这一过程对数百万乃至数亿个数据点进行分析,包括投保人的个人信息、交易记录、理赔历史等。基于学习到的正常模式,AI 能够敏锐地识别出偏离常态的行为,如申请表单中不一致的数据填写、突然出现的高额索赔、短期内的频繁索赔等。这些异常模式往往是欺诈行为的征兆,AI 系统能够及时捕捉并标记,为后续的深入调查提供线索。AI 模型会随着新数据的不断输入而自我优化,逐步提高异常模式识别的准确性。这种动态更新机制确保了模型能够及时适应不断演变的欺诈手法,保持其检测能力的前沿性。除了识别单一的异常行为外,AI 还能够进行综合分析,将多个异常信号关联起来,形成更全面的风险评估,为决策者提供更加深入的洞察。

2.网络分析与关联挖掘

在保险行业,团伙欺诈是一种复杂且隐蔽的犯罪形式,往往涉及多人协作,通过精心策划的行动规避常规的反欺诈措施。然而,随着 AI 和大数据技术的深度融合,网络分析与关联挖掘成了揭露团伙欺诈网络结构的强有力武器。基于大数据,AI 能够绘制出投保人之间的复杂社会网络图谱,涵盖其社交圈、商业联系、家庭成员关系等多个维度。这一图谱不仅包括直接的联系,还能通过间接的关联链条,揭示出更深层的社会关系网络。在构建的网络中,AI 能够识别出与正常行为模式不符的链接,如突然出现的密集联系、异常的资金往来、频繁的共同活动等,这些异常链接往往是团伙欺诈的线索。AI 系统能够实时更新网络图谱,追踪投保人关联关系演化,如新增的联系、断开的链接等,有助于及时发现团伙的重组或扩张,为反欺诈工作提供动态情报。AI 能够识别出模式相似的欺诈行为,即便是细微的模式重复,也可能是团伙欺诈的标志。通过对这些模式的深度分析,AI 能够揭示出欺诈行为的规律性和组织性;基于发现的隐含关联和异常模式,AI 能够构建起完整的证据链,将看似无关的欺诈事件串联起来,形成强有力的指控证据,为法律追责提供坚实的基础。

五、风险管理

在瞬息万变的现代社会,风险无处不在,对于保险行业而言,准确预测和有效管理风险是其核心竞争力所在。人工智能技术的融入,尤其是动态风险评估与智能预警系统的建立,为保险公司提供了敏锐的风险洞察力和响应速度,使其能够在风险来临之前就做好准备,采取必要的应对措施,从而降低损失,提高业务稳定性。

(一)实时风险监测

AI 系统能够实时抓取和分析来自全球各地的海量数据,包括气象卫星图像、地震监测站的实时读数、经济指标数据库、社交媒体舆情分析等,这些数据涵盖了从自然环境到经济环境的各个层面,为风险评估提供了全面的信息来源。通过深度学习算法,AI 能够从复杂的数据集中识别出潜在的风险因素,例如,自然灾害预警系统利用气象数据和历史灾害记录,可以提前预测台风、洪水、地震等自然灾害的发生概率和影响范围,为保险公司提供预警信号,使其能够及时调整保险策略,如提高灾区保险费率、暂停销售高风险产品等。AI 技术能够追踪全球股市动态、利率变动、通货膨胀率等经济指标,预测这些经济因素对保险业务的影响。例如:股市下跌可能会影响保险公司的投资收益,从而影响其偿付能力;通货膨胀上升可能增加保险赔偿的成本,影响保险产品的定价。通过预测这些经济波动,保险公司能够提前调整投资组合,优化资本配置,减少潜在的经济损失。

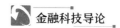

(二)智能预警机制

基于历史数据和专家知识,AI 系统能够设定预警阈值,一旦监测到某一风险指标超过预设阈值,立即触发预警机制,向保险公司发出预警通知。智能预警系统可以根据风险的严重程度和紧迫性,设定多级预警响应机制,确保在不同级别的风险面前,保险公司能够采取相应级别的应对措施,如轻微风险可能只需要监控和报告,而重大风险则可能需要立即采取紧急疏散、资产转移等措施。智能预警机制不仅能够向保险公司内部的风险管理部门发出预警,还能够与保险公司其他部门,如市场营销、客户服务、财务等部门联动,确保全公司范围内对风险的响应和准备。

通过实时风险监测和智能预警机制的建立,保险行业正迎来风险管理的新时代。AI 技术的应用不仅使保险公司能够在全球范围内实时感知和预测风险,还能够通过智能预警系统,提前采取措施,降低风险带来的损失。然而,这一过程也对保险公司的数据处理能力、算法模型的准确性和系统的稳定性提出了更高要求。

(三)预防性措施

在保险行业,风险管理不再仅仅是事后处理,而是在事前就采取预防措施,通过深度学习和大数据分析,保险公司能够预测潜在风险,提前采取行动,从而减少损失。

AI 利用深度学习算法,能够从海量历史数据中发现潜在的模式和趋势,这些模式和趋势是预测未来风险事件的关键依据。通过对这些模式和趋势的分析,AI 能够预测未来可能发生的特定风险事件,比如某类疾病发病率的上升、特定地区交通事故的增加等,以及这些事件可能对公司和客户产生的影响程度。例如:针对某地交通事故增加的风险,保险公司可以与当地交通管理部门合作,共同开展交通事故预防与治理工作,改善地区交通环境;与手机地图供应商等合作,通过手机 App、短信等方式,在重点区域为车主提供实时交通预警服务,包括路况信息、事故多发路段提示等,提醒车主注意行车安全。

总结·拓展 7-3

第四节 区块链在保险领域的应用

区块链技术凭借其去中心化数据存储、数据验证与透明性以及实时数据更新能力,为保险行业提供了一种高效、安全、透明的数据共享与验证解决方案。这不仅有助于保险公司构建更加精准、公平的保险产品,还能够显著提升保险行业的整体效率和信任度,推动保险行业向着更加开放、智能、客户导向的方向发展。随着区块链技术的不断成熟和应用场景的拓展,其在保险行业中的应用前景将更加广阔,为保险业的创新与变革注入新的动力。

与大数据、人工智能技术不同,区块链技术凭借其分布式账本、智能合约和不可篡改等特性,主要在承保、理赔、风险管理与再保险等关键阶段发挥作用。本节将一一进行介绍。

一、承保

在保险行业,核保是整个承保流程中的关键环节,它决定了保险公司是否接受投保申请,以及确定保险条款和费率的依据。传统的人工核保方式,虽然能够提供一定程度的灵活性和个性化服务,但其效率低下、主观性强的缺点也不容忽视。区块链技术,特别是智能合约的应用,不仅提高了核保的效率和准确性,还增强了流程的公正性和透明度,为保险公司和客户之间建立了更加坚固的信任桥梁。

(一)条件触发的自动执行

智能合约是一种自动执行的协议,它内嵌了预设的业务规则和条件。在核保流程中,一旦投保人的健康状况、信用评分等信息满足这些条件,智能合约将自动执行相应的核保动作,如接受投保申请、设定保险条款和费率等。这一过程无须人工审核,极大地加快了承保速度,同时也降低了因人为错误导致的承保风险。

(二)标准化与透明度

智能合约的自动化核保过程严格遵循预设的、标准化的规则,这些规则是公开透明的,所有参与者都能够清楚地了解到核保的依据和流程,这不仅确保了核保流程的公正性,还减少了因主观判断差异而产生的争议。客户可以更加信任保险公司,知道自己的承保结果是基于客观、公正的标准得出的,而不是某个核保员的个人偏好。

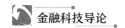

（三）条件的动态更新

智能合约的另一个重要特点是其动态更新的性质。在保险领域，投保人的状况（如健康状况、生活习惯等）可能会随时间发生变化，而这些变化可能会影响到承保的决策。智能合约支持核保标准的动态调优，可基于实时数据实现自动化更新。例如，如果一个投保人的健康状况有所改善，智能合约可以自动调整其保险费率，反之亦然。这种动态适应的能力确保了承保决策始终基于最准确的信息，提高了核保的灵活性和准确性。

案例

阳光保险"健康介绍信"

阳光保险推出的国内首款区块链女性特定疾病保险产品为一年期健康保险，保费 12.5 元，覆盖女性特定疾病（保额 10 万元）、原位癌（保额 2 万元）及特定手术（保额 5000 元）三类保障项目。该产品创新引入健康介绍信机制，投保人可授权阳光保险调取其在阳光融合医院、慈铭体检中心等合作机构的体检数据，依据体检报告有效性可享九折保费优惠，优质客户更可享受七折优惠，实现动态风险定价。

健康介绍信作为数据授权凭证，依托阳光保险私有链平台完成健康数据的确权与存证。投保人将数据使用权登记上链后，数据所有权永久归属投保人，授权后可在不同保险场景中流动使用。核保过程中，区块链平台将原始数据转化为健康评分供保险公司参考，避免隐私泄露。当投保人健康状况、信用评分等指标达标时，智能合约自动触发核保流程，实现无人工干预的快速承保。

实践表明，该模式通过区块链技术强化了投保人数据主权，使保险公司能基于多维健康数据提供差异化服务，有效缓解传统保险产品同质化与风控能力不足的痛点。但当前数据源局限于阳光保险合作医疗机构，存在数据完整性不足、跨机构验证能力较弱等局限。要实现精准用户画像，需突破机构间（包括竞争对手）的数据共享壁垒，这涉及利益分配与技术协同的深层次矛盾。区块链分布式数据库要替代传统集中式存储，仍需解决跨机构数据治理规则缺失、监管框架不完善等系统性障碍。

二、理赔

（一）快速理赔

在保险理赔领域，客户体验的优劣往往取决于理赔流程的效率和透明度。传统理赔程序复杂,涉及大量人工审核和文件往来,不仅消耗保险公司大量资源,还可能因拖延和不透明而降低客户满意度。区块链技术,尤其是智能合约的应用,正在改变这一现状,提高理赔流程的透明度,改善投保人理赔体验。

1.预设条件的自动触发

智能合约的核心优势在于它们能够自动执行预设的业务规则。在保险理赔场景中,这意味着一旦达到理赔条件,如自然灾害的确认或医疗诊断的上传,智能合约将立即启动理赔流程,无须人工介入。例如,通过与物联网设备集成,当检测到特定区域发生地震时,智能合约可以自动识别受影响的保单,迅速启动理赔程序,向保单持有人发放赔偿金,这一过程不仅极大地缩短了理赔时间,还提高了客户在紧急情况下的资金流动性。

2.即时支付与透明度

智能合约可以与现代支付系统无缝对接,实现理赔款项的即时支付。这意味着一旦理赔条件被触发,赔偿金可以立即转入客户账户,无须等待长时间的审批流程。这种即时响应不仅减轻了客户的财务压力,还显著提升了客户对保险公司的信任和满意度。

此外,区块链的分布式账本特性确保了所有理赔交易的透明度。每一笔理赔款项的流向都在区块链上留下不可篡改的记录,客户、保险公司乃至监管机构都能轻松验证理赔流程的合规性和公正性。这种透明度不仅增强了客户对保险理赔过程的信心,还促进了整个保险生态系统的公平与诚信。

 案例

安盛集团"Fizzy"

安盛集团(AXA)推出的"Fizzy"航班延误保险产品基于以太坊公有区块链技术实现理赔数据存储与处理。该产品通过智能合约技术构建自动化赔付系统,延误时间超过了预先设定的门槛(如超过 2 小时)时即自动触发理赔程序,直接向投保人账户完成赔付。

系统通过对接全球空中交通数据库实时获取航班动态,智能合约持续监测延误状态并记录事件数据。区块链的不可篡改特性保障了理赔记录的完整性与可追溯性,消除传统流程中的人工审核环节,显著提升服务效率与透明度。这种技术架构既减少了客户提交证明材料的需求,也降低了保险公司的运营成本。

依托区块链技术的去中心化特性,"Fizzy"有效规避了传统保险服务对中介机构的依赖,将资金赔付周期从行业平均的 18 天缩短至即时到账。该模式通过智能合约的自动执行机制,实现了保险公司与客户利益诉求的精准匹配,为保险业数字

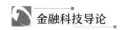
化转型提供了可复用的技术范式。

（二）欺诈检测

传统的欺诈检测方法往往依赖于事后调查和人工审核,效率低下且容易被规避。区块链技术的出现,特别是其不可篡改性这一特点,为保险行业提供了一种全新的、强有力的方式来防范和打击欺诈行为。

1.交易的永久记录

区块链技术的核心特性之一是其分布式账本的不可篡改性。一旦数据被写入区块链,就无法被修改或删除,这一特性为保险理赔记录提供了一个坚不可摧的证据链。任何试图篡改理赔记录的企图都将被系统自动识别并记录,这极大地增加了欺诈行为的难度和风险,因为欺诈者无法抹除或更改原始记录,从而降低了欺诈成功的可能性。

2.智能合约的防欺诈机制

智能合约是运行在区块链上的自动执行代码,它们可以被编程来包含一系列防欺诈规则和条件。在理赔流程中,智能合约可以被设计为在理赔请求被提交之前进行多重验证,例如,验证索赔事件的真实性、检查是否存在重复索赔等情况。只有当所有预设的验证条件都被满足时,智能合约才会自动执行理赔程序,发放赔偿金。这种机制减少了人为干预的机会,避免了潜在的欺诈行为,提高了理赔过程的公正性和效率。

3.数据共享与分析

区块链技术构建的跨机构数据共享机制,使保险企业得以安全交换理赔信息,有效识别重复索赔、虚构事故等欺诈特征。该共享平台通过多维度数据分析能力,不仅能提前预警高风险欺诈行为,更推动行业形成协同联动的反欺诈体系,全面提升风险防控效能。

区块链的不可篡改特性为反欺诈提供了底层技术保障:基于永久存证的交易记录、智能合约的自动核验机制及多方数据交叉验证,显著提升欺诈识别的时效性与准确性。这种技术赋能不仅优化了保险业务流程,更有助于构建行业信用体系,增强客户对保险服务的信任度。

三、风险管理与再保险

（一）实时风险监控

在保险行业,风险管理是保险行业维系企业财务健康与保障业务连续性的核心机制。但传统方法依赖定期报告与人工数据分析,存在信息获取滞后、响应迟缓等固有缺陷。这种滞后性削弱了险企应对市场波动与突发风险的敏捷性,导致潜在损失风险加剧。区块链技术在实时风险监控场景的应用,构建起创新的风险管理架构,帮助险企提升风险应对效能。

1.分布式数据共享

区块链的分布式账本架构为保险业搭建了统一且动态更新的数据平台。通过该平台,保险公司、再保机构及评级单位等参与方可同步获取标准化数据资源。该架构使险企能实时追踪不同风险源形成的敞口,覆盖自然灾害、市场波动等多维风险场景。基于数据的即时同步特性,保险公司可精准捕捉风险变化趋势,快速实施针对性措施,包括优化资产配置、计提风险准备金或更新保单约定,从而确保财务安全性与业务可持续性。

2.智能合约的自动响应

依托智能合约技术,保险公司可预先配置自动化触发机制。当风险指标触及预设阈值时,合约即自动执行预设操作。例如:市场利率突破特定阈值,系统将自动调降固定收益证券持仓比例,同步增配股票等风险资产以对冲利率波动风险;当某区域自然灾害风险指数攀升,合约自动触发保险准备金计提机制或启动保单条款重审流程,确保险企维持充足偿付能力。这种自动化风控体系使保险公司在风险显性化前主动实施干预,提升风控效率并降低损失风险。

区块链技术依托分布式数据共享与智能合约自动响应特性,为保险业构建了革新性风控框架。保险公司得以实时追踪风险敞口并动态优化风控策略,在提升风险管理时效性的同时,有效强化财务安全边际与业务抗风险能力。

(二)数据共享与共识机制

保险行业的风险管理并非单一主体的独立行为,而是需要保险公司、再保险公司、评级机构以及其他利益相关方共同参与的协作体系。传统的风险管理方式往往受限于信息孤岛和缺乏透明度,导致合作效率低下,风险分散和再分配的机制不够完善。区块链技术的引入,尤其是其共识机制,为保险生态系统提供了一个全新的、基于多方共识的联合风险管理框架,强化了行业内的合作与信任。

1.透明的合作平台

区块链的分布式账本确保了所有参与者能够访问一致、实时更新的数据,为保险公司与再保险公司构建了一个高度透明的合作平台。在这一平台上,双方可以共享风险敞口、市场动态、历史赔付记录等关键信息,从而使再保险合约的条款和条件能够基于实时数据和动态风险评估进行灵活调整。这种信息透明性不仅提升了再保险安排的效率和灵活性,还促进了双方在风险评估和管理策略上的共识,进

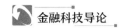

一步增强了保险价值链的整体协同能力。

2.多方验证与信任

区块链的共识机制要求网络中的多个节点共同验证交易的有效性,确保了所有交易数据的准确性和不可篡改性。这种机制不仅极大地减少了欺诈行为和数据错误的发生,更重要的是,它在保险公司、再保险公司以及其他利益相关方之间建立起了一种基于技术的信任基础。这种信任是多维度的,涵盖了数据的完整性、交易的公正性以及合作的可靠性,为各方开展深度合作和共同风险管理创造了有利条件。

(三)再保险交易

再保险作为保险行业核心风险管理工具,其本质在于帮助险企分散承保风险,保障财务稳定性与业务可持续性。然而传统再保险交易存在流程烦琐、信息不透明及中介成本过高等痛点,这些缺陷不仅推高运营成本,更制约了交易效率与透明度。区块链技术的应用为市场带来革新方案,借助其去中心化特性,可有效消除中介冗余环节,建立直连保险公司与再保险机构的交易通道,既简化业务流程又实现成本优化。

1.直接撮合交易

当保险公司需将风险转移至再保险机构分散承保压力时,可通过区块链智能合约平台发布需求信息,包括具体风险类型、价格范围等核心要素。同时,再保险公司在该平台登记其可接受的风险类别及合作条款。智能合约系统将自动匹配双方需求,当发现符合预设条件的交易对象时,立即激活合约中约定的资金划转、文件核验等流程,全程无须人工介入。这种自动化匹配机制不仅能提升风险转移效率,更有助于实现风险在保险生态中的合理配置,降低行业整体系统性风险。

2.自动执行条款

智能合约通过预设的逻辑和条件,能够自动执行再保险合同中规定的各项条款,减少了传统再保险交易中的延迟和不确定性。例如,当发生特定规模的自然灾害或金融事件时,智能合约可以自动检测到这些事件,包括核验事件的真实性(通过物联网设备或可信数据源),并根据预设的规则自动触发赔付流程,计算损失金额以及直接向受益人账户转账等步骤,整个过程无须等待人工审核或批准,大大缩短了理赔周期。

3.即时结算与清算

区块链赋能的再保险交易实现实时结算功能,使保险公司能快速获取资金支持,显著提升现金流管理效能。对于再保险机构而言,加速资金回流可提升资金周转效率,有利于及时捕捉新业务机遇。尤其在应对巨灾事件或突发性大额赔付时,该技术的即时结算能力支持各方实时调整风险敞口并补充资本储备,有效防范潜在偿付压力。这种敏捷性强化了保险市场的运作稳定性,为行业可持续发展提供技术保障。

总结·拓展 7-4

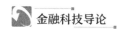

第八章
金融科技与风险管理

风险管理始终是金融机构的核心课题。随着金融科技的深度应用,金融机构的业务模式与运营形态正发生深刻变革,风险管理领域随之面临新的挑战与机遇。一方面,前沿信息技术的应用与金融业务固有的风险属性相互叠加,既加剧了传统风险,又衍生出新型风险;另一方面,金融科技的创新为金融机构提供了更精准高效的风险管理应用工具;此外,科技引发的金融科技伦理风险同样值得关注。本章将围绕金融科技与风险管理的几个维度展开具体论述。

第一节　金融科技风险的管理

金融科技在参与金融活动时仍会面临与传统金融类似的风险,如市场风险、信用风险、流动性风险、操作风险及法律风险;同时,金融科技也引入了技术风险、科技伦理风险等新型风险。金融科技通过先进技术手段推动金融业务发展与创新,在提升效率的同时,也使得风险呈现传染性更强、扩散速度更快、影响范围更广等特征,甚至可能诱发系统性金融风险,导致金融体系动荡。

一、金融科技风险的成因

金融科技包含的内容极其广泛,从底层的大数据技术到云计算的 IT 架构,再到区块链、人工智能等多层次的应用。这些技术与金融业活动深度融合,若技术层面出现问题,可能导致金融风险聚集或突然爆发。此外,金融科技推动了金融市场参与主体的变革与金融产品的创新,在丰富市场的同时也对监管提出更高要求。金融科技风险产生的来源主要包括以下几方面。

(一)技术运营层面

1.数据安全风险

数据是重要的生产资料。数据安全可靠主要体现在以下几个方面:数据源有保障;数据采集准确无误,数据质量有保证;数据存储安全,无数据丢失或泄露的风险;数据使用合规,符合规范。在数据流转的任何环节出现问题,都可能引发数据安全风险。

2.网络信息安全风险

网络是现代金融科技的基础设施,对金融科技起到核心支撑作用。网络信息安全是金融科技稳定运行的重要保障。网络信息安全要求网络系统自身稳定,硬件具备充分的冗余能力,软件具有兼容性和容错性。同时,网络还需能够有效抵御外部攻击。由网络信息安全问题引发的风险事件时有发生。

3.模型风险

金融机构在不同业务场景下使用多种模型,例如股票量化交易模型、衍生品定价模型与对冲模型、期货 CTA(commodity trading advisor,商品交易顾问)模型、信用卡评分模型等。尽管模型在构建过程中通常会经过多次回测与校正,但仍可能出现过拟合、过度参数化等问题。此外,模型构建过程中的人为假设错误也会导致模型风险。

(二)市场业务层面

1.不成熟的技术创新

技术先进性是金融科技企业的核心竞争优势之一。金融科技企业通常会在既有业务中持续迭代技术,或通过新技术催生新业务。创新是金融科技发展的主要动力,但新技术的应用往往需要经历从萌芽到成熟的过程,这一过程中可能存在多种安全隐患。监管机构需要不断更新知识储备,以评估技术在业务中应用的合理性。例如,技术创新可能引发混业经营风险。某些金融科技企业在技术创新的推动下,业务范围广泛、规模庞大且客户黏性高;然而,混业经营可能导致业务风险交叉传导,甚至引发客户歧视或不正当竞争等问题。

2.新型金融产品与业务

金融科技的发展通常伴随着金融业务与产品的创新。特别是某些产品通过多通道或多层嵌套,跨行业、跨市场贯穿多层次金融市场,导致难以识别其底层资产和最终投资者,从而削弱了传统分业分段式监管的有效性和针对性。对此类产品的风险衡量对监管提出了新的挑战。

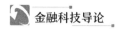

3.市场投资群体

金融科技降低了投资门槛,能够吸引大量分散的小额投资者。然而,这部分"长尾客户"通常缺乏专业的投资决策能力,在选择投资对象时往往只关注收益而忽视风险,容易引发群体性非理性行为,进而放大整体资产的价格波动。此外,部分金融消费者对刚性兑付存在不合理预期,需要进一步加强投资者适当性管理。

(三)监管层面

1.监管信息缺失

通常,金融监管机构针对不同对象采用不同的监管方式,通过筛选特定数据指标进行监管。金融科技创新的新产品外在形式多样,内在逻辑复杂,业务贯穿多个金融市场,常使金融监管工作难以有效开展。面对金融科技创新,监管机构常面临信息不对称的挑战。监管资源有限、监管手段不足、监管技术方法滞后于金融科技发展,导致金融科技监管以事后为主,难以预先识别风险点。

2.金融科技立法滞后

长期以来,我国金融监管的法律体系由金融业基本法、行政法规、部门规章以及规范性文件共同构成。然而,部分金融科技监管的相关法律法规仍停留在互联网金融层面,针对智能化业态的监管法规尚未健全。与金融科技的快速发展相比,监管法律建设明显滞后,缺乏系统性与前瞻性。例如,我国尚未制定统一的技术监管法律,相关规则散见于《中华人民共和国证券法》《中华人民共和国公司法》《中华人民共和国商业银行法》等多部单行法律,以及众多行政法规和规章中。这种分散的金融监管条款使得监管机构难以形成明确的监管依据,进一步增加了监管的复杂性和难度。

二、金融科技风险的特征

金融科技本质是科学技术。通过运用这类技术,可以在各类金融场景下获得决策优势,提升效率,并降低金融固有的波动性,但它无法消除金融内在的风险属性。技术如同一把双刃剑,在带来效率与质量的同时,也可能在不经意间放大原有的金融风险属性,甚至造成难以弥补的损失。金融科技风险具有以下特征。

(一)内生性

金融风险是金融科技的内在属性之一。在参与金融活动的过程中,金融科技不可避免地会引入市场风险、信用风险、流动性风险等传统金融风险。同时,由于大量技术的运用,金融科技更容易引发技术风险与操作风险。此外,任何的金融科技创新都需要经历从萌芽到成熟的过程,这一过程中必然会产生传统金融业务风险之外的新型风险。

(二)复杂性

金融科技风险具有综合性与复杂性。金融科技的业务活动范围广泛,涵盖了从数据存储到网络云计算,从模型构建到新产品上线,从单一产品到跨市场营销等多个部分。随着产业链环节的增加和新市场的拓展,金融科技风险的复杂程度进一步加深,在传统单一类型金融风险的基础上,叠加了各类技术与操作风险,并衍生出新的市场风险。

(三)专业性

金融活动本身具有专业属性,而金融科技所运用的信息技术同样具有高度专业性。作为两者融合的产物,金融科技展现出极强的专业技术特征。普通客户和大多数金融从业人员对金融科技的底层运作机制了解有限,因此难以预判和处理相关风险。通常,金融科技风险机制的解释和风险事件的处置都需要依赖专业技术人员。

(四)交叉性

金融科技业务之间容易产生交叉与重叠,随之而来的是风险在不同业务中的交叉传染和相互影响,甚至可能将原本属于不同金融业务领域的风险联系起来。例如,支付系统遭遇网络故障可能会限制相关网贷平台的流动性,进而引发流动性风险;又如,数据存储错误可能导致风险模型构建失误,从而对智能投顾系统产生不利影响。

(五)突发性

信息技术的运用使当代金融活动突破了时空限制,但网络攻击或系统故障的发生也使金融科技风险具有突发性。此类风险事件通常难以预判和防范,一旦发生,金融风险可能迅速波及多个领域,甚至引发系统性风险。

除了上述特征外,金融科技风险还具有传染性、隐蔽性和破坏性等一般金融风险的共性特征。

三、金融科技风险的主要类型

金融科技风险分类可沿用传统金融风险的框架,涵盖信用风险、市场风险、流

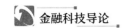

动性风险和操作风险。同时,金融科技还可能带来一些特异风险,如合规风险、监管风险等。

(一)信用风险

信用风险是指金融交易一方因某种原因违反合同约定,导致交易对方遭受损失的可能性,或因债务人信用评级变动和履约能力变化导致其债务市场价值波动而引发损失的可能性。信用风险通常源于借贷方违约或衍生品交易对手方违约。信用风险具有以下特征:

①不对称性。预期收益和预期损失不对称,当某一主体承担信用风险时,其预期收益和预期损失并不对等。

②累积性。信用风险具有累积性,可能形成恶性循环和连锁反应,超过临界点后可能突然爆发,进而引发金融危机。

③非系统性。与市场风险相比,信用风险观察数据较少且不易获取,因此具有明显的非系统性特征。

④内源性。信用风险并非完全由客观因素驱动,而是带有主观性,且难以通过客观数据和事实完全证实。

信用风险是金融科技中常见的风险类型,主要出现在信用贷款、供应链金融等信贷类业务中。金融科技机构通常利用大数据构建违约模型,为授信决策提供支持。与传统银行的企业贷款不同,信用贷款更依赖个体的信用水平,因此信用数据在此类业务中具有重要价值。此外,在贷中和贷后阶段,金融机构需实时监测授信个体的相关数据,评估违约概率,并控制违约敞口规模。

(二)市场风险

市场风险是指因市场价格波动导致金融机构持有的资产减值的风险。市场风险源于资产价格的波动,包括股票价格、汇率、利率等基础金融产品以及衍生品的价格波动。现代金融市场已建立了完善的报价机制,并为场外衍生品提供了相应的计价方法。此外,随着金融产品的多元化,信用违约互换(credit default swap, CDS)等信用衍生品及其相关指数也可将信用风险转化为市场风险。金融机构通常采用逐日计价的方式监控市场风险。市场风险具有以下特征:

①传染性。某一市场或标的的波动容易传导至其他市场或标的,引发更广泛的市场波动。

②普遍性。市场风险普遍存在于金融市场中的各类资产中,一旦出现,整个市场都会受到影响。

③不可避免性。市场参与者无法完全避免市场风险,因为风险资产的回报与

收益始终并存。在定价完美的市场中,投资者为获取超额收益必然面临市场风险。

④不可预知性。市场风险无法提前预知。尽管人工智能和机器学习技术为市场分析和风险预测提供了强大工具,但仍无法完全预知市场风险。一方面,技术存在局限性,模型依赖历史数据,可能面临数据依赖和过拟合问题;另一方面,市场价格由市场参与者博弈形成,而博弈机制随市场条件不断演变。

市场风险是金融科技面临的主要风险之一。在智能投顾和量化交易的投资策略中,市场风险管理至关重要。此外,金融科技中的加密货币领域也需时刻应对币值波动的市场风险。

(三)流动性风险

流动性风险分为两类:交易流动性风险和融资流动性风险。

交易流动性风险是指市场无法提供足够的交易容量以满足金融机构兑现金融资产的需求。金融机构需监测此类风险,并估算因市场流动性不足导致的资产价值减损。当下,越来越多的交易机构运用金融科技手段优化资产平仓过程,以降低流动性不足带来的损失。

融资流动性风险是指金融机构无法通过正常渠道以合理成本获得资金。此类风险通常由信用风险、市场风险和操作风险引发,例如银行因财务或信用问题引发挤兑,随之产生融资流动性风险。融资流动性风险具有紧迫性和扩散性:金融机构需在短时间内获得资金以维持运营;同时,一家机构的流动性危机可能引发市场对其他类似机构的担忧,导致风险扩散。此外,流动性风险与宏观经济周期密切相关,更易在紧缩降杠杆周期中出现。

(四)操作风险

操作风险是指因内部程序、人员、系统不完善或外部事件导致直接或间接损失的风险。与市场风险和信用风险不同,操作风险主要源于人为错误或系统故障。操作风险事件发生频率较低,但一旦发生,可能造成巨大损失,甚至危及金融机构的生存。历史上,因操作风险导致破产的案例屡见不鲜,例如巴林银行因交易员尼克·利森(Nick Leeson)的违规操作而破产。此外,由于操作风险发生频率低且场景多样,其损失难以准确估计。

金融科技企业将许多传统人工操作转为机器执行,虽减少了人为违规风险,但对系统安全性提出了更高要求。计算机病毒、系统漏洞和设备故障等问题可能导致信息泄露或资金损失。例如,2013 年 8 月 16 日,光大证券自营交易系统出现故障,短时间内错误买入价值数十亿元的权重股,导致上证指数一度暴涨 5%,引发市场剧烈波动。这一事件凸显了金融机构在操作风险管理、系统测试和内部控制

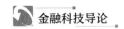

方面的重要性。

(五)合规风险

合规风险是法律风险的一类特殊情形,指因未能遵守法律法规、监管要求、行业标准或内部政策而可能遭受法律制裁、财务损失或声誉损害的风险。合规风险的核心在于遵守外部的法律和监管框架以及内部的合规政策。金融科技在合规风险方面面临两类主要问题:其一是监管滞后,金融科技产品具有创新性,可能导致监管法规滞后,监管法规制度需要随着产品创新及时更新;其二是现有合规性文件内容较为模糊,难以运用计算机语言准确描述,增加了合规管理难度。

(六)监管风险

监管风险是指金融科技企业因监管政策的变化或监管措施的不确定性而面临的风险。监管机构对金融科技行业的监管态度和政策可能因市场变化、技术发展或社会影响而调整。由于金融科技行业处于快速发展阶段,监管政策可能随时调整。例如,某些国家对加密货币的监管态度从宽松转向严格,导致相关企业面临业务调整或退出市场的风险。此外,对于一些新兴技术,如区块链智能合约、人工智能驱动的金融决策等,监管机构可能尚未制定明确的监管规则。企业如果贸然使用这些技术,可能会在未来面临监管风险。

四、金融科技风险的管理

随着金融科技的不断进步和广泛应用,其相关风险也日益凸显。金融科技风险具有传播速度快、潜在破坏力大的特点,因此必须对其进行有效防范与管理。

(一)金融科技风险管理主体

金融科技风险管理涉及三类主体:金融科技企业、行业自律组织和监管机构。这三类主体需要相互配合,共同应对金融科技风险的挑战。

1.金融科技企业

作为金融业务的第一线,金融科技企业是各类科技风险的源头。企业应对技术漏洞、业务风险、合规风险及道德伦理风险进行监控与评估,将风险控制在较低水平。除建立并遵循风险防范的规章制度外,金融科技企业还应充分利用自身对业务的熟悉和技术优势,加强相关技术在风险管理中的应用。

2.行业自律组织

行业自律组织是为协调企业间经营活动而自发成立的社会机构,在统计监测、信息披露、信息共享、标准制定和消费者权益保护等方面发挥积极作用。例如,我国于2015年成立的中国互联网金融协会,旨在通过自律管理和会员服务,规范从业机构市场行为,保护行业合法权益,推动从业机构更好地服务社会经济发展,引导行业规范健康运行。协会会员涵盖银行、证券、保险、基金、期货、信托、资产管理、消费金融、征信服务以及互联网支付、投资理财、借贷等机构,还包括承担金融基础设施和金融研究教育职能的机构,基本覆盖了金融科技的主流和新兴业态。协会的主要职责包括:按业务类型制定经营管理规则和行业标准,推动机构间业务交流和信息共享;明确行业自律公约机制,增强行业规则的约束力;强化诚信自律意识,树立从业机构服务经济社会发展的正面形象,营造诚信规范发展的良好氛围。金融科技的规范健康发展,既离不开政府监管,也离不开行业自律。政府监管与行业自律相辅相成,有助于降低监管和市场行为的成本,提高监管效率,促进市场创新,同时提升金融科技市场整体运行的安全性和有效性。

3.监管机构

监管机构是金融科技风险管理的高级主体,依法对金融科技企业的业务活动进行监督管理。通过准入管理、日常监管和防止技术套利等手段,防范金融科技风险对社会造成危害。2023年3月前,我国金融监管机构包括中国人民银行、银保监会和证监会等。为适应新时代金融环境的需要,特别是应对金融风险,2023年3月,我国撤销银保监会,新成立国家金融监督管理总局,全面负责除证券业之外的金融业监管,形成人民银行负责审慎监管、金融监管总局负责行为监管的组织架构。

(二)金融科技风险管理原则措施

金融科技风险管理的主要原则与措施包括法律法规构建、组织机制设计和先进技术运用。

首先,构建完备的法律法规体系。法律法规是金融科技风险管理的基础,需要金融科技企业、行业自律组织和监管机构共同参与构建并遵循。一方面,金融机构需重视科技风险,在运营中积累经验,完善内部规章制度;另一方面,行业自律组织和监管机构可分享并提升企业经验,将其转化为法律法规,形成行业安全标准,提高准入门槛。同时,需明确金融科技企业的法律地位、监管职责以及行业准入和退出机制。

其次,设计并落实完善的组织机制。围绕金融科技风险管理的三大主体,金融机构、行业自律组织和监管机构需形成协同机制,共同应对风险挑战。针对金融科技的特点,设计差异化的风险预警和阻滞机制,建立完善的账户和资金流转监测体系,严格进行身份识别和交易审核,采取强化大额对账等措施。对涉嫌非法集资、集资诈骗、洗钱等违法违规行为,做到早预警、早处理、早报告,并快速启动司法保

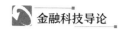
护程序,有效防范法律风险。

最后,运用先进的风险管理技术。金融科技企业在业务创新的同时,需提升风险管理水平,确保风险管理与业务模式相匹配。在传统风险管理的基础上,善于运用新兴技术开发新模式。监管机构需掌握行业技术动态,审慎评估新兴技术的利弊,为金融机构提供指导。具体而言,金融机构在操作层面需规范操作,防范系统故障、黑客攻击和病毒植入等技术风险;在技术层面,应不断更新技术,如利用大数据和区块链技术建立信用评估体系和风险预警模型,防范信息泄露等法律风险;在信息管理层面,金融科技企业需与监管机构实现信息共享,防范利用高科技手段进行的非法集资、集资诈骗和洗钱等犯罪活动。

(三)金融科技风险管理具体环节

金融科技风险管理包括监测、评估、防范和应对四个环节。

金融科技风险监测是指通过大数据等信息技术手段,对金融科技活动的主要指标进行实时动态跟踪,综合分析监测数据并及时通报。随着金融科技的发展,相关风险的积累与传播更加隐蔽,需在传统监控手段基础上开发更有效的监测方法。

金融科技风险评估是指对可预见的风险事件,在发生前明确其风险类型和特征,在给定条件下评估风险发生的可能性及潜在损失。金融科技风险评估不仅涉及业务层面的风险,还需关注技术风险和道德风险。

金融科技风险的防范是指基于监测与评估结果,采取针对性措施识别、预警、控制和疏导潜在风险,降低风险发生概率和损失,例如,加强内部控制、提高系统安全性、优化业务流程等。技术漏洞、业务内容、操作流程和道德伦理是风险防范的主要关注点。

金融科技风险的应对是指根据主体的风险承受能力制定应急预案和风险缓解计划,以便在风险发生时迅速响应,减少损失和风险蔓延。鉴于金融科技风险的隐蔽性、突发性和传染性,风险应对是不可或缺的环节。

总结·拓展 8-1

第二节　金融科技的风险管理应用

作为金融科技的四大代表性技术,云计算、大数据、人工智能和区块链在风险管理中的应用层次各有侧重,领域不同但相互交织、相互支撑。云计算作为骨干架构,为金融机构提供大规模计算、大数据存储等高效IT服务;大数据是金融科技的重要生产资料,人工智能则为数据的加工、分析和应用提供了方法论,两者共同为风险管理业务提供决策支持;区块链则主要依托其结构特点,用于规范金融业务流程,为金融机构提供机制性风险防范措施。

一、云计算在风险管理中的应用

云计算通过虚拟化技术将物理设备虚拟化为动态分配的资源池,以满足金融机构对计算和存储的需求。云计算在数据存取、系统构建、扩展和维护方面的优势,为金融机构风险管理业务的开展提供了有力支持。

(一)数据共享与实时性

云计算平台整合了金融机构的多个信息系统,实现了数据的集中管理与共享,消除了部门间的信息孤岛现象。借助云计算系统,风险管理部门可以便捷地调用多部门、多维度的数据,并以此分析或构建风险模型,从而做出更全面的风险决策。此外,云计算支持金融业务数据的实时存取,这一特性对金融机构尤为重要。在处理市场风险时,风险管理部门常需应对瞬息万变的市场环境,数据的及时性是制定风险策略的关键。

(二)合规性

云计算平台有助于金融机构合规开展业务,避免操作风险和法律风险的发生。云计算系统可灵活设置操作权限,统一规范业务人员的行为。同时,云平台能够监控并记录各类系统操作,防止非法或不合规行为,确保风险管理业务责任明确、有规可循、有迹可查。

(三)灵活性与稳定性

云计算部署方式灵活,能够轻松支持业务扩展,并可随时提供额外的计算与存

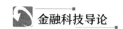

储资源以满足特定风险管理任务的需求。此外,云计算具备灾备冗余特性,能够有效应对突发事件,为风险管理业务提供连续、稳定的保障。

(四)自动化与智能化

云计算平台可系统集成大数据、人工智能和区块链等技术的风险管理策略与成果,推动风险管理业务流程的自动化与智能化。这不仅降低了人为错误,提高了风险管理的准确性,还有效减少了金融机构的人力成本和运营成本。

总体而言,云计算作为一项支撑性技术,已成为现代金融机构风险管理中不可或缺的重要组成部分。

二、大数据在风险管理中的应用

当代金融风险管理的决策高度依赖多维数据信息,大数据及相关技术在其中发挥了关键作用。针对金融机构不同类型的风险管理任务,所需的数据类型也有所不同。目前,大数据及相关技术在处理市场风险、信用风险和操作风险方面已较为成熟。

(一)市场风险管理

金融机构面临的市场风险主要源于所持金融资产的价格波动。现实中,金融机构持有的金融资产分为投资型资产和交易型资产,两者采用不同的风险管理方式。投资型资产通常关注标的对象的财务属性及相关宏观变量的预期变动,通过构建投资组合控制市场风险敞口,持有周期较长;而交易型资产(如期货、期权)的价格受短期市场变量影响较大,金融机构需监控波动率、汇率、流动性等指标评估风险,并采用止盈止损等方式管理风险,持有周期相对较短。

大数据及相关技术的应用显著拓展了市场风险管理的数据维度和广度。首先,数据时间颗粒度变得更细。高频数据被广泛使用,成为微观金融风险管理的重要依据。其次,实时数据种类更为丰富。除价格数据外,还可获取交易订单数据、盘口数据等多维度数据,为风险管理提供了新的市场观察视角。再次,另类数据被引入运用,大数据支持获取社交媒体、网络舆情等非传统数据。基于上述的多源数据,结合数据挖掘和人工智能技术,金融机构能够更准确地把握资产价格规律,并用于构建新的风险预警模型。

(二)信用风险管理

信用风险管理是大数据应用的典型场景。以小微信贷为例,大数据技术几乎覆盖了信贷业务的全流程,包括营销、客户定位、贷款审批、贷中及贷后管理。基于大数据的风险模型在这些环节中得到广泛应用,显著提升了金融机构对违约风险的识别能力,同时提高了运营效率并降低了成本。

1.营销环节

金融机构通常利用市场营销模型对潜在借贷对象进行精准营销,以促进业务增长。虽然这一环节不直接涉及信用风险管理,但所获取的营销数据有助于客户定位,并为后续风险评估提供支持。

2.贷前环节

贷前环节是信用风险管理的核心,主要包括贷款申请和审批。金融机构使用信用模型对客户进行评估打分。传统上,信用模型基于逻辑回归,需从大量变量中筛选核心特征。大数据为模型构建提供了丰富的数据基础,提升了信用风险评估的精准性。

3.贷中环节

贷中环节指贷款发放至到期前的阶段。金融机构需监控资金使用情况,确保其按约定用途使用。通过动态监控客户的税务、公安、法院等联网信息,以及电商、支付、物流等平台的交易数据,金融机构可及时发现异常变量并发出预警。

4.贷后环节

贷后环节指贷款到期至完全还清的阶段。金融机构的风险管理重点在于贷款回收,包括逾期贷款的追踪、催收及不良贷款处置。大数据有助于实时了解企业经营与信用状况变化,对非正常经营客户提前实施催收措施。

(三)操作风险管理

操作风险是指因内部控制不足或失效,由内部人员、系统或外部事件引发的损失风险,其中包含法律风险,但不包括声誉风险和业务策略风险。企业内外部欺诈风险是典型的操作风险,尤其在移动支付普及的今天,外部欺诈风险尤为突出。大数据的应用可显著降低此类风险,其主要任务是在不影响交易体验的前提下,对交易双方进行多维度身份验证,排除欺诈交易,确保合法交易顺利进行。

通常,在线交易发生前,系统会自动收集并记录交易账户的登录 IP 地址、设备型号(如品牌手机、平板)、设备特征(如 IMEI[①] 号、MAC 地址[②])及操作系统等信息,建立设备指纹以便识别和跟踪,并与历史记录匹配以防控风险。同时,系统还

①　国际移动设备身份码的缩写,是一种用于唯一标识移动设备(如手机、平板电脑等)的 15 位数字编码。

②　MAC 地址是媒体访问控制地址的缩写,是一种用于唯一标识网络设备的 48 位(6 字节)数字编码。

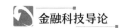

可利用账户的历史行为数据(如登录频率、交易习惯)进行分析,评估交易异常的可能性。对于高欺诈风险的交易,系统会要求进一步核实身份,例如通过人脸识别或手机动态验证码进行在线验证。此外,系统会记录高风险交易事件供风险管理人员分析,并通过大数据技术对交易数据进行关系网络分析,识别潜在的欺诈团伙与模式,从而减少欺诈对系统的影响。以长城证券为例,针对操作风险、债券交易风险及投资者账户风险,分别建立了操作风险管理系统、债券异常交易监控系统和长城账户异常监控系统等。

三、人工智能在风险管理中的应用

人工智能与大数据的关系如同发动机与燃料:没有燃料,发动机无法运转;而没有发动机,燃料中的化学能也无法充分转化为机械能。在应用大数据的过程中,人工智能正如一台高效的发动机,将大数据的潜力充分释放,应用于各类预测和决策场景。在金融风险管理中,大数据的应用始终与人工智能紧密结合,两者相辅相成。人工智能在市场风险、信用风险和操作风险管理中均有成熟应用。

(一)市场风险管理

面对复杂的市场环境,人工智能能够通过分析历史数据,挖掘市场内在规律,识别风险警示信号;通过构建机器学习模型对价格、波动率等市场变量进行建模和预测,帮助金融机构提前识别和防范市场风险。此外,人工智能还可利用强化学习和深度学习技术持续优化投资组合及头寸管理,提升投资策略的稳健性,实现最佳收益风险比。人工智能还被用于模拟不同市场场景,进行压力测试,评估极端市场条件下的资产损益。

智能投顾是人工智能在市场风险管理中的典型应用之一。在其业务流程中,人工智能对客户面临的市场风险进行智能化管理。平台首先根据客户信息智能匹配差异化的风险产品和服务,随后在投资过程中定期测算投资组合的市场风险,并对标的和头寸进行动态调整。

(二)信用风险管理

结合大数据,人工智能通过机器学习算法计算借款人的违约概率,综合评估授信资格及额度。与人工授信相比,人工智能能更精准地评估借款人的信用水平,同时实现审批过程的自动化和高效化。通过预设模型,人工智能可快速分析借款人的资质和信用状况,生成审批意见,显著缩短审批时间并降低人力成本。此外,人工智能还能通过分析客户数据,预测其需求和行为模式,提供更精准的产品推荐和服务。在贷中阶段,人工智能通过监控客户的消费和信贷行为,实时更新信用评分,对异常情况发出预警,必要时取消后续授信并启动催收程序。

（三）操作风险管理

人工智能被金融机构和监管机构用于识别与防范各类操作风险,包括欺诈、洗钱、内幕交易和股价操纵等。基于大数据分析,人工智能可构建可疑交易识别模型,并对海量交易行为进行分析,挖掘交易主体间的关联关系,依据预设规则筛查可疑行为。在智能审理方面,人工智能通过学习审理人员的经验,对可疑交易报告进行机器分析,并输出分析结果供审理人员参考,从而提高风险识别的效率和准确性。

四、区块链在风险管理中的应用

区块链是一种采用块状链式存储结构的分布式账本技术,具有去中心化、不可篡改和可追溯的特点。目前,区块链技术不仅应用于加密货币领域,还被广泛应用于物联网、供应链金融等多个场景。在金融风险管理方面,一些金融机构和监管机构也开始尝试利用区块链技术,以提高效率、降低成本并增强风险防范能力。

（一）市场风险管理

区块链的透明性和不可篡改性正被一些交易所应用于交易结算与清算业务。传统交易结算和清算系统存在数据不透明、结算周期长等问题,导致效率低下。引入区块链技术后,交易信息可实现实时共享,显著提升结算效率,尤其在跨境交易中,缩短结算周期有助于降低因结算延迟引发的市场风险。

此外,区块链的智能合约功能可在交易结算和清算过程中自动执行合约条款,减少人为操作和错误,从而降低操作风险。智能合约还可直接应用于市场交易,当市场条件满足预设条件时,自动执行交易。例如,在衍生品交易中,当市场行情与持仓敞口反向时,智能合约可自动触发对冲策略。

（二）信用风险管理

区块链的开放性、透明性和可追溯性使其在信用风险管理中具有独特优势。目前,一些银行和借贷平台正在设计和应用基于区块链的分布式信用评级系统。传统信用评级系统存在信息不对称和不透明的问题,难以准确评估借贷方的信用状况,增加了信用风险。而基于区块链的分布式信用评级系统通过去中心化和透明化,实现了借贷双方直接交换信息,使信息更加透明和可追溯。借贷双方的信用数据和交易记录被永久记录在区块链上,任何一方都无法篡改或隐藏信息,从而降低了信息不对称带来的信用风险。同时,智能合约的应用使贷款合同的执行更加自动化和可靠。借款人和贷款机构可通过智能合约自动执行合同条款,无须依赖第三方中介或人工干预,减少了合同执行的不确定性和违约风险。类似地,区块链技术还可应用于信用衍生品市场,通过智能合约自动执行信用事件的赔付,降低对手方信用违约风险。

(三)操作风险管理

在操作风险管理方面,一些金融机构正在探索利用区块链技术实现交易结算和资金划转的自动化和智能化。传统交易结算和资金划转过程常因人为操作失误或延迟引发操作风险。基于区块链的自动化系统通过智能合约实现交易结算和资金划转的自动执行,一旦满足交易条件,智能合约会自动触发相应操作,无须人为干预,从而降低操作风险。同时,区块链的不可篡改性和透明性确保了交易结算和资金划转过程的安全性和可信度,进一步减少了操作风险。通过区块链技术,金融机构可显著提升业务运营的效率和安全性。

除上述风险管理应用外,区块链技术还在金融监管与审计中发挥重要作用。区块链记录的金融交易信息具有透明、可追溯和不可篡改的特点,完全满足监管和审计的要求。任何交易信息一旦记录在区块链上,将永久保存且无法变更。这为监管和审计部门提供了便利,使其能够核查资产交易路径、公允价值、杠杆水平和期限匹配情况,实施穿透式监管,防止金融风险交叉传染。

总结・拓展 8-2

第三节　金融科技伦理风险

金融科技伦理(FinTech ethics)是指在金融科技活动中应遵循的道德准则与行为标准,融合了金融伦理与科技伦理的核心内涵。传统金融伦理强调金融活动效率与正义的有机统一,而科技伦理则关注科技发展应遵循的"普世价值"准则。

随着金融科技的快速发展,其引发的伦理问题及潜在风险日益受到关注。金融科技伦理风险特指由伦理问题引发的潜在风险,可能导致声誉损失甚至法律后果。其内涵可从狭义和广义两个维度理解:狭义层面聚焦金融机构及从业者是否利用专业优势违背道德规范,导致客户利益受损。例如,"大数据杀熟"即属于此类风险。广义层面则关注所有参与者因科技伦理问题共同受损的可能性。例如,机器干预人类决策即属于广义层面的伦理风险。

一、金融科技伦理风险的特征

(一)隐蔽性与专业性

金融科技活动大量依赖信息技术手段,往往导致伦理风险被掩盖,难以直接察觉。普通用户在享受金融科技便利的同时,通常无法完全了解其背后的运行机制,其权益可能在不知不觉中受到侵害。例如,部分歧视性条款在未经专业监管审查时,往往难以被发现。因此,金融科技伦理风险一旦触发,其影响可能迅速显现并扩大。

(二)广泛性与深远性

金融科技伦理风险的影响范围广泛,损失可能波及客户、金融机构甚至整个相关产业。除了即时的负面影响外,伦理风险还可能带来长期效应。例如,声誉损害可能引发客户信任危机,导致相关金融活动陷入停滞。

(三)难估性与滞后性

与其他金融风险不同,伦理风险通常难以用具体数值量化。在多数情况下,其负面影响无法提前预估,只有在风险发生后才能确定实际损失。此外,伦理风险的深远影响往往难以通过定量分析全面评估。

二、金融科技伦理风险主要表现

在金融科技蓬勃发展的过程中,相关伦理问题逐渐凸显,并成为制约其长期可持续发展的关键因素。以下是几类常见的金融科技伦理风险表现。

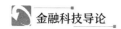

(一)诚信缺失

信用风险管理是金融信贷业务的核心环节。然而,在金融科技早期野蛮生长的阶段,相关信贷业务缺乏有效审核与监管,对信用缺乏内在约束,导致主观上的诚信缺失引发客观上的信用风险积聚,最终酿成多起风险事件。例如,2013年至2018年,我国P2P行业经历了从繁荣到衰败的过程。P2P业务作为互联网金融的一种服务模式,旨在为资金借贷双方提供互联网平台渠道,其本质属于信用借贷业务。在早期,由于大部分P2P平台未能接入中国人民银行征信系统,加之监管缺失,小范围客户违约频发;后期,随着平台融资违约增多,赎回潮导致流动性压力骤增,最终引发平台违约事件。尽管诱发P2P平台违约的原因复杂多样,但根本在于平台业务违规、诚信缺失以及信用风险失控。此外,部分债务人恶意逃废债的行为进一步加剧了平台的现金流危机,成为平台资金链断裂的推手。

(二)数据泄露和滥用

数据是金融科技的重要生产资料,企业需合规使用数据,避免泄露与滥用。数据泄露包括个人信息、组织机构信息和国家信息泄露,其中个人信息泄露最为常见且社会关注度最高。例如,早期民营征信机构考拉征信在2015年3月至2019年11月,非法提供用户身份证查询返照9800万次,获利3800万元,非法获取并存储近1亿条公民姓名、身份证号和照片信息,其背后还有数十个数据中介参与信息买卖。近年来,随着监管和法制的完善,金融机构主动参与的信息泄露犯罪已大幅减少,但因人为疏忽或黑客攻击导致的数据泄露仍时有发生。例如,2019年6月,房地产和产权保险巨头First American因应用程序设计缺陷,导致8.85亿份敏感客户财务记录(包括社会安全号码、银行账号、抵押贷款文件等)被未经授权访问,给潜在受害者带来长期灾难性影响。如果说数据泄露是技术引发的伦理风险,那么数据滥用则更为隐蔽。例如,一些平台为精准营销和定向推送,过度采集用户数据,或未经用户同意将其行为数据用于其他商业用途。

(三)人工智能干预人类决策

在金融科技创新中,自动化算法和人工智能逐渐替代人类决策,在授权范围内进行投资交易和判定裁决等活动。目前,监管对人工智能责任归属已有明确判定。例如,智能投顾平台需对其提供的投资建议和自动化交易承担与一般投顾类似的法律责任。然而,随着人工智能技术的升级,人类对其依赖日益加深,尤其在面对复杂问题时,人工智能可能潜移默化地干扰人类决策自主性,甚至导致人类丧失决策能力。此类广义层面的伦理风险应受到更多关注。

(四)算法黑箱与算法歧视

算法是金融科技的核心要素,支撑着大数据、云计算和人工智能等技术。例如,征信系统通过算法生成客户风险画像,智能投顾通过算法提供投资组合建议,区块链通过算法实现共识机制。尽管算法极大提升了效率,但其专业性和保密性使其运行过程如同"技术黑箱",尤其是深度学习模型的应用使这一现象更加突出,连开发人员也难以解释算法结果。此外,借助"算法黑箱",金融机构可能实施差别化定价或与同业达成"算法共谋",形成市场垄断。

算法歧视是算法伦理的另一表现,常见于征信、招聘和定价等环节。尽管开发人员被要求设计无偏见的算法规则,但数据分布不均,算法可能自动迭代出带有偏见的决策条件,产生歧视性结果。"大数据杀熟"便是算法歧视引发的价格歧视现象。

(五)技术沦为金融犯罪工具

金融科技的创新性使其在监管缺失时易被犯罪分子利用,成为金融犯罪的工具。例如,早期互联网金融平台"易租宝"事件中,安徽钰诚控股集团以互联网金融创新为幌子,通过虚构融资租赁项目和高额利息诱饵,实施非法集资活动,实质是一场"庞氏骗局"。此外,区块链技术的匿名性为犯罪活动提供了便利。例如,比特币的高度匿名性使其成为洗钱等犯罪活动的工具。2021年3月,我国最高人民检察院公布了一起利用虚拟货币洗钱的典型案例,被告人通过购买比特币钥匙将犯罪所得转换为境外法定货币,绕过外汇管制,完成洗钱。

三、金融科技伦理风险的应对

防范金融科技伦理风险主要途径包括运用科技手段与加强道德伦理建设两个方面。

(一)以技术应对技术

金融科技伦理风险主要源于技术的先进性与创新性。应对此类风险的首要途径是运用科技手段规范其应用,从源头防范伦理问题。例如:针对数据保护与隐私问题,通过严格设定数据访问权限与监控机制降低泄露风险,通过数据加密及匿名化技术保障安全与隐私;对于有监管要求的金融科技应用,可将监管要求转化为技术约束条件嵌入技术框架;利用区块链、智能合约等技术构建机制化规范手段,避免人工干预引发伦理风险。对于技术被违规使用的情形,需依赖监管部门与金融

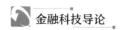

机构运用科技手段进行监测预警与打击。

(二)加强科技伦理道德建设

除技术手段外,伦理道德建设是应对风险的另一核心路径。金融机构需建立制度性伦理规范:开发可解释算法保障决策透明度,使用户理解运行逻辑;定期审计算法消除伦理偏见;将公平性、包容性等原则嵌入产品设计框架;构建伦理决策机制应对突发困境。同时需强化员工伦理意识:加强伦理培训并建立问责机制,惩戒违规行为;鼓励员工主动报告伦理问题,提升用户伦理保护意识,加强产品功能与风险的信息披露,及时响应客户诉求。

总结 · 拓展 8-3

第九章
监管技术与合规挑战

第一节　监管科技的发展

金融科技的快速发展使监管科技(regulatory technol,RegTech)成为重塑金融业合规生态的重要力量。随着金融业务复杂性与创新性持续增强,传统人工合规方法已难以满足高效、精准和实时的监管要求。在此背景下,监管科技应运而生,依托人工智能、大数据分析和区块链等技术,为金融机构提供全新合规解决方案。其核心价值在于通过技术实现合规任务的自动化与智能化,提升监管效率与响应速度:既帮助机构快速识别潜在风险,又实现合规报告的自动化生成,减少人为错误并降低成本;同时增强机构的数据分析能力,助力其深入理解业务合规状况,为决策提供支持。本节将深入探讨监管科技的技术基础、实施案例及发展趋势。

一、技术基础

(一)AI技术的应用

1.机器学习

在金融监管科技的背景下,机器学习算法扮演着至关重要的角色,它能够处理和分析金融机构产生的海量数据,从中识别出潜在的风险和异常交易行为。这一过程不仅限于对数据的简单统计分析,而是通过深度学习和模式识别技术,捕捉到数据背后的复杂关系和潜在的违规行为模式。

(1)风险识别与预测

机器学习算法通过对历史数据的学习,能够识别出可能产生的金融风险。例

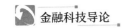

如，利用监督学习技术，监管机构可以训练模型识别出与欺诈、洗钱或与其他非法活动相关的交易特征。这些模型能够在新数据流入时自动筛选出可疑交易，为监管者提供预警信号，使他们能够迅速响应并采取必要的监管行动，防止风险扩散。

（2）异常交易检测

异常检测是机器学习在金融监管中的另一个重要应用。通过无监督学习算法，系统可以识别出与正常交易行为显著偏离的模式。这包括交易量、交易频率以及交易时间的异常变化。这些异常交易可能是市场操纵、内幕交易或其他不正当行为的迹象。

（3）自我优化与学习

自我优化能力是机器学习算法在金融监管中的一大优势。随着数据的更新，算法不断调整参数，模型可以更准确地反映最新的市场动态和监管要求，这表明随着时间推移，监管模型能够变得更加精准，从而提高风险预测能力和异常检测的准确性。

（4）实时监控与决策支持

结合实时数据流和机器学习算法，监管机构能够实现对金融市场活动的实时监控。不仅可以识别异常交易，还能持续监测市场情绪、流动性风险和系统性风险。实时分析能力使监管者能够迅速响应市场变化，及时调整监管策略，确保金融市场的稳定性和公平性。

2.自然语言处理

NLP技术在监管科技领域发挥着关键作用，极大地提升了监管机构对金融机构提交的各类文档的理解和处理能力。NLP能够自动解析、理解和归纳来自金融机构的合规报告、政策文件、交易记录以及其他文本信息，这一过程显著提高了处理速度，同时提升了数据的准确性。具体而言，NLP技术可以实现以下功能：

（1）自动化文档解析与理解

NLP算法能够识别和抽取文档中的关键信息，包括财务数据、合规声明、市场分析、风险管理策略等，有助于监管机构及时发现潜在的合规风险。例如，通过文本分析，监管者可以快速识别出金融机构的报告中可能存在的违规行为描述或不寻常的市场操作模式。

（2）智能合规监测

NLP技术能够持续监控金融机构的内部通讯、社交媒体发布、新闻发布等非结构化文本，自动识别其中可能违反合规政策的言论或行为，有助于监管机构及时介入，防范市场操纵、内幕交易等违规行为。

（3）合规报告自动生成

NLP技术可以用于自动化生成合规报告，根据监管要求和金融机构的活动数据,自动编制详细的合规性报告,减少人工撰写报告所需的时间和资源,同时保证报告的完整性和准确性。

(4)合规培训材料的个性化定制

NLP技术可以分析金融机构员工的学习偏好和理解水平,自动化生成个性化的合规培训材料,确保培训内容既全面又易于理解。这有助于提升员工的合规意识,减少因误解或疏忽导致的合规风险。

(二)大数据分析技术的运用

1.实时数据分析

实时数据分析作为大数据技术在金融监管领域的一颗璀璨明珠,正日益成为维护金融稳定、促进市场公平的关键利器。即时处理海量交易数据、客户信息和市场动态使监管机构具有更好的数据洞察能力,能够在瞬息万变的金融环境中迅速识别并应对潜在的合规风险和市场异常。

(1)实时交易监控

大数据技术能够实现实时交易流的监控,通过高级算法和模型,即时捕捉任何可疑交易的迹象。无论是高频交易中的异常模式,还是跨市场的套利行为,甚至是涉及洗钱或恐怖融资的可疑活动,都能在第一时间被识别和标记,为监管机构提供即时的预警信号。

(2)客户行为分析

通过深度挖掘客户交易历史、信用记录、资金流向等信息,大数据分析能够描绘出每个客户的全方位画像,帮助监管机构预测潜在的违约风险、欺诈行为以及消费者保护问题。这种精细化的客户行为分析,有助于构建更有效的风险管理框架,确保金融服务的透明度和公正性。

(3)市场趋势与异常检测

大数据分析不仅局限于微观层面的个体交易,更能在宏观层面上揭示市场趋势和异常波动。借助先进的数据挖掘技术和机器学习算法,监管机构可以识别出影响整个市场的系统性风险,如资产价格泡沫、流动性危机等,从而采取预防措施,避免金融危机的发生。

(4)数据驱动的政策制定

实时数据分析为政策制定提供了坚实的实证基础。监管机构能够基于实时数据流,对现有政策的有效性进行评估,并根据市场反馈迅速调整监管规则,确保政策与市场发展的同步性,促进金融创新的同时维护市场秩序。

2.数据可视化

数据可视化作为一种强有力的分析与沟通工具,在金融监管中扮演着至关重

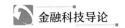

要的角色。通过将复杂的金融数据转化为直观易懂的图表和仪表板,极大地提高了监管效率和决策质量。以下是数据可视化在金融监管中具体应用的几个方面。

(1)快速洞察与决策

数据可视化能够将海量数据简化为清晰的视觉表达,使监管者能够一目了然地识别关键指标和趋势。例如,通过热图、散点图和时间序列图,监管机构可以迅速掌握金融机构的财务状况、市场风险敞口、交易量变化等重要信息,从而在短时间内做出明智的监管决策。

(2)增强透明度与信任

通过向公众展示经过可视化的监管数据,监管机构能够提升其工作的透明度。透明的监管过程有助于建立公众对金融系统的信心,因为人们可以看到监管者正在积极监测市场动态,防止不正当行为,并确保金融机构遵守法规。这种透明度也促使金融机构更加注重合规,因为它们知道自己的活动受到持续的监督。

(3)监管政策效果评估

数据可视化工具可以用来展示监管政策实施前后的市场变化,包括政策对不同市场参与者的具体影响。例如,通过对比政策实施前后银行贷款发放量、不良贷款率等关键指标的变化,监管者能够评估政策是否达到了预期目标,如促进信贷增长、降低系统性风险等。

(4)引导市场行为

可视化数据还可以作为教育工具,帮助市场参与者理解监管要求和市场趋势,从而鼓励合规行为和负责任的投资决策。当金融机构和投资者能够看到违规操作可能导致的后果时,他们更可能采取行动避免这些情况,促进整个金融市场的稳定和健康发展。

(三)云计算与区块链的整合

1.云计算

云计算技术作为监管科技的核心支柱之一,为金融监管机构带来了前所未有的数据处理能力和灵活性,彻底改变了传统监管模式。云计算凭借其分布式架构和弹性资源分配特性,不仅解决了数据存储和计算的瓶颈问题,还大幅降低了监管机构的 IT 基础设施成本,提升了系统的可扩展性和响应速度。

(1)弹性存储与计算资源

云计算平台提供几乎无限的存储空间和计算能力,允许监管机构轻松处理和分析海量的金融数据,包括交易记录、客户信息、市场动态等。这种弹性资源可以根据实际需求动态调整,确保即使在数据量激增的情况下,也能保持高效的处理能力,而无须担心本地服务器的容量限制。

（2）成本效益

传统的 IT 基础设施建设需要大量的前期投资，包括硬件采购、软件许可、维护和升级等费用。相比之下，云计算采用按需付费的模式，监管机构只需为实际使用的资源付费，大大节省了成本。此外，云计算服务商通常会负责硬件维护和软件更新，进一步减轻了监管机构的运维负担。

（3）系统可扩展性与灵活性

云计算的可扩展性意味着监管机构可以迅速适应业务增长或突发的数据处理需求，无须长时间等待硬件采购和安装。这种灵活性使得监管机构能够更加敏捷地响应市场变化和新的监管挑战，如加密货币交易的兴起或全球金融市场的波动。

（4）安全与合规

虽然云计算带来了诸多便利，但数据安全和隐私保护仍然是监管科技中的核心问题。为了确保数据的安全性，云服务提供商通常会实施严格的数据加密、访问控制和安全审计措施，同时遵循国际和地区的数据保护法规，如《通用数据保护条例》。监管机构可以利用这些安全措施来达到合规要求，同时保护敏感的金融数据免受未经授权的访问和泄露。

2.区块链

区块链技术，作为一种分布式账本技术，正以其独特的去中心化、高度透明和数据不可篡改的特性，在监管科技领域展现出巨大的应用潜力。它不仅革新了金融交易的处理方式，还从根本上改变了监管机构对市场活动的监控和管理方式，为金融行业带来了前所未有的透明度和效率。

（1）去中心化与数据完整性

区块链技术的去中心化特性意味着没有单一的中央权威控制整个系统，所有参与者共同维护一个不可篡改的交易记录。这种架构确保了交易数据的真实性，一旦数据被记录在区块链上，就无法被事后修改或删除，从而提高了数据的完整性和可信度。对于监管机构而言，这意味着可以实时获取到未经篡改的原始交易数据，增强了监管的公正性和权威性。

（2）全程追溯与实时监控

区块链技术能够实现对金融交易的全程追溯，即每一笔交易的来源和去向都可以被清晰地追踪。这对于打击洗钱、恐怖主义融资和其他非法金融活动至关重要。监管机构可以通过区块链的透明记录，实时监控资金流动，及时发现和阻止可疑交易，有效防范金融犯罪。

（3）简化合规报告

区块链技术的应用可以极大地简化金融机构的合规报告流程。通过智能合约等技术，可以自动执行合规规则，实时生成符合监管要求的报告，无须手动编制或

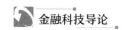

审核。这不仅降低了金融机构的合规成本,还减少了人为错误,提高了报告的准确性和及时性。

(4)加强合作与信息共享

区块链技术还促进了监管机构、金融机构和市场参与者之间的信息共享和协作。通过共享的分布式账本,各方可以即时访问相同的交易数据,减少了信息不对称,增强了市场的整体透明度。这对于协调跨国监管、打击跨境金融犯罪尤其有益。

二、实施案例

(一)监管科技在风险预警方面的应用

随着我国人口老龄化的加速,国家对养老产业的支持力度显著增强,促使众多养老服务机构应运而生。然而,部分不法机构与企业却利用"养老服务""健康养老"等旗号,以高额利息和回报为诱饵,实施非法集资活动,严重侵害老年人的权益,干扰了养老服务的正常秩序。据最高法数据,自2024年4月全国启动打击整治养老诈骗专项行动,至9月16日,法院已受理相关刑事案件2014起,其中非法集资案件占比高达60%。同期,国家金融监督管理总局及地方处置非法集资部门摸排线索超5.25万条,揭示出1004家涉及养老非法集资问题的机构,凸显了养老领域非法集资风险的高发态势。

国内监管科技公司金信网银结合养老领域风险特征,应用监管科技技术,提出养老机构非法集资风险综合监管解决方案。通过整合线上线下大数据资源,确定养老领域监测对象、建立养老领域监测动态数据库、构建养老机构"冒烟指数"非法集资动态评价模型、构建养老领域非法集资风险综合监管平台等方法实时监测预警养老领域涉及的金融风险。

1.确定养老领域监测对象

经过梳理养老领域政策文件要求,整理《民政部办公厅关于进一步做好养老服务领域防范和处置非法集资有关工作的通知》《关于加强养老机构非法集资防范化解工作的意见》等文件以及全国打击整治养老诈骗专项行动工作要求,养老领域非法集资涉及的行业包括养老服务机构、预付卡、保健品、旅行社、投资理财、诊疗器械、艺术品、养老地产等,企业注册和业务推广中经常使用"养老服务""养老项目""养老产品"等关键词。通过行业定位、关键词筛选、业务穿透分析等方法,碰撞比对出养老领域监测名单,让监管部门清晰掌握本区域养老领域相关企业的整体情况。

2.建立养老领域动态监测数据库

整合机构备案数据、现场监管数据、投诉举报数据、公安立案数据、信用监管数据、司法涉诉数据、宣传广告数据、互联网舆情数据等大数据资源,360度展示企业风险画像。采集养老领域非法集资案件信息,分析运营模式、股权结构、发展历程、案件影响等,形成养老领域非法集资案例库。收集涉养老非法集资政策文件、法律法规、政策解读,形成养老领域非法集资政策法规库。

3.构建养老机构"冒烟指数"非法集资动态评价模型

通过人工智能中台,对养老领域动态数据库数据进行信息标注、清洗转换、比对分析等,构建违法违规、利诱、虚假宣传、投诉举报、预付风险、资金流动等子模型,形成养老机构"冒烟指数"非法集资动态评价模型,对养老机构进行非法集资动态评价和分析,分别给出"红""橙""黄""绿"风险评级。绿色等级表示无明显风险;黄色等级表示存在收取预付费或其他募资行为,存在一定经营异常特征,需要监管提示风险;橙色等级表示存在异常收取预付费或大量募集资金,存在非法集资相关涉诉、负面曝光及投诉举报,需要监管及时介入,警示约谈,责令整改;红色等级表示存在异常收取预付费或大量募集资金,存在明显非法集资特征并无法兑付进入爆雷阶段等特征,需要多部门联动处置风险。

4.构建养老领域非法集资风险综合监管平台

面向县(市、区)监管人员,着眼于养老领域非法集资信息线索全生命周期管理,依托大数据、云计算等技术,构建养老领域非法集资风险综合监管平台,可实现重点行业、区域、企业等多个角度风险态势感知,清晰呈现风险分布情况等。一旦某个企业出现了异常信号,平台及时发出预警通知,直观呈现企业违规违法、风险关联、风险证据等信息,可一键下发至下一级民政部门进行现场风险核查。应用平台可实现对存量企业以及增量企业的动态风险摸排,形成分级分类台账,辅助监管部门的日常管理工作。

(二)监管科技在合规报告自动化方面的应用

毕马威为金融机构提供了一体化的合规智能化管理解决方案,从底层数据整理与分析出发,结合知识图谱与模型算法等核心技术工具,广泛应用于合规管理工作的各个场景之中(见图9-1)。

1.智能监管规则库

毕马威智能监管规则库从业务和管理实质出发,构建合规管理标签体系,满足合规管理多个环节的应用。在监管规则标签化的基础上,基于算法和关联规则,对已标注的内外规进行关联,建立内外规的网络结构,并按照强弱关联度进行排序,并通过图形化工具直观展示。在此基础上,将对监管规则的理解运用于合规管理

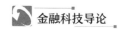

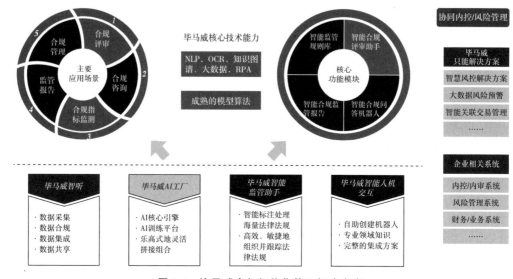

图 9-1　毕马威合规智能化管理解决方案

流程中的各个环节,指导各项合规工作的有序开展。

2.智能合规评审助手

毕马威智能合规评审助手可支持自动识别与读取合规评审内容,并利用自然语言学习模型进行辅助判断,实时向合规人员提示评审事项涉及的内外规要求与评审关注要点。全面应用评审助手于合规审查环节,将有利于统一合规评审尺度,提高审查效率并有效沉淀合规经验。

3.智能合规问答机器人

毕马威合规问答机器人解决方案系通过毕马威智能人机交互解决方案,以聊天机器人形式最大化分享合规知识,并能随时随地针对用户提出的问询或指令输出标准化的预测性答案。合规问答机器人在稳步提升常态化合规工作效率的同时,满足业务部门对日常合规事项咨询的时效性需求。

4.智能合规监管报告

毕马威依托大数据、探针、NLP 等核心技术,根据金融机构涉及的监管报告分类、合规类监测指标,推出智能监管报告应用解决方案。该解决方案可实现监管报告的自动化生成,实现指标的线上化监测与动态预警管理,不仅能减少人工投入与提升效率,更助力于金融机构全面掌握合规动态。

（三）监管科技在客户身份验证方面的应用

用户身份识别是"了解你的客户"（know your customers，KYC）和"客户尽职调查"（customer due diligence，CDD）的重要组成部分，是指金融机构在与客户建立业务关系或与其进行交易时，根据法定的有效身份证件或其他身份证明文件，确认客户的真实身份，同时了解客户的职业情况或经营背景、交易目的、交易性质以及资金来源等。客户身份识别是实现反欺诈和反洗钱的重要举措，通过对客户身份的核实和商业行为的了解，金融机构能够有效地发现、报告和阻止可疑交易行为，防止金融机构成为洗钱、恐怖融资或其他金融犯罪的"帮凶"。随着互联网的发展，越来越多的金融服务通过互联网提供，这为用户身份识别带来了诸多挑战。

Socure是一家美国监管科技公司，该公司将电子邮件、电话、地址、IP、社交媒体和更广泛的互联网在线/离线数据收集起来用于强化智能机器学习技术实时身份验证，加强企业在客户识别计划、KYC和反洗钱等方面的合规性。公司现已为180多个国家的客户验证身份，帮助金融机构提高新客户程序化接受率，减少身份欺诈损失和人工审查费用。其能提供的监管科技解决方案如下。

1.数字身份验证

ID（identity）＋通过简单的API调用即时验证用户，并使用专有的人工智能平台分析大量在线和离线数据，以确定用户身份可信度。

ID＋消费者特征：

（1）混合在线和离线数据，实时大规模在线搜索互联网公开数据和权威提供商提供的身份数据；

（2）真实性和欺诈预测，使用复杂机器学习模型预测身份真实性及欺诈的概率；

（3）可选的附加验证，通过API调用信用局数据和全球监视列表并执行检查，以全面确认身份的合规性。

2.KYC附加组件的使用

KYC附加组件的使用为ID＋提供附加功能，将数字身份验证的信息与信用数据进行比较，以进行权威性符合性验证：

（1）数据覆盖超过1万个数据库，已连接超过4亿消费者，Socure将提交的个人身份信息关联起来，以提供额外的身份验证；

（2）最大限度地提高自动化客户识别计划决策的能力，比传统解决方案提供商高出40％。

3.全球监视列表过滤和制裁合规

消费者合规要求经常要求对已知或疑似洗钱人员、恐怖分子或其他被认为是

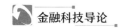

高风险的人员进行身份检查。Socure 提供的监视列表包括驾驶员隐私保护法规定的数据，以及美国爱国者法案、美国《通用数据保护条例》(GDPR)、《加州消费者隐私法案》(CCPA)和第四次欧盟洗钱指令要求的监视列表。

三、发展趋势

随着人工智能技术的不断突破和区块链技术的广泛应用，监管科技领域正经历着前所未有的变革与创新。本部分将深入探讨监管科技领域的技术创新路径，包括算法优化、区块链整合等关键领域，并深入分析这些创新对金融机构合规管理的潜在影响，以期为未来金融监管体系的现代化与智能化发展提供有益的参考与启示。

(一)算法优化

随着人工智能技术的不断进步，监管科技领域的算法优化正成为引领行业发展的重要趋势。在这一过程中，监管机构将不断探索并引入更先进的算法模型，以应对日益复杂多变的金融风险环境。这些算法模型将具备更高的精度和更强的学习能力，能够实时分析海量金融数据，识别出潜在的金融风险点和异常交易行为，从而实现对金融风险的早期预警和有效控制。

具体而言，未来监管科技领域的算法优化将体现在以下几个方面：

①深度学习与强化学习的结合。深度学习算法通过多层次神经网络模型，能够从复杂的数据中提取出有价值的特征和模式。而强化学习则通过与环境交互，不断优化策略以达成预定目标。将两者结合，监管科技将能够更准确地模拟金融市场动态，提升对金融风险的识别和预测能力。例如，智能投顾系统可以利用深度学习算法分析投资者偏好和市场趋势，同时通过强化学习算法优化投资组合策略，实现个性化、智能化的资产配置。

②模型的可解释性与透明度提升。传统的"黑盒"算法模型虽然具有较高的预测精度，但难以解释其决策过程，导致监管机构难以理解和信任其输出结果。因此，未来监管科技领域的算法优化将更加注重模型的可解释性和透明度。通过引入可解释的人工智能技术，监管机构将能够更清晰地了解算法模型的决策逻辑和依据，从而更准确地评估其风险和稳定性。

③实时监控与动态调整。金融市场变化迅速，要求监管科技必须具备实时监控和动态调整的能力。未来，监管机构将利用先进的算法模型，实现对金融市场的全天候、全方位监控，及时捕捉和应对潜在风险。同时，算法模型还将能够根据市场变化自动调整参数和策略，确保监管措施的有效性和时效性。

（二）区块链整合

区块链技术以其去中心化、不可篡改和透明可追溯等特性,在金融监管科技领域展现出广阔的应用前景。未来,监管机构将加强与金融机构的合作,推动区块链技术在合规管理、交易追溯等方面的深度整合,以实现金融交易的全程透明化监管。

区块链技术在监管科技领域的整合应用将带来以下几方面的优势:

①提升交易透明度。区块链技术可以记录每一笔金融交易的详细信息,包括交易时间、金额、参与者等,实现交易数据的全程可追溯。这有助于监管机构实时掌握金融市场的动态情况,及时发现和应对潜在风险。同时,区块链的不可篡改性保证了交易数据的真实性和完整性,避免了数据造假和操纵的可能性。

②优化合规管理流程。金融机构可以利用区块链技术构建智能合约,实现合规规则的自动化执行和监控。智能合约可以根据预设的条件和规则自动触发相应的合规检查和报告流程,降低人工干预和错误率。同时,区块链的分布式账本特性使得不同监管机构之间可以共享合规数据和信息,提升监管协同效率和效果。

③降低监管成本。传统监管方式需要大量的人力、物力和时间投入来进行数据收集、分析和报告等工作。而区块链技术通过自动化和智能化手段,能够显著降低这些成本。监管机构可以实时获取区块链上的交易数据和信息,无须再依赖金融机构的报告和披露。这不仅提高了监管效率,还减轻了金融机构的合规负担。

（三）智能化监管生态的构建

随着监管科技的不断发展,智能化监管生态的构建将成为推动金融监管体系现代化的重要趋势。这一生态将整合监管机构、金融机构、科技公司等多方资源,共同推动监管科技的创新和应用,实现对金融市场的全面、精准、实时监管。

智能化监管生态的构建将包括以下几个方面:

①多方协同合作。监管机构将与金融机构、科技公司等建立紧密的合作关系,共同研发和推广监管科技产品和服务。通过共享数据、技术和经验等资源,各方将能够更高效地应对金融风险和挑战。同时,这种合作模式还有助于推动监管科技的创新和发展,提升整个金融体系的稳定性和安全性。

②数据共享与开放。在智能化监管生态中,数据将成为推动监管创新和提升监管效能的关键因素。监管机构将积极推动数据共享和开放机制的建设,鼓励金融机构和科技公司等分享相关数据和信息。这将有助于监管机构更全面地了解金融市场的动态情况,制定更加精准和有效的监管政策和措施。同时,数据共享还将促进金融科技的创新和发展,推动金融服务的智能化和个性化。

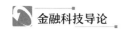

③监管沙盒机制的应用。监管沙盒机制为金融机构和科技公司提供了在真实或模拟环境中测试监管科技产品和服务的平台。未来,监管机构将进一步完善和推广监管沙盒机制,鼓励更多的创新项目进入沙盒进行测试和验证。这将有助于监管机构更及时地了解和掌握监管科技的发展趋势和应用效果,为制定更加科学和合理的监管政策提供依据。同时,监管沙盒机制还将为金融机构和科技公司等提供更加灵活和便捷的合规通道,降低其合规成本和风险。

总结·拓展 9-1

第二节　金融科技合规性的现实挑战

近年来,金融科技企业的多领域创新为金融体系注入科技血液,既拓宽了金融创新视野,也加速了全球数字金融发展。然而技术革新的双面性导致违规事件频发,使金融科技合规性面临严峻挑战。合规的核心在于遵守规则与标准,金融科技合规性即要求企业遵循法律法规、监管政策及行业标准,确保业务运作合法、透明、安全且符合道德规范。本节将深入探讨金融科技合规风险、应对策略及国际差异。

一、合规风险

合规风险是指金融机构在其经营过程中,未能遵守相关法律法规、监管要求或内部政策和程序,从而导致的法律责任、财务损失或声誉损害等不良影响。

如果金融机构、金融科技企业能明确辨别金融科技领域面临的主要合规风险(例如,数据安全与隐私保护、跨境交易合规、反洗钱与反恐融资等),那么就可以通过合理的策略和技术手段提前应对挑战,从而推动金融科技行业及金融体系的健康发展。

（一）合规风险分类

1.数据隐私与安全风险

时代变迁,技术革新,大数据的角色不再仅仅是金融科技时代的生产力,更是金融科技时代的一种新的资产。2023年,金融行业依旧是个人信息泄露重灾区,数据泄露事件数量达8758起,涉及银行、保险、证券等领域的高净值人群信息。

金融机构处理的大量个人和交易数据需要被安全地存储和处理,因此数据隐私与安全风险成为金融机构首要面临的合规风险。数据隐私与安全风险指在数据收集、存储、处理和传输过程中,可能发生的各种威胁和漏洞,导致未经授权的访问、使用、披露、篡改或破坏数据的风险。这些风险不仅对数据主体(如个人用户)的隐私权构成威胁,也会对数据控制者(如金融机构和企业)的运营安全和法律合规造成重大影响。数据安全风险通常会影响到保护数据的机密性、完整性和可用性。

数据隐私与安全风险发生的常见原因有以下三种。

（1）网络攻击:通常是黑客通过网络钓鱼、恶意软件、勒索软件等手段,入侵金融机构、企业的数据库和信息系统。2017年的Equifax数据泄露事件就是黑客利用未修补的漏洞,非法访问了公司服务器,导致约1.43亿人的敏感信息被泄露。2022年12月,PayPal遭遇了凭证填充攻击,黑客通过尝试已泄露的数据对34942个账户进行非法访问,并直接获取了用户的个人信息,包括全名、出生日期、邮政地址和社会安全号码等。

（2）内部威胁:指企业内部员工或前员工利用其对系统和数据的访问权限,进行非法访问、篡改或泄露数据的行为。2022年,Uber内部数据泄露,一名Uber员工滥用其对公司内部数据的访问权限,导致大量敏感信息泄露,包括客户和司机的个人数据。同年,Twitter内部员工数据滥用,几名Twitter内部员工被指控利用其职位泄露用户的私人信息,并协助外部攻击者对用户账户进行控制。

（3）技术漏洞:指系统、应用或网络中的安全漏洞,未能及时修补或更新,导致被攻击者利用进行非法操作。企业在处理和传输数据时,因操作失误或系统故障,导致敏感数据被公开。2023年,Clop勒索软件团伙利用MOVEit Transfer软件中的漏洞,对多个大公司进行攻击,导致敏感数据泄露。

2.跨境交易合规风险

金融科技企业常涉及跨境交易,这带来了复杂的合规问题。跨境交易合规风险是指金融科技企业在跨国交易过程中,因未能遵守不同国家或地区的法律法规和监管要求而面临的法律、财务和声誉风险。这种风险主要源于不同国家或地区在税务法规、外汇管理、其他金融监管规定等方面的差异。

（1）税务法规。跨境资金流动涉及多国法律法规,金融科技企业需确保每笔交

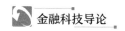

易符合相关法律。

（2）外汇管理。在外汇管理上，金融科技合规性同样面临挑战。外汇交易管制层面，各国实施了多样化的监管措施，比如对交易额度的限定和外汇登记体系。金融科技企业必须深入理解并严格遵守这些规则，确保其跨境支付和资金流转活动的合法性。

（3）其他金融监管规定。各国的金融监管环境不断推陈出新，新的监管要求频繁出台。并且，各国在金融监管方面的国际合作和信息共享机制尚不完善，导致跨境交易中的信息不对称和监管盲区。

3.反洗钱与反恐融资

反洗钱（AML）是指通过制定法律法规和操作手段，防止和检测非法资金通过金融系统进行清洗，使之看起来合法的过程。

反恐融资（CTF）是指采取一系列措施阻止恐怖组织获取资金。这些措施包括识别和阻止恐怖组织及其支持者的资金流动，确保金融机构不为恐怖活动提供资金支持。

反洗钱和反恐融资之所以能够构成金融科技合规性的挑战，其主要原因在于以下三点。

（1）技术和业务模式的创新性。金融科技企业通常采用新技术和创新业务模式，如区块链、加密货币和在线支付平台。这些技术和模式可能提供匿名性和高效性，但也增加了洗钱和恐怖融资的风险。

（2）跨境交易的复杂性。金融科技企业常常跨越多个国家和地区运营，这涉及不同的法律和监管要求。各国在 AML 和 CTF 法规上的差异增加了合规管理的复杂性。例如，一个国家可能对某些交易有严格的报告要求，而另一个国家可能宽松得多，这为跨境洗钱和恐怖融资创造了机会。

（3）缺乏统一的国际标准。尽管有一些国际组织（如金融行动特别工作组，FATF）制定了全球 AML 和 CTF 标准，但各国在实施这些标准时的方式和严格程度存在很大差异。这种差异使得金融科技企业难以制定和执行统一的合规政策。

（二）合规风险的影响

金融科技领域的合规风险是金融未来发展中的核心挑战，合规管理在全球金融秩序中不可或缺，金融机构与金融科技企业必须予以高度重视。因为，若合规风险控制不当，其潜在的连锁效应将波及全球金融系统的稳定。合规风险的影响主要集中在以下三个方面。

（1）信誉损害

具体而言，企业一旦在合规管理上出现疏漏，其后果不仅限于表面的名誉损伤,更深层地,会大幅度削减公众及客户对该企业的信任度。这种信任缺失如同涟漪般扩散,逐渐侵蚀宝贵的客户基础,造成用户流失。长远看来,此类负面效应将持续发酵,深刻影响企业的品牌价值,削弱其在市场中的竞争力,从而揭示了合规管理对于维护金融机构可持续发展的重要性。

（2）财务损失

企业的不合规行为会触发一系列经济惩罚,包括但不限于高昂的罚款、赔偿款项以及繁复的法律咨询与诉讼准备费用,这些直接的支出迅速累加,对企业的财务健康构成即时威胁。严重的违规事件可能激发连串法律诉讼,伴随着庞大的赔偿责任,这无疑将企业推向了一个财务风险的新高度,使得原本就紧张的成本控制面临更加严峻的考验,直接影响企业的经济稳定性和可持续发展能力。

（3）监管限制

一旦企业触碰合规红线,监管机构将毫不犹豫地采取强硬措施,诸如收缩其业务经营范围,或是增设繁复的报告与披露要求。这些措施的直接后果是显著增加企业的经济负担,无论是资金投入还是资源分配,金融机构都不得不面临更高的运营成本。同时,企业管理层也将处于更为错综复杂的合规环境,要求他们在日常运营中投入更多精力来满足监管的高标准,无疑为金融机构的战略规划与日常运营增添了新的障碍。

二、应对策略

在金融科技风险管理这一前沿领域,金融科技合规性挑战应对之策成为行业聚焦的热点。面对日益复杂的合规环境,人们迫切寻求那些能够有效应对合规性问题的手段。与此同时,传统手段的有效性审视亦不容忽视。在科技快速迭代的今天,我们不得不质疑:沿用已久的风险管理方法能否继续为金融科技保驾护航?在此背景下,前瞻性的策略部署显得尤为重要。如何在挑战来临前,通过智慧地规划与应用新技术,构建起坚固的合规防线,成为金融科技行业亟待解决的核心问题。

（一）加密技术

加密技术在保护敏感数据免受未经授权访问和数据泄露方面能够起到关键作用。金融机构普遍采用先进的加密标准,如 AES（高级加密标准）和 RSA（公钥加密标准）,以确保数据在传输和存储过程中保持安全。

1.加密技术的原理简介

加密是一种将明文数据转换为密文的过程,使其无法被未授权的人员理解。加密技术的核心机制主要包括对称加密和非对称加密两大类。

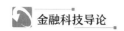

对称加密使用单一的密钥进行加密和解密。最常见的对称加密算法是 AES。其加密原理是使用密钥将明文数据转换为密文;解密时,使用相同的密钥将密文恢复为明文。对称加密的优点是速度快,适用于大量数据的加密;缺点是密钥管理复杂,特别是需要安全地分发密钥的情况。

非对称加密使用一对密钥——公钥和私钥进行加密和解密。最常见的非对称加密算法是 RSA。其加密原理是使用接收方的公钥将明文数据加密为密文;解密时,使用接收方的私钥将密文恢复为明文。非对称加密的优点是密钥分发更加安全,公钥可以公开发布,而私钥则需要严格保密;缺点是加密和解密速度相对较慢。

2.加密技术的作用

加密技术可以帮助金融机构满足合规性要求,在金融领域通过确保数据隐私与安全,有效应对了一系列合规要求。即使金融科技企业或是金融机构数据遭遇拦截,也能有效保护信息免受未授权访问。数据保护的双保险体现在加密技术对数据传输与存储的全面防护,利用 TLS(传输层安全协议)加密保障数据在网络传输中的机密性和完整性,同时强化存储媒介上的数据加密,确保物理丢失或被盗情况下数据依旧不可读。综合安全防护策略结合了身份验证与访问控制机制,严格限制数据访问权限仅限于授权用户。此外,跨境数据保护合规中,加密技术确保数据在全球范围内的安全流通,完全符合不同国家和地区严苛的数据保护法律要求,显示出其作为金融科技合规性挑战应对策略的关键作用。

(二)数据结构治理

有效的数据结构治理能够在一定程度上规避数据泄露风险。金融科技企业应建立完善的数据管理制度,包括数据分类、访问控制、数据使用规范等。通过设立专门的数据保护部门和任命数据保护官,确保数据处理的合法性和透明度。不仅如此,金融机构还需定期进行数据保护培训,提高员工的数据安全意识。

1.数据结构治理的原理

数据结构治理是通过一系列策略和技术手段,确保数据的质量、安全性和合规性。其核心机制包括以下几个方面。

(1)数据分类

根据数据的敏感度和重要性对其进行分类,有助于明确哪些数据需要特别保护。高敏感数据,如个人身份信息、财务数据等,需高度加密和严格访问控制;中等敏感数据,如公司内部通讯,需适度保护;低敏感数据,如公开的营销材料,保护要求相对较低。

(2)访问控制

通过精细的访问控制策略,确保只有被授权的人员才能访问相应的数据。例如：基于角色的访问控制是根据用户角色分配权限；最小权限原则指的是用户只获得完成任务所需的最低权限；双因素认证的使用也可以在一定程度上增加访问安全性。

（3）数据使用规范

明确数据的使用范围和使用方式，确保数据处理符合预期。具体而言，比如是否符合数据最小化（仅收集和处理完成特定任务所需的最少数据）、目的限制（数据只能用于收集时明确的合法目的）等基本原则。

2.数据结构治理的作用

数据结构治理确保数据处理活动符合欧盟的《通用数据保护条例》、美国的《加州消费者隐私法案》等数据保护法律法规的要求。有效的数据治理结构有助于金融科技企业规避合规性问题，具体体现在以下两个方面。

在增强透明度和问责制方面，数据结构治理通过数据保护部门和互联网直接公开发行（DPO）的设立，增强了数据处理的透明度和问责制。数据结构治理提供了完整的审计和追踪机制，通过日志记录和定期审计，金融科技企业可以快速响应和解决数据保护问题，满足监管机构的审计要求。DPO负责监督数据保护策略的实施，确保公司在处理个人数据时的透明度，从而提高客户和监管机构的信任。

在降低数据泄露风险方面，通过严格的访问控制和数据使用规范，数据结构治理有效降低了数据泄露的风险。即使发生数据泄露事件，分类和加密措施也能确保敏感数据的安全性，降低违规风险。

（三）实施动态风险评估系统

动态风险评估系统能够实时监控和评估金融科技业务中的风险。通过大数据分析和人工智能技术，金融机构与金融科技企业可以及时发现和应对潜在的合规风险。

1.动态风险评估系统的机制

动态风险评估系统的核心流程与机制如下。

第一步，数据收集与预处理。动态风险评估系统首先需要从多个数据源收集大量的交易数据、用户行为数据、市场数据等。

第二步，大数据分析。收集到的数据需要先进行预处理和分析，识别出数据中的模式和异常。这一步通常涉及数据清洗，即通过去除噪声数据和冗余数据来确保数据质量。

第三步，机器学习与人工智能。使用机器学习算法对历史数据进行学习，建立风险模型。常用的算法包括监督学习、无监督学习和深度学习。其中监督学习主要利用标记数据训练模型，识别已知的风险模式。

第四步，实时监控与评估系统。对实时交易和行为数据进行监控和分析，及时

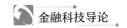

识别和评估风险,主要手段为实时数据流处理与异常检测。

第五步,风险响应与管理。一旦识别出潜在风险,系统会触发相应的响应机制,例如警报系统,向相关人员发送风险警报,提示潜在问题。

第六步,系统评估与优化。金融机构和金融科技企业需要定期对动态风险评估系统进行评估和优化,确保其准确性和有效性。

2.动态风险评估系统的作用

动态风险评估系统利用机器学习算法进行交易监控,能够高效识别和阻止可疑交易,提高反洗钱和反恐融资的有效性,符合相关法律法规要求。

(1)实时监控和快速响应

系统的实时监控能力使金融机构能够及时发现和应对风险,防止违规行为的发生,确保合规性。在发现异常交易时,系统可以迅速采取措施,避免进一步的损失,自动化的风险评估系统减少了人为判断和操作的错误风险。

(2)增强透明度和问责制

动态风险评估系统完整记录全流程风险评估及响应操作,为审计监管提供翔实可溯的记录支撑,有效提升操作透明度与责任追溯能力,助力高效完成合规性检查与审计工作。

(3)适配动态合规环境

通过建立常态化评估优化机制,动态风险评估系统可快速响应新颁布的法律法规及市场环境变化,持续确保系统合规性与最新监管要求保持同步,为业务运行筑牢合规底线。

三、国际差异

金融科技在全球范围内迅速发展,各国、各地区对这一新兴领域的监管政策和合规要求各不相同。这些国际差异对跨国金融科技企业的运营产生了深远影响,使其在全球扩展业务时面临诸多挑战。接下来将重点分析中国、美国、欧盟的金融科技合规要求,并探讨这些差异对跨国金融科技企业的影响以及企业如何适应多元化的监管环境。

(一)国际合规要求差异

1.中国的合规要求

中国的金融科技行业在全球范围内发展迅速,拥有庞大的市场和高度活跃的创新环境。然而,中国的金融科技合规环境也较为复杂,以严格和高度集中的特点著称。

中国实行多机构联合监管,其中包括中国人民银行、国家金融监督管理总局、中国证监会等。这些机构共同制定和实施了一系列严格的监管政策,以确保金融科技行业的健康发展。

近几年来,中国对金融科技的监管力度进一步加大,特别是在反洗钱、数据隐私保护、支付服务、网络借贷和大数据征信等方面。例如,《中华人民共和国数据安全法》和《中华人民共和国个人信息保护法》的出台,对金融科技企业的数据处理活动提出了更高的合规要求。这些法律法规要求企业在数据收集、存储、处理和转移过程中必须遵循严格的标准,以保障用户的数据隐私和安全。

蚂蚁金服的 IPO 搁浅

蚂蚁金服凭借其卓越的科技创新能力,努力在全球范围内建立一个透明开放、资源共享的信用网络,以及一个高效运行的金融服务体系。数据显示,蚂蚁金服日均处理支付交易超过 8000 万次,其中超过 50% 为移动支付,日移动支付交易量突破 4500 万笔。在用户基础方面,移动端支付宝钱包活跃用户已达到 1.9 亿个。为了深度融入线下消费场景,支付宝钱包进一步推出了"未来医院""未来商圈""未来出行"等多项创新计划,持续拓宽其服务领域,触及更多日常生活的方方面面,更凸显了蚂蚁金服是一家具备强大创新能力的公司。

蚂蚁金服原计划于 2020 年在上海和香港两地同时上市,但在上市前夕被中国监管机构叫停。究竟是什么导致了蚂蚁金服的 IPO 搁浅?2020 年 11 月 2 日,值得注意的是,蚂蚁集团的高层管理人员,包括实际控制人、董事长及总经理,因监管需要接受了多部门的联合约谈。此事件不仅突显出金融科技领域监管环境的新变化,还涉及其他关键因素,可能对蚂蚁集团带来双重压力——既关乎能否满足上市资质的要求,又涉及信息披露透明度的压力。同日,伴随这一约谈消息的公开,中国银保监会协同中国人民银行等权威机构,适时发布了《网络小额贷款业务管理暂行办法(征求意见稿)》,这标志着网络小额贷款业务将步入一个监管更为严格的新阶段。

近期监管政策的调整与蚂蚁集团上市的暂缓,不仅仅反映了国家对金融科技行业合规性的严格要求,同时也是预防金融市场潜在系统性风险的重要举措。此举还预示着未来监管环境趋向于包容与审慎并重,既鼓励金融创新,又对监管套利及各类金融乱象持"零容忍"态度,旨在促进金融业的稳健发展。这一系列行动表明,监管层正致力于在维护市场稳定的同时,构建一个有利于创新与合规并存的金融生态。

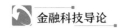

2.美国的合规要求

美国的金融科技监管框架较为分散,主要由联邦和州级监管机构共同负责。美国消费者金融保护局(CFPB)和货币监理署(OCC)是主要的联邦监管机构。美国的监管政策较为灵活,鼓励创新,但对消费者保护和数据隐私有严格要求。

(1)联邦监管机构

美国证券交易委员会(SEC):负责证券市场的监管,对涉及证券交易的金融科技企业(如加密货币交易所)进行监管。商品期货交易委员会(CFTC):监管商品和金融期货市场,涵盖部分加密货币市场。货币监理署(OCC):监督全国性银行及其金融科技业务,包括数字银行和支付服务。

(2)州级监管

各州拥有独立的金融服务监管机构,对在州内运营的金融科技企业(如贷款公司和支付公司)实施特定的合规要求。例如,《加州消费者隐私法案》对消费者数据隐私保护有严格规定。

Robinhood 的罚款

2021 年,证券交易应用程序 Robinhood 因公司存在"系统性"故障,包括系统中断、提供误导性信息,以及期权交易控制不力等,被美国金融业监管局(FINRA)罚款 7000 万美元。这是 FINRA 历史上最大的一笔罚款,突显了美国对金融科技企业合规性和消费者保护的重视。在 2018 年至 2020 年底,Robinhood 公司也未能对其技术进行适当的监管,导致其经历了一系列"服务中断和系统故障",包括 2020 年 3 月疫情大流行动荡期间的一次重大服务中断事故,导致大量客户亏损。FINRA 还表示,Robinhood 也未能在允许客户进行高风险期权押注之前对客户进行适当审查。

在此期间,最严重的事件是在 2020 年发生的大二学生因期权交易损失超 70 万美元而自杀。而这背后的原因竟然是 Robinhood 程序出现技术故障,导致金额显示错误。直到投资者试图组织维权时,才发现用户协议中明确,Robinhood 不对技术故障造成的损失负责。

3.欧盟的合规要求

欧洲的金融科技监管环境以其严格的隐私保护法规著称。欧盟的《通用数据保护条例》是全球数据保护领域的标杆,它对企业如何收集、存储、处理和使用个人数据提出了严格要求。此外,欧盟还实施了《第二支付服务指令》(PSD2),推动了开放银行业务的发展,但同时也对数据安全和消费者保护提出了更高要求。

(1)《通用数据保护条例》(GDPR)

GDPR 于 2018 年 5 月生效,对在欧盟内运营的所有企业(包括金融科技企业)在个人数据处理方面提出了严格的规定。其核心原则主要包括数据最小化、目的限制和数据主体权利保护。企业违反 GDPR 可能面临高达全球年营业额 4% 的罚款。

(2)《第二支付服务指令》(PSD2)

PSD2 于 2018 年 1 月生效,旨在促进支付市场的竞争和创新,提升支付服务的安全性。PSD2 要求银行开放其支付服务接口,允许第三方支付服务提供商访问用户账户信息和支付数据。这一举措促进了开放银行的快速发展,但也增加了数据安全和合规的复杂性。

Revolut 的合规之路

Revolut 是一家总部位于英国的金融科技企业,在扩展欧盟市场的过程中,需要严格遵守 GDPR 和 PSD2 的相关规定。为了确保合规,Revolut 投入大量资源改进其数据处理流程,并加强客户数据保护措施,以符合欧盟的监管标准。此外,Revolut 还需应对英国脱欧后的监管变化,确保在英国和欧盟市场持续合规运营。

2023 年,英国金融科技初创公司 Revolut 发表公开声明,宣布暂停为其美国客户提供加密货币服务。这一决定是由于美国监管环境日益复杂和不确定而做出的。暂停将从 2023 年 9 月 2 日开始,并从 2023 年 10 月 3 日起完全停止所有相关活动。在技术快速发展的时代,金融和数字创新之间的交叉点常常与传统的监管框架相矛盾。Revolut 在美国停止加密服务的决定反映了一种更大的谨慎和适应趋势,也能很好地预见金融科技和加密货币的未来。

(二)对跨国金融科技企业的影响

跨国金融科技企业在不同国家和地区运营时,必须面对不同国家和地区的复杂合规挑战。

①多元化的合规要求:不同国家对数据隐私、消费者保护和反洗钱有不同的规定,企业需要根据各地法规调整业务流程和技术架构。

②监管不确定性:各国监管政策可能随时变化,企业需要保持灵活性和快速响应能力。

③合规成本上升:在多个国家运营的企业需要投入大量资源进行合规审查和内部调整,以符合各地的监管要求。

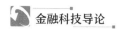

（三）跨国金融科技企业的应对策略

①建立全球合规团队：跨国企业应组建专门的全球合规团队，负责监控和应对各地的监管变化，确保企业的运营活动符合当地的法律法规。

②实施多层次的合规程序：根据不同地区的具体要求，设计和实施多层次的合规程序，以应对多样化的监管挑战。

③利用监管科技：采用先进的监管科技工具，如大数据分析、区块链和人工智能技术，提高合规效率，降低合规成本。

通过这些策略，跨国金融科技企业可以更好地适应全球多元化的监管环境，推动业务的健康和可持续发展。

总结·拓展 9-2

第三节　国内外监管框架

金融科技的迅猛发展催生出层出不穷的金融产品、服务模式及业态创新，同时也引发新型金融风险积累与监管挑战。由于监管政策常滞后于技术迭代，甚至与新兴金融实践存在脱节，如何平衡创新与有效监管已成为全球各国及金融监管机构亟待破解的重大课题。本节将深入探讨全球监管框架概览、监管沙盒实践以及跨境协作机制三部分内容。

一、全球监管框架概览

在当今日益全球化的金融市场中，随着金融科技行业的迅猛发展和普及，国际间监管政策协调与本土化创新显得尤为关键。金融科技所涉及的跨界性和其快速创新的特点，要求监管机构在确保金融稳定和消费者权益的同时，也必须促进技术创新和市场竞争。本小节深入分析了欧盟的《通用数据保护条例》、美国《加州消费者隐私法案》以及中国的《中华人民共和国网络安全法》这三大监管框架,并探讨了它们对金融科技领域的影响及适用性,进一步阐述了全球金融科技监管的趋势和面临的挑战。

(一)《通用数据保护条例》(GDPR):全球数据保护的标杆

自 2018 年 5 月正式实施以来,GDPR 不仅彻底重塑了欧洲联盟内部的数据保护法律框架,而且在全球范围内树立了数据隐私保护的新标杆,深远地影响了数据处理的实践与理念。GDPR 的核心精神在于强调数据主体权益的至高无上性,具体体现为一系列基本权利的赋予,包括但不限于数据访问权、更正权以及具有里程碑意义的"被遗忘权",这些权利共同构成了个人数据控制的坚固基石。

GDPR 的立法哲学围绕几个核心原则展开:数据最小化原则(仅收集实现特定目的所需的最少量数据)、目的限定原则(数据应被明确且合法的目的所限制)、透明度原则(确保数据处理活动对数据主体保持高度透明)以及保密性原则,这些原则共同构成了数据保护的伦理与操作框架。为了遵守这些原则,数据控制者和处理者被强制要求采取适当的技术和组织措施,确保个人数据的安全无虞,这一要求不仅提升了数据保护的标准,也促进了技术创新在隐私保护领域的应用。

在金融科技这一快速发展的行业中,GDPR 的影响尤为深刻,它迫使企业从根本上重新评估并调整其运营模式。金融科技企业必须将隐私保护融入产品和服务的设计之初,践行"隐私设计"和"默认隐私"的理念,这意味着在技术解决方案的构思阶段就必须充分考虑数据保护的需求。例如,在开发新型金融应用程序时,集成高级数据加密技术、实施数据匿名化处理等措施成为标配,这些技术手段对于维护客户数据安全和隐私至关重要,虽在短期内可能增加研发与合规成本,但从长远视角审视,却能显著提升消费者对品牌的信赖度,为企业的可持续发展和市场扩张奠定坚实的基础。

(二)《加州消费者隐私法案》(CCPA):美国数据保护的新篇章

作为美国首个全面性的数据隐私立法里程碑,CCPA 自 2020 年实施以来,显著推进了美国在个人数据保护领域的法制进程。该法规为加州民众开辟了崭新的个人数据监管权限,使他们能够深入参与自身信息的收集、利用及传播过程,包括获取信息处理详情、请求删除个人记录,以及反对信息被用于商业交易。

CCPA 的施行对金融科技行业,尤其是服务于加州乃至全美市场的公司,产生了深远的震动效应。这些企业不得不重新校准其数据管理策略,以确保高透明度和对法规的严格遵从。这涉及优化用户交互界面,清晰界定数据采集意图与范畴,

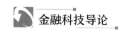

并部署更为精细化的用户授权控制系统。诚然,这些改动增添了企业的运营复杂度及成本负担,但同时也开辟了强化客户互动、构筑市场信誉的崭新途径。

值得注意的是,尽管CCPA的司法管辖权理论上局限于加州境内,其实际上对整个美国乃至全球市场产生了涟漪效应。众多跨国企业为规避潜在的合规风险,主动选择将CCPA的高标准隐私保护原则推广应用于其全球业务实践中,从而在全球范围内促进了数据隐私保护标准的普遍提升与趋同。

(三)中国的《中华人民共和国网络安全法》:保障国家与个人信息安全的关键法律

中国的《中华人民共和国网络安全法》自2017年实施以来,确实在金融科技行业内部引起了深刻的变革。该法律不仅体现了国家对网络安全和数据保护的高度重视,还具体规定了企业应当承担的责任与义务,特别是在关键信息基础设施保护方面,要求这些机构采取更为严格的安全措施,确保数据的本土化存储与处理,以及对跨境数据传输实施严格的监管和审批流程。

对于在中国境内运营的金融科技企业,尤其是外资企业,这样的法规环境意味着必须在本地投资建设或使用符合国家标准的数据中心,这无疑加重了企业的资本支出和运营成本。数据本土化策略还促使企业重新审视其全球数据架构,调整数据管理与处理流程,以适应中国法律对于数据流动的特定要求。

跨境数据传输的严格监管机制,虽然旨在保护国家安全和个人信息不被非法利用,但也给依赖全球数据整合来进行风险评估、市场分析的金融科技公司带来了挑战。这些企业可能需要投入更多资源来建立合规的数据传输机制,包括申请相关审批、采用加密技术保障数据传输安全等,这在一定程度上影响了其业务的灵活性和效率。

面对这样的法规环境,国际金融科技企业不仅要在国内层面确保完全合规,还需在国际视野下协调不同国家和地区之间的数据保护法规差异,避免法律冲突,这无疑增加了其全球合规工作的复杂度和成本。因此,许多企业正积极寻求法律咨询,建立更加灵活且合规的数据管理和跨境合作模式,力求在维护全球业务连续性和遵守本土法规之间找到平衡点。

二、监管沙盒实践

在金融科技领域的快速发展中,新型金融产品与服务模式的出现不仅促进了金融行业的活跃发展,还带来了金融风险的多元化和监管挑战的复杂化。这些新兴风险和监管的不适应性要求全球金融监管机构寻找创新与监管的有效平衡策略。2016年,英国FCA率先实施了全球首个"监管沙盒"计划,创造了一个受控环境,允许金融科技企业在实际市场条件下测试其创新产品和商业模式,同时减轻了直接法规约束带来的合规成本和风险。

(一)监管沙盒的原理

监管沙盒是一种前沿的政策创新工具,旨在为金融科技及其他相关行业的创新企业提供一个安全且受监管的试验场。这一概念起源于软件工程领域中的"沙盒"理念,即在一个封闭、隔离的环境中测试新代码,以确保任何错误或故障不会波及主系统或生产环境。在金融监管领域,监管沙盒构造了一个特殊区域,让企业能够自由探索、验证其创新技术、服务或业务模式,而无须立即遵守所有现行法规的严格约束,从而有效控制新金融产品或服务在市场初期可能引发的系统性风险。

监管沙盒的核心价值在于它精妙地平衡了风险管理与创新激励之间的关系:

一方面,它为初创公司和成熟企业提供了一个低风险环境,使它们得以在有限的时间和空间内,不受传统监管框架的全面限制,对创新产品或服务进行真实市场测试。这不仅有利于企业快速迭代产品、优化服务、收集市场反馈和性能数据,还能验证商业模式的可行性和市场接受度,降低大规模推广前的不确定性和潜在风险。

另一方面,监管沙盒也为监管机构提供了一个观察台和学习机会。通过密切跟踪沙盒内各项试验的进展,监管机构能够实时了解新兴科技的工作原理、潜在影响及风险,为后续制定或调整监管政策提供科学依据。这种"边测试边学习"的方式有助于监管机构与时俱进,确保监管政策既不过度抑制创新,又能有效防范金融风险,维护金融市场的稳定和消费者的合法权益。

(二)监管沙盒的目的

监管沙盒的设立旨在达成多维度的目标,其核心宗旨围绕着推动金融领域的创新、保护消费者权益、积累实证数据与反馈,以及提升监管体系的灵活性与适应性。以下是设立监管沙盒的目的的详细阐述。

1.促进创新

监管沙盒机制的核心目标之一是打破传统金融监管的局限性,为金融科技的蓬勃发展创造一个包容性环境。它通过暂时性地放宽某些监管要求,尤其在应用了区块链、人工智能等尖端技术后,降低了新兴企业进入金融市场的门槛。这不仅鼓励了企业勇于探索未知,敢于投入资金与资源进行技术创新,而且还促进了金融服务的多样化与个性化,推动了整个行业的进步与变革。监管沙盒的这一特性,实质上为金融科技的"先行先试"提供了法律上的安全网,加速了创新成果的转化与市场化。

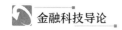

2.保护消费者

在确保创新的同时,监管沙盒还着重于维护消费者的利益与安全。通过在受控环境下对新产品或服务进行测试,可以有效识别并控制潜在风险,防止消费者在产品全面上市前遭受不可预知的损失。这一做法有助于建立消费者对新兴金融产品和服务的信任,确保了金融创新在尊重消费者权益的前提下稳健前行,为金融创新的可持续发展奠定了坚实的公众信任基础。

3.收集数据和反馈

监管沙盒提供了一个独特的平台,使监管机构能够直接从实践中收集数据和市场反馈。在沙盒测试期间,监管者不仅能观测到新金融产品或服务在真实市场条件下的表现,还能评估其在安全性、效率、客户满意度等方面的综合效果。这些第一手资料对于后续的政策制定与调整至关重要,能够确保监管决策基于充分的实证分析,提高了政策制定的科学性和针对性。

(三)监管沙盒在全球范围内的应用实例

监管沙盒的概念自 2016 年由英国 FCA 开创以来,迅速在全球范围内引起广泛关注,并被多个国家和地区视为促进金融科技行业创新与合规发展的关键工具。

以下是三个典型国家实施监管沙盒的具体情况。

1.英国的监管沙盒实践

英国作为监管沙盒机制的发源地,其 FCA 的监管沙盒项目开创了金融科技监管的新纪元。FCA 的监管沙盒为金融科技企业创造了一个安全且受控的测试环境,允许企业在真实市场条件下试验其创新的金融服务和产品,而不必立刻完全遵守所有现行的金融法规。这一机制极大地促进了创新,诸如基于区块链的支付系统和先进的数字身份验证服务等技术得以快速发展。企业不仅能够在沙盒中快速迭代产品,还能够直接与监管机构沟通,获得宝贵的反馈,加速了从创意到市场化的进程,同时也为 FCA 提供了理解和评估新技术风险的窗口。

2.新加坡的监管沙盒环境

新加坡金融管理局(MAS)借鉴并发展了监管沙盒的概念,旨在构建一个灵活且鼓励创新的金融监管体系。MAS 的监管沙盒为国内外金融科技企业提供了在新加坡市场测试创新金融解决方案的平台,特别关注那些利用区块链、人工智能等先进技术进行跨境支付、智能合约等服务的测试。例如,通过 MAS 监管沙盒,一家公司得以尝试利用区块链技术简化跨境资金转移流程,提高了效率并降低了成本,展现了监管沙盒在促进跨境金融创新方面的巨大潜力。

3.澳大利亚的监管沙盒政策

澳大利亚证券和投资委员会(ASIC)实施的监管沙盒政策,为金融科技初创企业提供了独特的机遇,允许它们在限定条件下无须获得完整的金融服务许可证即可进行产品和服务的测试。这一举措显著降低了初创企业进入市场的门槛和初期合规成本,使得更多的创新想法能够更快转化为实践。ASIC的监管沙盒鼓励了金融创新,特别是在支付、借贷、投资管理等领域,同时对消费者进行保护,维护了市场诚信。通过减少不必要的监管负担,ASIC的沙盒为金融科技行业的初创企业创造了一个更加友好和鼓励创新的生态环境,促进了澳大利亚金融科技生态系统的繁荣发展。

(四)监管沙盒促进金融创新与合规并行

监管沙盒的引入与推广,不仅是金融科技监管领域的一次重大革新,更是金融科技行业发展的重要推手。以下是监管沙盒积极作用的具体阐述。

1.创新与风险管理的精准平衡

监管沙盒通过在严格监管的框架内开辟一片"试验田",允许企业在受到严密监控的环境中探索新技术、新业务模式,确保创新活动不会对金融市场的稳定性构成潜在威胁。这种机制的巧妙之处在于,它既为创新提供了必要的自由度,又通过设定明确的规则和限制,有效遏制了系统性风险的滋生,实现了创新动力与风险管理的和谐共生。在此过程中,监管机构能够及时发现并解决新出现的问题,为金融科技的健康发展保驾护航。

2.监管反馈与产品迭代的高效循环

在监管沙盒内,企业可以直接与监管机构互动,获得即时反馈和指导,这大大缩短了从产品设计到市场测试再到调整优化的周期。相较于传统的监管审批流程,沙盒环境加快了产品迭代速度,减少了市场准入的障碍,使得企业能够更快地响应市场需求,优化用户体验。同时,这种快速反馈机制促进了监管机构对创新技术的理解与接纳,为未来监管政策的制定积累了宝贵的第一手资料。

3.推动国际合作与标准化进程

随着全球多地采纳监管沙盒模式,各国监管机构之间的交流与合作日益频繁,共同探讨金融科技监管的最佳实践。这种跨国界的互动促进了监管经验的共享,加速了国际金融科技监管标准的趋同,有助于构建一个更加开放、统一的全球金融科技生态系统。对于跨国金融科技企业而言,国际监管标准的协调一致降低了它们在全球扩张时面临的合规复杂性与成本,为金融科技的全球化发展铺平了道路。

三、跨境协作机制

在全球化背景下,金融市场的相互依赖和融合达到了前所未有的程度,金融活

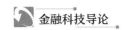

动跨越国界的频繁互动,要求各国监管机构超越地域界限,紧密协作。金融科技的爆发式增长,特别是区块链、人工智能、大数据等技术的广泛应用,不仅重塑了金融服务的提供方式,也对传统的监管框架提出了严峻挑战。在这种情况下,国际监管合作的重要性日益凸显,是维护全球金融稳定、促进经济可持续发展的重要基石。本小节将深入阐述国际监管合作的重要性、现有合作机制对金融科技合规的指导意义以及未来的合作方向。

（一）国际监管合作的重要性

国际监管合作是应对全球金融市场一体化挑战、把握金融科技发展机遇的关键所在。它不仅关乎于提升监管效能、维护市场秩序,更在于构建一个公平、透明、稳定的全球金融环境,为经济的长期繁荣奠定坚实的基础。面对未来金融领域的更多未知挑战,加强国际合作、深化监管协同,将是全球金融治理体系不可或缺的一环。

1.增强监管效能与适应性

随着金融科技的迭代加速,新的金融产品和服务模式层出不穷,这要求监管机构具备快速响应和高效监管的能力。国际监管合作通过建立信息共享机制,使得各国监管者能够及时掌握跨境金融活动的最新动态,包括新兴风险、欺诈行为及市场操纵等,从而迅速调整监管策略。此外,通过共享最佳实践和成功案例,各国可以互相学习,提升各自的监管技术和方法论,确保监管体系能够跟上金融创新的步伐,有效应对复杂多变的市场环境。

2.促进全球市场的一致性和透明度

国际市场的一体化要求金融规则和标准具有一定程度的统一性。国际监管合作有助于构建全球公认的监管框架,减少法律和监管差异,促进市场规则的一致性。这种一致性不仅提升了市场的透明度,为投资者和金融机构提供了明确的行为预期,而且减少了因规则不一致导致的监管套利行为,维护了市场的公平竞争环境。对于金融科技企业而言,明确和一致的监管标准降低了跨国经营的合规成本,促进了创新技术的全球流通和应用。

3.防范系统性风险与维护金融稳定

在全球金融体系中,风险的跨境传播速度极快,一次局部危机可能迅速演化为全球性事件。国际监管合作通过建立预警机制、联合监管和危机应对协调机制,能够在风险初露端倪时便采取行动,防止风险的扩散和升级,有效维护全球金融稳定。在历次金融危机中,国际社会通过 G20、IMF、世界银行等多边平台加强合作,共同制定应对策略,显示了国际合作在应对全球性金融风险中的关键作用。

（二）现有合作机制对金融科技合规的指导意义

1.现有合作机制概述

巴塞尔协议，作为国际银行业的核心监管框架，其影响力远不止于传统银行业务，对快速发展的金融科技领域同样产生了深远的影响。这一系列协议由巴塞尔银行监管委员会制定，旨在通过一系列国际标准，确保全球银行系统的稳定性和抵御风险的能力，特别是设定最低资本充足率要求、风险加权资产计算方法以及对各类风险的严格管理规定。

（1）资本充足率在金融科技领域的应用

尽管金融科技公司通常不直接受制于巴塞尔协议的规定，但该协议中关于资本充足率的原则为金融科技行业提供了一个重要的参考基准。对于那些涉及信贷发放、资产管理、支付服务等具有潜在金融风险业务的金融科技公司而言，确保足够的资本缓冲是至关重要的。这意味着，即便面临不利的市场条件或信用损失，公司仍能维持运营，保护客户资产，防止系统性风险的产生。因此，金融科技公司可以借鉴巴塞尔协议的精神，根据自身业务特点和风险状况，设立适合自身的资本充足率标准，增强市场对其稳健性和可持续性的信心。

（2）风险管理框架的借鉴与创新

巴塞尔协议对风险管理的重视也为金融科技行业提供了宝贵的指导。金融科技企业虽然在业务模式和技术创新上与传统银行有所区别，但在面临信用风险、市场风险、操作风险等方面并不例外。因此，构建一套全面、有效的风险管理框架和内部控制机制，对于预防和应对各类风险至关重要。例如，金融科技公司可以利用大数据分析、人工智能等技术，提升风险评估的精确度和效率，实时监测交易异常，增强反欺诈能力。同时，对操作风险的管理也需加强，确保技术系统的安全性、数据保护措施的有效性，以及业务连续性计划的完备，这些都是金融科技公司在高速发展中不可忽视的关键环节。

（3）国际合作与监管协调

巴塞尔协议的国际合作精神也为金融科技监管提供了范例。随着金融科技服务的全球化、跨国业务的增多，各国监管机构之间加强合作、共享监管信息、协调监管标准变得尤为重要。通过建立类似于巴塞尔委员会的国际合作机制，各国可以就金融科技的监管政策、最佳实践进行交流，共同应对跨国金融科技创新带来的新挑战，如数字货币监管、跨境支付系统的安全等，从而在鼓励创新与维护金融稳定之间找到合适的平衡点。

2.指导意义

在遵循巴塞尔协议和其他国际金融监管机制的基础上，现有合作机制不仅限

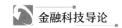

于基本的风险管理与合规体系的构建,而是涵盖了多个维度,旨在促进金融科技行业的健康、可持续发展,具体体现在以下几个方面。

(1)风险识别与量化机制的创新

金融科技公司应从巴塞尔协议中汲取灵感,不仅建立风险管理框架,还要不断创新风险识别和量化的方法。在高速发展的技术环境下,利用大数据、人工智能等技术,对新型风险如网络安全风险、模型风险等进行准确识别和评估,为金融科技业务的稳健运营提供坚实支撑。

(2)动态合规体系的构建

金融科技企业应借鉴巴塞尔协议的灵活性原则,构建一个能够随监管环境变化而动态调整的合规体系。这意味着,合规工作不应是一次性达标,而是要形成持续监控、及时调整的机制,确保在金融科技产品和服务快速迭代的同时,始终与最新的国际监管要求保持同步。

(3)跨境合规策略的制定

在跨境业务方面,金融科技公司需深入理解不同国家的监管差异,结合巴塞尔协议提倡的国际合作精神,设计出既能满足各国监管要求,又不失灵活性的跨境合规策略。这包括但不限于数据保护、反洗钱/反恐融资、跨境数据流动等方面,确保全球业务的顺利进行。

(三)未来合作方向

未来国际监管合作的方向,在金融科技领域将会更加深入和广泛,以应对不断变化的市场需求和技术进步,具体可预见的发展趋势包括但不限于以下几个方面。

1.全球金融科技监管框架的统一与标准化

随着金融科技的全球性渗透,建立一套统一的国际金融科技监管标准变得尤为迫切。这并不仅限于数据保护、网络安全和消费者权益保护等基础领域,还包括对新兴技术应用的监管指导,比如人工智能伦理、区块链金融产品、数字货币监管等。国际组织如 FSB、IMF 等,可能会在推动全球金融科技监管标准的制定与协调中发挥关键作用,确保金融科技企业在不同国家和地区能够遵循一套通用且高效的规则体系。

2.深化跨国监管协调与合作机制

面对金融科技服务的跨境特性,监管机构间的跨国合作将更加紧密,通过签订双边或多边合作协议、建立信息共享平台、开展联合监管项目等方式,增强跨境监管的一致性和效率。这包括对跨境支付、在线借贷、虚拟资产交易等领域的联合监管,以及在打击金融犯罪、恐怖融资、逃税漏税等非法活动上的合作。此外,建立快速响应机制,以应对金融科技引发的跨境金融风险,也将是合作的重点。

3.推动监管科技与金融科技的融合发展

监管科技作为金融科技的一个分支,在提升监管效率、降低成本、增强合规性方面的作用日益凸显。未来,监管机构将更加积极地探索和采用先进的监管科技工具,如大数据分析、人工智能算法、云计算平台等,以实现对金融科技活动的实时监控、智能分析和风险预警。同时,鼓励金融科技企业与监管机构合作,共同研发创新的监管解决方案,形成"监管促进创新,创新反哺监管"的良性循环。

总结·拓展 9-3

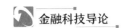

第十章
金融科技的发展展望

第一节　金融科技领域研究特征

金融科技的快速发展正推动金融研究迈入全新阶段。当前,数据来源与类型正经历革命性变革,多维异构数据的涌现为金融研究开辟了全新视角;与此同时,海量金融科技数据对传统经济学实证方法构成根本性挑战,迫使研究者必须创新分析工具与方法论体系。在此背景下,金融科技既孕育着创新机遇,也衍生出诸多亟待解决的风险与挑战。

一、新数据:金融研究的价值发现与领域重构

在金融科技深度演进背景下,数据生态正经历结构性变革。传统财务数据与抽样调查数据构成的单一研究基础,已扩展为包含支付轨迹、社交舆情、物联传感等多源异构数据的复合体系。这些数据具有体量大、流动速度快、种类繁多等特点,特别是移动互联网催生的另类数据,为金融研究提供了更为丰富和多元的信息资源。

以支付数据为例,现代支付系统每秒钟处理数百万笔交易,这些数据不仅记录了交易金额和时间,还包含了交易双方的地理位置、消费习惯等丰富信息。通过对这些数据的挖掘与分析,金融机构可以构建更为精准的用户画像,从而更好地理解用户需求,优化产品设计和服务流程,为个性化金融服务提供有力支持。

新数据为金融研究带来了诸多优势。可以利用这些实时、高频的大数据来构建更为精准和高频的宏观指标,或对现有宏观指标进行预测。例如:通过分析支付大数据中的消费趋势,可以预测未来一段时间内的物价变动情况;通过监测社交媒体上的投资讨论热度,可以构建投资情绪指数,为股市走势提供参考。这些基于大

数据的指标具有更高的更新频率、更强的时效性、更细的颗粒度、更宽的延展性以及更强的前瞻性。

二、新方法：大数据驱动下的分析工具创新

金融科技大数据正推动经济学实证研究方法的系统性革新。与传统结构化数据不同，当前数据生态呈现高维度、非结构化、多源异构等特征，涉及消费轨迹、社交网络、文本舆情等新型数据类别。这种数据形态的转变要求研究者突破传统计量模型局限，构建适配复杂数据特征的分析体系。

机器学习算法在金融科技研究中逐渐普及，并衍生出多种类型的算法，如 BP 神经网络、K-means 聚类、支持向量机、随机森林等。这些算法在处理高维度、非结构化数据方面具有显著优势，可以将复杂的数据进行有效降维，提取出关键指标，便于经济学分析。例如，在信贷风险评估领域，机器学习算法可以通过分析借款人的历史还款记录、社交关系网络、消费行为等多个维度的数据，构建出更为精准的风险评估模型，提高信贷审批的效率和准确性。

文本分析技术也是金融科技研究中不可或缺的新方法。结合文本分析和机器学习算法，可以对非结构化、大文本数据进行分析，提取有价值的信息和洞见。例如，在舆情监测领域，可以通过分析社交媒体上的用户发言和新闻报道，了解公众对某一事件或政策的情感态度，为金融机构提供决策参考。

三、新问题：金融科技带来的机遇与挑战

金融科技的蓬勃发展既为新兴行业带来了学术研究与政策制定的新课题，也在传统行业中催生出诸多亟待解决的新问题。在新兴行业中，以区块链技术为例，其不可篡改、透明可追溯等技术特性在革新交易模式的同时，衍生出如何保障区块链网络的安全性、如何确保智能合约的合法性和执行效率、如何监管区块链上的金融活动等核心议题，技术创新与制度适配间的结构体矛盾成为突破的关键瓶颈。在传统行业中，以银行业为例，金融科技的发展对其产生了深远影响。一方面，金融科技降低了金融服务的门槛和成本，使得更多人能够享受到便捷的金融服务；另一方面，金融科技也加剧了银行业的竞争压力，迫使其不断创新和转型。在这个过程中，银行业面临着诸多新问题，核心矛盾集中在传统风控体系与数字化业务流的兼容性改良，以及组织架构与技术创新节奏的协同性优化。此外，随着金融科技的普及和应用，一些跨领域、跨行业的新问题也逐渐浮现。例如：在移动支付领域，如何保障用户资金安全、如何防范支付欺诈、如何保护用户隐私等问题日益受到关注；

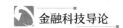

在数字货币领域,如何监管数字货币的发行和交易、如何防范数字货币被用于非法活动等也成为亟待解决的问题。

第二节　中国金融科技发展展望

随着全球数字经济的崛起和国内经济的快速发展,金融科技已经成为推动中国金融业转型升级和高质量发展的新动力。通过融合区块链、大数据、人工智能等新兴技术,金融科技不仅重塑了金融服务的模式和流程,还极大地提升了金融服务的效率和质量。展望未来,中国金融科技市场将持续扩大,技术创新和应用场景将进一步拓展,为金融业的数字化转型和高质量发展注入新的活力。

一、中国金融科技现状

(一)中国金融科技市场特点

中国金融科技正经历着前所未有的迅猛发展,其创新动能与产业渗透深度实现质的突破。中国互联网金融协会金融科技发展与研究专委会与毕马威中国联合发布的《2024中国金融科技企业首席洞察报告》,通过多维数据采集与行业观察,所揭示的中国金融科技发展的核心精髓总结为以下三个特点:

1.金融科技产业集聚效应显著

我国金融科技产业在一线城市持续领跑,尤其是北京、上海、深圳三地,它们凭借在金融科技政策环境、人才储备以及资本市场等方面的显著优势,聚集了超过80%的金融科技企业。这些城市作为金融科技发展的领头羊,不仅推动了行业内部的创新与变革,也促进了金融科技企业的快速成长。此外,杭州、成都、南京等城市也展现出较大的发展潜力,正在逐步形成各具特色的金融科技产业集群。

2.金融科技行业趋于成熟与稳健

从企业的成立年限来看,成立5年以上的金融科技企业占比高达90%,这显示出金融科技行业已经历了较长时间的发展,并逐渐趋于成熟与稳健。这些企业凭借深厚的行业积淀、稳健的经营策略以及对市场趋势的敏锐洞察,成功巩固了市场领导地位。同时,随着市场的日益成熟,产生了两方面显著影响:一方面,初创金融科技企业面临的竞争压力持续增大;另一方面,平台企业通过技术连接与生态赋能,进一步提升了其在金融科技领域的影响力。

3.前沿技术推动金融科技变革

随着前沿技术的不断涌现,大模型、新质生产力等技术在金融科技领域的应用日益广泛,这些技术正在深刻改变着金融行业的生态格局。大模型技术的应用,特别是金融大模型和生成式 AI 的快速发展,为金融行业的数字化转型提供了强大的技术支持。受访企业普遍认为,大模型技术能够显著提升金融服务的智能化水平,优化业务流程,降低运营成本,提高客户满意度。同时,新质生产力的出现也为金融科技企业带来了新的发展机遇和挑战。新质生产力是由技术革命性突破、生产要素创新性配置、产业深度转型升级而催生的当代先进生产力,它正在推动金融科技行业向更高层次发展。

(二)政策支持与监管环境

中国政府一直高度重视金融科技的发展,出台了一系列政策措施以支持和规范金融科技行业的健康发展。这些政策不仅为金融科技提供了良好的发展环境,还明确了行业的发展方向和监管要求。

1.国家规划政策

国家"十四五"规划纲要①明确提出要探索建立金融科技监管框架,稳妥发展金融科技,这为中国金融科技的发展提供了战略性的指导。

国务院及相关部门发布了多项政策文件,如《金融科技(FinTech)发展规划(2019—2021 年)》和《金融科技发展规划(2022—2025 年)》,这些规划从国家层面对金融科技的发展作了全局谋划,明确了新时期金融数字化转型的总体思路、发展目标、重点任务和实施保障。

2.政府资金与资源投入

政府通过设立科研项目和专项资金,支持金融科技的创新与发展。例如,国家自然科学基金、国家社会科学基金等重大项目都涉及金融科技领域的研究。此外,政府还鼓励金融机构和科技企业加大金融科技投入,提升金融服务的质量和效率。

3.政府鼓励创新与包容性监管

中国政府积极推动金融科技创新,鼓励金融机构和科技企业开展新业务模式和服务。同时,政府也采取包容性监管措施,为金融科技创新提供试错容错空间,如推进中国版"监管沙盒"建设,探索柔性监管方式。

4.监管环境完善

随着金融科技行业的快速发展,监管环境也在不断变化和完善。中国金融科技的监管工作经历了从起步期的整顿规范,到成长期的风险防范,再到现阶段的全

---

① 《中华人民共和国国民经济和社会发展第十四个五年规划和 2035 年远景目标纲要》。

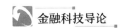

方位市场监管的过程。

目前,中国金融科技监管框架已基本成型。针对数据滥用、平台垄断等日益严峻的社会问题,监管部门将监管重心逐步过渡至数据治理、平台治理、消费者权益保护等多措施并举的全方位市场监管。

同时,监管部门还加强了对金融科技的穿透式监管,确保金融业务的合规发展和风险可控。通过利用科技手段,如区块链等数字技术应用,补齐监管制度短板,提升监管效能。

二、中国金融科技的发展趋势

(一)数据要素是金融科技发展的核心驱动力

数据要素不仅是金融科技下一阶段发展的重点,更是与金融科技一同成为当下金融行业数字化转型的核心驱动力。然而,金融行业的转型创新需要在"效率"和"安全"之间找到平衡点,"数据要素×金融服务"仍道阻且长。

首先,真正利用开发数据要素资产,还需要解决数据确权、评估、合规、安全等诸多难题,前方一片蓝海,有待各方共同探索。其次,不同金融科技平台之间的数据格式、信息交互方式等存在差异,数字金融的数据基础设施层面就难以实现共享和互操作,为此需要建立数据要素流通的金融科技标准,引领行业规范和体系化发展,此举对于筑牢金融安全底线、推动金融高质量发展具有引领作用。最为关键的时,数据安全已成为数字时代的关键议题,特别是在金融等领域,数据泄露、数据破坏、数据失控等数据安全事件频发,造成巨大经济损失,凸显了加强数据保护的紧迫性。需要不断深刻认识数据安全的核心内涵和跨域外延,紧跟国际数据安全技术发展趋势和创新理念,深化数据安全国家战略和政策法规的研究与制定,亟需构建一个既能激发创新活力又能保障数据安全的生态体系。

(二)技术加持是金融科技重塑金融行业的创新驱动力

人工智能技术的迅猛发展,步入人工智能生成内容(artificial intelligence generated content,AIGC)时代,随着技术成熟度、政策支持度和场景匹配度的相互契合,将推动大模型、生成式人工智能在金融行业广泛应用与深度普及。AI大模型发展迅猛,导致算力需求持续飙升,预计未来全球金融业在人工智能系统上的投资将显著增长,尽管AI存在技术精准可靠性、监管风险和场景匹配等实践挑战,但其对金融行业的业务模式和运营模式带来的颠覆性影响已成共识。

区块链技术因其去中心化、不可篡改的特性,正被越来越多地应用于跨境支付和清算领域,以提高交易效率和降低成本。比如,2023年以来日渐火热的现实资产(real-world assets,RWA)代币化,将通过将实体资产转化为数字代币,提高了资产的流动性和可访问性。

随着量子比特数量的逐步增长、错误率的持续下降以及体系结构的日益完善,量子计算将展现出更加稳定可靠、高效能的特点,将与大数据、人工智能、云计算等前沿技术进行深度融合与创新,有力推动金融科技的新兴应用及市场发展。

(三)数字技能赋能金融科技的交叉人才培养

金融从业者需要掌握的数字技能将不再局限于传统的数据分析和处理能力,而是扩展到包括人工智能、机器学习、区块链等前沿技术。金融机构需要不断创新培训内容和组织形式,以适应数字化转型的需求,同时提升金融人才的竞争力。

金融科技人才缺口仍存,供需两端双向奔赴优化人才培养机制。金融科技行业已经自萌芽探索期走出,正从高速增长期逐步向高质量发展期过渡。但金融科技行业长期以来人才需求居高不下,供需缺口常年存在。为解决此问题,各大院校大力培养金融科技人才,由于金融科技作为金融与科技的交叉学科,开设相关专业的院校类型以财经类、综合类以及理工类为主。未来,业界与高校应协同进行人才培养,进一步加强教育资源与行业需求的紧密结合,合力打造符合市场实际需求的金融科技人才队伍。

(四)我国金融科技行业正从高速扩张向高质量发展转型

2024年,我国金融科技投融资项目数量首次呈现下降趋势。一方面反映出了企业投资意愿的减弱和经济高速增长后面临的挑战;另一方面,适度的融资规模缩减也是金融去杠杆、优化信贷结构的积极信号,有助于防范系统性金融风险。此外,当前金融科技上市公司整体盈利情况有待改善,金融科技产业不仅要重视金融科技企业"量"的增加,也要注重"质"的提升。

金融科技将在提升金融机构资源配置效率、提高金融服务便利性和竞争力方面持续发力。金融机构需持续加大对科技的投入,特别是在信息技术创新和前沿科技应用方面,金融机构数字化转型将从"夯实基础"进入"业务赋能、差异化创新和以客户为中心"的深化阶段,激发增长新动力,引领高质量发展。

(五)我国金融科技企业将凭技术优势扬帆出海

我国在新兴技术领域的发展具有较强的外溢能力,同时中国庞大的市场体量降低了边际成本,使企业能够腾出更多经费投入科技研发。中国金融科技企业在出海过程中,需要紧密结合目的地金融机构的系统需求以及消费者市场特征,因地制宜进行本地化运作。

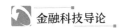

安德森,2017.信用评分工具[M].李志勇,译.北京:中国金融出版社.

巴曙松,白海峰,2016.金融科技的发展历程与核心技术应用场景探索[J].清华金融评论(11):99-103.

白牧蓉,彭江,2018.大数据征信业难题与制度应对:以百行征信公司为起点[J].证券法律评论(0):213-230.

本书编写组,2022.智能投顾:国际经验与中国实践[M].北京:中国经济出版社.

曹衷阳,王重润,2022.金融科技概论[M].北京:机械工业出版社.

丁杰,2023.金融科技学[M].北京:北京理工大学出版社.

付少庆,刘青艳,2022.区块链核心知识讲解:精华套装版[M].北京:北京理工大学出版社.

顾晓敏,梁力军,孙璐,等,2019.金融科技概率[M].上海:立信会计出版社.

郭金龙,董云云,2018.区块链技术在保险行业的应用与影响[J].银行家(5):128-131.

郭雳,2024.中国智能投顾的行业发展与监管重塑[M].北京:北京大学出版社.

韩俊华,韩贺洋,周全,2024.基于区块链技术的数字金融风险监管[J].科学管理研究,42(2):137-145.

贺建清,2017.金融科技:发展、影响与监管[J].金融发展研究(6):54-61.

华为区块链技术开发团队,2019.区块链技术及应用[M].北京:清华大学出版社.

黄益平,黄卓,2018.我国的数字金融发展:现在与未来[J].经济学(季刊)(4):1489-1502.

金晶,2023.欧盟的规则,全球的标准?数据跨境流动监管的"逐顶竞争"[J].中外法学,35(1):46-65.

康正晓,刘利利,2023.区块链技术应用实训[M].上海:上海交通大学出版社.

李凤羽,刘壮,孙岩,2023.金融科技导论[M].北京:清华大学出版社.

李航,2022.机器学习方法[M].北京:清华大学出版社.

李建军,彭俞超,2021.金融科技学[M].北京:高等教育出版社.

李建军,朱烨辰,2017.数字货币理论与实践研究进展[J].经济学动态(10):115-127.

李劲松,刘勇,2018.智能投顾:开启财富管理新时代[M].北京:机械工业出版社.

李昕航,李超,张桂刚,等,2023.区块链与数据库技术融合综述[J].计算机科学与探索,17(4):761-770.

廖理,李鹏飞,2020.金融科技研究:前沿与探索[M].北京:中国经济出版社.

刘世成,2015.互联网金融模式下的征信机构及其需求分析[J].征信,33(4):44-46.

刘晓星,2018.大数据金融[M].北京:清华大学出版社.

刘亚强,李晓宇,2020.利用基于身份的密码算法+短信验证码的移动安全支付方案[J].计算机科学,47(1):293-301.

吕睿智,2022.数字货币的交易功能及法律属性[J].法律科学(西北政法大学学报),40(5):64-76.

马勇,2024.金融科技概论[M].北京:机械工业出版社.

莫万友,2019.移动支付中数据安全法律问题探析[J].湖南社会科学(4):50-56.

彭俞超,戴韡,2023.大数据金融[M].北京:高等教育出版社.

帅青红,李忠俊,王宇,等,2020.金融科技[M].北京:高等教育出版社.

宋科,虞思燕,2023.发挥大数据在征信中的作用[J].中国金融(12):39-40.

孙溢,2021.区块链安全技术[M].北京:北京邮电大学出版社.

唐勇,黄志刚,朱鹏飞,等,2022.金融科技概论[M].北京:清华大学出版社.

完颜瑞云,锁凌燕,陈滔,2022.保险科技概论[M].北京:高等教育出版社.

完颜瑞云,周曦娇,陈滔,2021.大数据背景下健康保险动态定价机制研究:基于变换的隐马尔可夫模型[J].保险研究(10):51-63.

王定祥,王小华,李沁洋,2024.金融科技学[M].北京:科学出版社.

徐索菲,刘志洋,解瑶姝,2024.金融科技概论[M].北京:中国金融出版社.

许国爱,2023.金融科技有效保障移动支付安全[J].中国金融(23):84-85.

许闲,2017.区块链与保险创新:机制、前景与挑战[J].保险研究(5):43-52.

许闲,2018.保险科技创新运用与商业模式[M].北京:中国金融出版社.

严伟祥,孟德锋,2018.金融科技在金融风险管理中的应用探讨[J].当代经济(23):48-50.

杨冰冰,2020.金融科技和数字金融风险管理[J].银行家,237(11):35-35.

杨东,文诚公,2016.互联网金融风险与安全治理[M].北京:机械工业出版社:276.

杨东,2018.监管科技:金融科技的监管挑战与维度建构[J].中国社会科学(5):69-91,205-206.

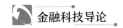

姚前,2018.共识规则下的货币演化逻辑与法定数字货币的人工智能发行[J].金融研究(9):37-55.

姚前,汤莹玮,2017.关于央行法定数字货币的若干思考[J].金融研究(7):78-85.

俞勇,郑鸿,2021.引导金融科技创新规范发展[J].中国金融(4):37-39.

虞群娥,2002.论全球金融监管模式变革与我国监管模式选择[J].财贸经济(6):51-54.

赫尔,2021.金融机构与金融风险管理[M].北京:机械工业出版社.

张家林,2018.监管科技发展及应用研究:以智能投顾监管为例[J].金融监管研究(6):76-93.

张景智,2018."监管沙盒"制度设计和实施特点:经验及启示[J].国际金融研究(1):57-64.

张奇,桂韬,郑锐,等,2024.大规模语言模型:从理论到实践[M].北京:电子工业出版社.

张夏明,朱太辉,丁伟杰,2023.数字人民币的潜在洗钱风险与监管研究[J].金融监管研究(4):80-96.

张钰宁,林登辉,许恒,2024.生成式人工智能对金融监管框架的重构:技术、法律与市场的三维分析[J].金融市场研究(6):42-54.

赵大伟,杜谦,2020.人工智能背景下的保险行业研究[J].金融理论与实践(12):91-100.

郑子彬,陈伟利,郑沛霖,2021.区块链原理与技术[M].北京:清华大学出版社.

中国信息通信研究,2024.云计算白皮书:2024年[R].北京:中国信通院.

钟宁桦,钱一蕾,解咪,2020.智能投顾前瞻[M].北京:北京大学出版社.

周亚虹,邱子迅,姜帅帅,等,2024.数字经济发展与农村共同富裕:电子商务与数字金融协同视角[J].经济研究,59(7):54-71.

周运涛,2022.我国保险科技发展新特征[J].中国金融(12):75-76.

庄雷,赵成国,2017.区块链技术创新下数字货币的演化研究:理论与框架[J].经济学家(5):76-83.

BAHDANAU D,CHO K,BENGIO Y,2014. Neural machine translation by jointly learning to alignand translate[J]. Computer science. DOI:10.48550/arXiv.1409.0473.

BROWN T,MANN B,RYDER N, et al.,2020. Language models are few-shot learners[J]. Advances in neural information processing systems,33:1877-1901.

BURLANDO A,KUHN M A,PRINA S,2024. The role of credit reports in digital lending:a case study from Mexico[J]. Oxford review of economic policy,40

（1）：104-117.

CHO K，MERRIENBOER B V，GULCEHRE C，et al.，2014. Learning phrase representations using RNN encoder-decoder for statistical machine translation [J/OL].Computer science，https：//DOI：10.3115/v1/D14-1179.

CUNNINGHAM L A，2013. The essays of Warren Buffett：lessons for corporate America[M]. 4th ed. Durham，NC：Carolina Academic Press.

DEVLIN J，CHANG M W，LEE K，et al.，2019. Bert：pre-training of deep bidirectional transformers for language understanding[C]//Proceedings of the 2019 Conference of the North American Chapter of the Association for Computational Linguistics：Human Language Technologies. Volume 1（Long Papers）：4171-4186.

FUKUSHIMA，K，1980. Neocognitron：a self-organizing neural network for a mechanism of pattern recognition unaffected by shift in position[J]. Biological cybernetics，36（4）：193-202.

GOTTLIEB R E，KORN B，STEINBACHER T，2020. Four-way stalemate：recent developments in regulatory compliance for fintech companies and marketplace lenders[J]. Business lawyer，75（2）：1931-1938.

HARIOM T，SAHIL P，BRAD L，2021. Machine learning and data science blueprints for finance[M]. Sevastopol，California：O'Reilly Media，Inc.

HE K，ZHANG X，REN S，et al.，2016. Deep residual learning for image recognition[C]. Proceedings of the IEEE Conference on Computer Vision and Pattern Recognition（CVPR）. Las Vegas，NV，USA：770-778.

HOCHREITER S，SCHMIDHUBER J，1997.Long short-term memory[J].Neural computation，9（8）：1735-1780.

KRIZHEVSKY A，SUTSKEVER I，HINTON G E，2012.Imagenet classification with deep convolutional neural networks[J]. Advances in neural information processing systems（NeurIPS），25：1097-1105.

LINTNER J，1965. The valuation of risk assets and the selection of risky investments in stock portfolios and capital budgets[J]. The review of economics and statistics，47（1）：13-37.

MICHAEL B，FALZON J，SHAMDASANI A，2021. A theory of financial services competition，compliance and regulation[J].Journal of modelling in management，16（1）：377-412.

MOSSIN J，1966. Equilibrium in a capital asset market[J]. Econometrica，34（4）：

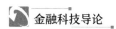
768-783.

NAKANO R，HILTON J，BALAJI S，et al.，2021. WebGPT：Browser-assisted question-answering with human feedback［EB/OL］.（2022-06-01）［2024-12-08］.https://arxiv.org/abs/2112.09332.

OUYANG L，WU J，JIANG X，et al.，2022. Training language models to follow instructions with human feedback［J］. Advances in neural information processing systems，35：27730-27744.

Radford A，Narasimhan K，Salimans T，et al.，2018. Improving language understanding by generative pre-training［EB/OL］.（2018-12-31）［2025-01-08］. https://cdn.openai.com/research-covers/language-unsupervised/language_understanding_paper.pdf.

RADFORD A，WU J，CHIND R，et al.，2019. Language models are unsupervised multitask learners［J］. OpenAI blog，1(8)：9.

ROSS S A，1976. The arbitrage theory of capital asset pricing［J］.Journal of economic theory，13(3)：341-360.

SHARPE W F，1964. Capital asset prices：a theory of market equilibrium under conditions of risk［J］. The journal of finance，19(3)：425-442.

SUTSKEVER I，VINYALS O，LE Q V，2014. Sequence to sequence learning with neural networks［J］. Advances in neural information processing systems：3104-3112

VASWANI A，SHAZEER N，PARMAR N，et al.，2017. Attention is all you need ［C］//NIPS17：Proceedings of the 31st International Conference on Neural Information Processing Systems，Shanghai：Publication History：6000-6010.

WORLD BANK，2022. Key principles for effective regulation and supervision of credit reporting service providers［R］.Washington D. C..

YAN L C，BOSER B，DENKER J S，et al.，1989. Backpropagation applied to handwritten zip code recognition［J］. Neural computation，1(4)：541-551.